SUR LE TEMPS

BIBLIOTHÈQUE DES TEXTES PHILOSOPHIQUES
Fondateur Henri GOUHIER   Directeur Emmanuel CATTIN

SIMPLICIUS

SUR LE TEMPS

COMMENTAIRE
SUR LA *PHYSIQUE* D'ARISTOTE, IV, 10-14
ET COROLLAIRE SUR LE TEMPS

Introduction, traduction et notes
par Annick STEVENS

PARIS
LIBRAIRIE PHILOSOPHIQUE J. VRIN
6 place de la Sorbonne, V^e
2021

© *Librairie Philosophique J. VRIN*, 2021
ISSN 0249-7972
ISBN 978-2-7116-2994-7
www.vrin.fr

INTRODUCTION

Originaire de Cilicie, Simplicius a été l'élève de Damascius, dernier scholarque de l'école platonicienne d'Athènes. Après le décret de l'empereur Justinien interdisant la philosophie païenne (en 529), tous deux, accompagnés de cinq autres philosophes, s'exilent à la cour du roi de Perse Chosroès. Ils n'y restent pas longtemps, rebutés par les mœurs de la cour. Chosroès obtient de Justinien l'inscription dans un traité de paix que les philosophes puissent retourner dans l'empire et exercer leur activité sans être inquiétés. Le lieu où ils se rendent alors est controversé : soit leur cité d'origine, soit la ville d'Harran en Mésopotamie, où se trouve une importante communauté gnostique[1].

Ce qui est certain, c'est que tous les commentaires de Simplicius ont été rédigés après le retour d'exil. Nous

---

1. Sur cette controverse d'ordre historique, *cf.* A. Cameron, « The last days of the Academy in Athens », *Proceedings of the Cambridge Philological Society* 15, 1969, p. 7-29 ; I. Hadot (éd.), *Simplicius, sa vie, son œuvre, sa survie*, Actes du colloque international de Paris (28 sept.-1er oct. 1985), « Peripatoi » 15, Berlin-New York, De Gruyter, 1987 ; I. Hadot, « Aristote dans l'enseignement philosophique néoplatonicien. Les préfaces des commentaires sur les Catégories », *Revue de théologie et de philosophie* 124, 1992, p. 407-425 ; C. D'Ancona Costa (éd.), *The libraries of the Neoplatonists*, Leiden, Brill, 2007 ; P. Golitsis, « On Simplicius'Life and Works : A Response to Hadot », *Aestimatio*, Institute for Research in Classical Philosophy and Science 12, 2015, p. 56-82.

possédons quatre commentaires consacrés à l'œuvre d'Aristote : sur les *Catégories*, sur le *De Caelo*, sur la *Physique* et sur le *De l'âme*, quoique ce dernier soit de facture assez différente pour que certains spécialistes l'attribuent plutôt à son collègue Priscien de Lydie. Il nous reste également le commentaire sur le *Manuel* d'Épictète, un commentaire sur les *Éléments* d'Euclide reconstitué à partir de sources arabes, et la mention d'œuvres perdues, dont peut-être un commentaire sur la *Métaphysique* d'Aristote. En ce qui concerne le commentaire sur la *Physique*, nous savons seulement qu'il a été rédigé après la mort de Damascius (que l'on situe après 538), grâce à une allusion à de fréquentes conversations avec Damascius « de son vivant » (775.33).

Les nombreuses citations d'auteurs insérées dans les commentaires indiquent que ceux-ci ont dû être rédigés dans une cité où Simplicius avait à sa disposition une riche bibliothèque, ce qui constitue un argument en faveur d'un retour à Athènes, qui devait offrir le meilleur accès aux rares sources présocratiques [1]. À propos de la *Physique*, nous verrons qu'il se réfère constamment au commentaire d'Alexandre d'Aphrodise, et qu'il avait également sous les yeux la paraphrase de Thémistius, le commentaire de Boéthos de Sidon, la *Physique* d'Eudème ainsi que le commentaire de Porphyre sur les *Catégories*. Il lisait probablement des extraits d'Aspasius dans le commentaire d'Alexandre. Par ailleurs, il possédait les écrits de Platon et de nombreux présocratiques (Parménide, Zénon d'Élée, Mélissos, Empédocle, Anaxagore, Diogène d'Apollonie),

---

1. Il est très probable que les philosophes fuyant Athènes aient emporté la bibliothèque de l'école ; mais il n'y a pas de raison qu'elle soit ensuite restée à la seule disposition de Simplicius, de sorte que le plus probable est qu'elle soit retournée à Athènes, avec lui et sans doute avec d'autres collègues.

ainsi que ceux des principaux auteurs néoplatoniciens (Plotin, Porphyre, Jamblique, Proclus et Damascius). Quant à la *Physique* d'Aristote elle-même, il pouvait en comparer les versions dans plusieurs manuscrits différents.

Objectifs et perspectives du commentaire

Les spécialistes des textes néoplatoniciens considèrent en général que l'objectif des commentaires de Simplicius était principalement scolaire et théologique : l'étude de la nature se justifierait en tant que célébration de l'œuvre du divin créateur et, d'une manière générale, les enseignements logique, physique et éthique constitueraient une préparation en vue de la métaphysique théologique. Ce jugement concernant l'enseignement de la physique s'est fait récemment plus nuancé. Chiaradonna[1] salue les travaux de Richard Sorabji qui, selon lui, ont mis fin à l'idée que les néoplatoniciens s'étaient peu intéressés à la philosophie de la nature. Il est difficile en effet de justifier par le seul cursus pédagogique l'importance quantitative des questions physiques dès l'œuvre de Plotin et chez la plupart des commentateurs de Platon et d'Aristote. En ce qui concerne Simplicius, la lecture du commentaire sur la *Physique* atteste avec évidence l'intérêt profond qu'il témoignait pour les questions de philosophie naturelle, non seulement dans leur rapport avec les réalités plus élevées, mais aussi pour elles-mêmes[2]. Une autre motivation indéniable à

1. R. Chiaradonna, Fr. Trabattoni, *Physics and Philosophy of Nature in Greek Neoplatonism*, Proceedings of the European Science Foundation Exploratory Workshop, Leiden-Boston, Brill, 2009.

2. La prépondérance des objectifs métaphysiques, voire religieux, et le caractère purement introductif de la lecture d'Aristote sont souvent affirmés à partir des seules déclarations d'intention dans les introductions des commentaires (*cf.* par ex. I. Hadot, « Aristote dans l'enseignement philosophique néoplatonicien. Les préfaces des commentaires sur les

l'époque tardive est celle de lutter contre le christianisme, notamment en montrant l'accord profond reliant les philosophes grecs en dépit de leurs différences de surface, sur lesquelles les auteurs chrétiens insistaient afin de les disqualifier (cf. *in Phys.* 28.32-29.5). Cette opposition est cependant peu présente dans l'examen effectif des questions et controverses. De même, le recours au syncrétisme religieux gréco-oriental, très présent chez Proclus, est inexistant dans l'ensemble du texte présenté ici : une seule mention des théurges, à propos de Proclus (795.7), et une allusion aux Chaldéens, sans influence sur le raisonnement (785.9).

Nous savons par ailleurs que, dans le cursus scolaire néoplatonicien, la lecture d'Aristote était donnée en premier lieu aux débutants, préparant celle de Platon puis l'enseignement propre à l'école. Cependant, l'approfondissement détaillé des discussions, le renvoi à des théories développées ailleurs par Aristote ou par d'autres philosophes, la mention des débats internes à la tradition néoplatonicienne concernant les hypostases supérieures, tout cela indique qu'il ne s'agissait pas d'un ouvrage pour débutants, comme on s'y attendrait s'il respectait l'ordre scolaire [1]. On a même

Catégories », *op. cit.*, p. 407-425. ; mais il est plus important de considérer leur présence effective dans le cours du commentaire lui-même, d'autant plus que les introductions constituaient des étapes rhétoriques largement stéréotypées, révélant davantage les attentes du public dans un certain contexte culturel que la motivation propre de l'auteur.

1. H. Baltussen, *Philosophy and Exegesis in Simplicius. The Methodology of a Commentator*, London, Duckworth, 2008 et P. Golitsis, *Les Commentaires de Simplicius et de Jean Philopon à la Physique d'Aristote, op. cit.*, montrent également que les commentaires de Simplicius n'ont pas été rédigés à partir ou en vue d'un enseignement oral, mais étaient destinés à un lectorat plus large, sous une forme plus libre, moins scolaire et plus approfondie.

constamment l'impression que l'objectif de Simplicius n'était pas seulement la transmission de connaissances bien établies, mais aussi la progression d'une recherche personnelle en train de se faire. En effet, lorsqu'il expose des controverses, il lui arrive de proposer ses propres solutions et même de signaler l'évolution de sa pensée, manifestant par là son intérêt personnel dans la recherche [1].

Indéniablement, le commentaire est d'abord explicatif. Les chapitres d'Aristote sur le temps sont difficiles à comprendre pour plusieurs raisons. Le texte est très condensé, souvent elliptique. Il arrive que des prémisses ou même la conclusion d'un raisonnement restent implicites. Par ailleurs, le vocabulaire qu'Aristote avait à sa disposition est parfois insuffisant pour exprimer les réalités nouvelles et complexes qu'il met au jour. Il forge des expressions techniques sans expliquer comment on doit exactement les comprendre.

Dans ces conditions, l'étape de clarification consiste à développer les propositions et raisonnements en rendant explicites tous les éléments sous-entendus ou présupposés ; à préciser l'expression en remplaçant les mots ambigus ou controversés par un vocabulaire plus adéquat, bénéficiant des propositions philosophiques plus récentes ; à indiquer pour chaque partie du texte son rôle dans la structure générale de la question traitée. Simplicius mène à bien cette tâche avec une habileté remarquable, grâce à sa grande familiarité avec l'ensemble des écrits physiques, logiques et ontologiques d'Aristote, grâce aussi à son absence de tout préjugé négatif et à son souci de trouver chaque fois le sens le plus satisfaisant. On peut penser qu'une telle attitude est favorisée par le fait qu'il suive pas à pas le

---

1. Voir, par exemple : 778.20, 784.18-19.

commentaire d'Alexandre d'Aphrodise, qui poursuivait
déjà ces objectifs.

Mais Simplicius fait bien davantage. Il fait aussi le tour
des objections qui ont été adressées à certaines parties de
la théorie, vérifie leur validité, et le plus souvent montre
qu'elles reposent sur des mécompréhensions ou sur des
déformations du texte, et ce y compris lorsque les objections
viennent d'un membre de sa propre école. Les seuls auteurs
qui ne sont jamais mis en opposition l'un à l'autre sont
Platon et Aristote. Cette attitude bien connue est déjà celle
des autres commentateurs néoplatoniciens, quoique à un
degré moindre et variable selon les auteurs. Sous la plume
de Simplicius, chaque fois qu'une théorie d'Aristote est
approuvée, il faut qu'elle ait déjà été, d'une manière ou
d'une autre, pensée par Platon. C'est d'ailleurs le cas pour
la plus importante d'entre elles, la définition même du
temps, ainsi que pour celle de l'éternité, ce qui n'a pu se
faire, on s'en doute, sans d'importantes distorsions de la
théorie aristotélicienne [1]. Si une divergence apparaît entre
les deux philosophes, elle est expliquée soit par une
différence de contexte, soit par une différence d'expression [2],
soit encore par une interprétation platonisante d'Aristote [3]
ou aristotélisante de Platon [4].

Le Corollaire et la réception des auteurs du passé

Les vingt-cinq dernières pages du commentaire de la
section sur le temps sont conventionnellement désignées
sous le nom de « Corollaire sur le temps ». Le terme
corollarium a été introduit par H. Diels pour signaler une

1. Par exemple : 717.21-718.12 ; 737.33-35 ; 767.31-34.
2. Par exemple : 781.27-30, 783.16-784.2.
3. Par exemple : 760.33-761.9.
4. Par exemple : 717.21-718.3.

digression d'une ampleur particulièrement importante au sein d'un commentaire. Les deux corollaires du commentaire de la *Physique*, consacrés respectivement au lieu et au temps, exposent plus systématiquement les théories des philosophes néoplatoniciens tardifs, se révélant ainsi des sources précieuses pour les interprètes. Pour autant, ces passages ne sont pas destinés à être lus séparément. En effet, les théories plus récentes sont examinées en relation avec les problèmes soulevés lors du parcours de la théorie aristotélicienne, et, inversement, à plusieurs reprises au long de ce parcours ont déjà été exposées, citations à l'appui, des objections et propositions alternatives développées par les penseurs néoplatoniciens. Il ne s'agit peut-être même pas à proprement parler de digressions, sauf si l'on a une conception étroite des limites d'un commentaire. C'est probablement faute de lire la présentation des théories de Jamblique et de Damascius dans la continuité des questions déjà longuement discutées que certains interprètes en sont venus à comprendre ces théories d'une manière inutilement obscure, voire invraisemblable[1].

Le corollaire sur le temps est introduit par la justification que, pour l'amateur de savoir, l'étude n'a pas seulement pour but d'apprendre la théorie d'Aristote mais aussi : 1. de comprendre la nature du temps ; 2. d'examiner les conceptions d'autres philosophes ; 3. d'achever l'exposé par la réfutation explicite des arguments contre l'existence du temps. En fait, les trois objectifs sont accomplis ensemble, Simplicius s'efforçant d'atteindre une sorte de

1. Voir en part., S. Sambursky, S. Pines, *The Concept of Time in Late Neoplatonism*, textes, trad., intro. et notes, Jerusalem, 1971 (extraits de Pseudo-Archytas, Jamblique, Proclus, Damascius, Simplicius) pour Jamblique, et M.-Cl. Galpérine, « Le temps intégral selon Damascius », *Les Études philosophiques* 3, 1980, p. 325-341.

syncrétisme philosophique qui, grâce aux apports des meilleures théories passées, remplisse toutes les conditions de cohérence logique, de vraisemblance physique et de complétude métaphysique qu'exige une véritable recherche de la vérité.

Il est manifeste, à la lecture de la section sur le temps, que Simplicius n'hésite pas à défendre une conception plus ancienne contre une plus récente, ni à contredire les propositions de sa propre école, même si dans ce cas il évite en général les oppositions frontales et s'exprime toujours avec une grande déférence. Par exemple, lorsqu'il réfute les objections de Straton de Lampsaque contre la définition aristotélicienne du temps, dont il a bien vu qu'elles reposaient sur une compréhension erronée du nombre (789.21-25), il ne peut ignorer qu'il réfute du même coup implicitement les objections de Plotin reposant sur la même mécompréhension. Annick Jaulin suggère d'ailleurs que la reprise des arguments de Straton par Plotin explique pourquoi Simplicius semble leur accorder au départ une certaine considération alors qu'il montrera ensuite leur absence de validité [1]. On peut encore prendre pour témoins de son indépendance d'esprit le passage où Simplicius approuve une interprétation de Damascius de préférence à celle de Jamblique (787.29-30), celui où il affirme ne jamais avoir été convaincu par son maître de l'existence d'un « temps tout entier d'un seul coup » (775.31-34), celui où il recourt à Platon pour contredire une affirmation de Damascius (778.29-32 ; 781.14-19).

---

1. A. Jaulin, « Straton et la question du temps comme nombre du mouvement », dans M.-L. Desclos, W.W. Fortenbaugh (eds.), *Strato of Lampsacus*, texte, trad. et commentaire, London (New Brunswick), Transaction Publishers, 2010, p. 353-366.

Il est par conséquent délicat de lui attribuer une conception progressiste de l'histoire de la philosophie, selon laquelle les différentes théories successives contribuent toutes au développement de la vérité et culminent enfin avec sa propre école[1] ; mais il est tout aussi vain d'y chercher une valorisation du plus ancien en tant que tel, qui correspondrait à la conception générale d'une décadence, car lorsqu'il invoque Platon ou un penseur plus ancien encore, ce n'est pas en vertu de l'autorité vénérable de l'ancien, mais parce que la pensée lui semble plus exacte selon des critères logiques, sémantiques ou empiriques, ceux-là même par lesquels sur d'autres points il jugera meilleure une conception récente. En un mot, Simplicius commentant Aristote se montre aussi rationaliste que son objet d'étude.

À partir de Jamblique, la conception néoplatonicienne du temps passe par l'interprétation d'un texte attribué au pythagoricien Archytas de Tarente, mais en réalité très largement inspiré par les *Catégories* d'Aristote. On sait aujourd'hui que de nombreux textes de facture pythagoricienne ont été composés entre le IIe siècle avant et le IIe siècle de notre ère, et il est généralement reconnu que les passages cités ici par Simplicius font partie d'un faux traité d'Archytas sur les catégories[2]. Grâce à l'abondance des extraits fournis par Simplicius dans son propre commentaire aux *Catégories*, on a pu reconstituer un traité couvrant à peu près l'ensemble des problématiques abordées par Aristote, enrichi d'éléments issus du *De Interpretatione*, des *Topiques* et, concernant le lieu et le temps, de la

---

1. Ph. Hoffmann, « Jamblique exégète du pythagoricien Archytas : trois originalités d'une doctrine du temps », *Les Études philosophiques* 3, 1980, p. 315, note 52.
2. Voir les éditions du Pseudo-Archytas dans la Bibliographie.

Physique. L'auteur a utilisé le dialecte dorien et a introduit certaines notions typiquement pythagoriciennes (comme l'harmonie) pour donner à son faux un cachet d'authenticité.

Il semble bien que Jamblique soit le premier néoplatonicien à faire référence à ce traité du Pseudo-Archytas [1]. Ni Plotin ni Porphyre ne le mentionnent, et ce dernier, au début de son commentaire des *Catégories*, considère clairement Aristote comme le premier concepteur des catégories (55.3-14) [2]. Simplicius n'en signale aucune trace non plus chez Alexandre, alors qu'il suit de près le commentaire de ce dernier sur la *Physique*. Les néoplatoniciens postérieurs ne semblent pas avoir eu sous les yeux le texte original du Pseudo-Archytas, mais le lire seulement chez Jamblique (ou chez Simplicius pour les plus tardifs). Vis-à-vis de ce texte, l'attitude de Simplicius est sensiblement différente dans son commentaire des *Catégories* et dans celui de la *Physique*. Dans le premier, l'influence de Jamblique est prépondérante, car c'est ce commentaire qui est suivi pas à pas et sert de base à toutes les discussions ; dès lors, le texte d'Aristote est systématiquement confronté à celui d'Archytas qui est censé en être le modèle. En revanche, dans le commentaire à la *Physique*, la présentation d'Archytas est beaucoup plus prudente : « il semble (*dokei*) être le premier, parmi ceux que nous connaissons *par tradition…* » (785.14) – cette tradition par ouï-dire (*akoèi*) se distinguant du

---

1. *Cf.* I. Hadot Simplicius, *Commentaire sur les Catégories*, fasc. III, (p. 21-40, 13 Kalbfleisch), trad. Ph. Hoffmann, notes C. Luna, « Philosophia antiqua » 50-51, Leiden, Brill, 1990, p. 5, n. 16.

2. R. Bodéüs, dans son introduction à la traduction du *Commentaire* de Porphyre (Paris, Vrin, 2008), souligne ce fait mais reste prudent : « Faute de référence explicite et de rapprochement évident, l'on n'a pas la preuve que Porphyre lisait les textes de cet auteur. » (p. 31).

témoignage direct ou assuré. En outre, à propos de la définition du temps, Simplicius dit explicitement cette fois qu'il la trouve dans le commentaire de Jamblique (786.11-12)[1]. Il ne mentionne plus Archytas que pour introduire l'interprétation qu'en donne ce dernier et, lorsqu'il lui arrive, une seule fois, de le comparer avec Aristote, c'est en inversant en quelque sorte la dépendance (« Archytas semble donc, comme Aristote, poser le temps comme l'écoulement... », 788.29-30) et en n'hésitant pas à faire apparaître ses incohérences. Ce changement de perspective pourrait venir de l'approfondissement de sa connaissance de la problématique du temps grâce à son travail sur la *Physique* – ce qui, soit dit en passant, pourrait indiquer que le commentaire de la *Physique* est postérieur à celui des *Catégories*. On peut penser aussi que, comme sur la *Physique* il suivait aussi la paraphrase de Thémistius, il a dû y lire les réserves opposées au fait qu'Archytas soit l'auteur du traité sur les catégories utilisé par Jamblique[2].

Tous ces indices pourraient même faire penser que Jamblique n'a pas découvert un écrit passé inaperçu jusque là mais est lui-même l'auteur de cet apocryphe, qui lui permet à la fois de se placer sous l'autorité vénérable du pythagorisme ancien et de s'appuyer sur les apports

---

1. Dans le commentaire aux *Catégories*, il justifie par la rareté des traités pythagoriciens sa citation intégrale du passage d'Archytas sur la catégorie du « quand » (*pote*) (352.22-24), information qui laisse ouvertes les deux possibilités, soit qu'il ait le texte original sous les yeux soit qu'il le trouve chez Jamblique. Par ailleurs, il signale que Jamblique n'utilise pas un autre traité du Pseudo-Archytas dont lui-même cite plusieurs extraits, le *Sur les opposés*, transmis à part du traité sur les catégories (*in Cat.*, 407.15-20).

2. D'après le témoignage de Boèce dans son commentaire latin aux *Catégories*, écrit au tout début du VIe siècle, Thémistius attribuait ce traité à un péripatéticien plus récent (*in Cat.* I, 162A).

aristotéliciens à la théorie du temps sans devoir les reconnaître pour tels. La datation habituelle de l'apocryphe, au cours du I er ou du II e siècle de notre ère, ne repose sur aucun élément qui contredise cette hypothèse. Le principal d'entre eux est que l'auteur tient compte des débats présents dans les commentaires d'Andronicos, de Boéthos et d'autres, qui s'étendent jusqu'au I er siècle de notre ère ; ce qui nous indique seulement un *terminus post quem*. Un autre argument consiste à le situer durant la période où nous savons que d'autres faux traités pythagoriciens ont été rédigés ; mais rien n'empêche que Jamblique ait été inspiré par cette pratique et en ait imité le style.

En tout cas, quelle que soit l'origine du traité et la bonne foi de son attribution à Archytas, l'intérêt des néoplatoniciens pour l'utilisation de ce texte est clair, puisqu'il leur permet de faire remonter des théories fondamentales qu'ils adoptent chez Aristote à leur propre lignée philosophique, en particulier depuis l'intensification de l'influence néopythagoricienne sur le néoplatonisme.

LES GRANDES QUESTIONS
DU COMMENTAIRE SUR LE TEMPS

Le temps existe-t-il ?

Il est manifeste pour nous, lorsque nous lisons la *Physique*, que les arguments « exotériques [1] » qui démontrent l'inexistence du temps ne sont pas considérés comme probants par Aristote et qu'ils servent surtout d'introduction, presque rhétorique, à la découverte d'une nature et d'un mode d'être irréductibles aux descriptions habituelles. Simplicius va dans le même sens en désapprouvant ceux qui, devant une difficulté de définition, nient une existence pourtant évidente (695.24-29). Au moment de la conclusion de cette question, comme Aristote estime que l'existence du temps est démontrée, Simplicius signale qu'il ne semble pas en avoir donné de démonstration, si ce n'est qu'il l'a fait indirectement, par la démonstration de son essence, et qu'il le fera encore par la démonstration que tout corps en mouvement est dans le temps (755.29-34). Démontrer l'existence par l'essence est un procédé déjà justifié dans la *Physique*, par exemple à propos du lieu ou du vide. Par ailleurs, l'évidence de l'existence du mouvement, affirmée par Aristote au début de son ouvrage pour justifier l'étude

---

1. Aristote ne précise pas de quel « extérieur » viennent ces arguments, mais leur type de raisonnement fait penser à certains sophistes ou à l'éristique éléatique telle qu'elle nous apparaît dans les fragments de Zénon et dans le *Parménide* de Platon.

de la nature [1], repose non seulement sur l'expérience sensible, tellement générale qu'il serait absurde d'en douter, mais aussi sur une expérience du même type que le *cogito* cartésien, à savoir que, même si on la considère comme une opinion fausse, l'opinion est encore un mouvement [2]. Or une expérience tout aussi évidente et générale nous montre que, là où il y a mouvement, il y a aussi temps (218b21-219a10).

La formulation même des arguments exotériques n'est cependant pas inutile. Elle révèle l'insuffisance des manières habituelles de concevoir l'existence du temps, en particulier en la limitant à l'existence au présent alors même que le présent n'est pas clairement défini et que son type d'actualité nous échappe. La définition scientifique du présent comme un instant sans extension, limitant deux portions de temps sans en être lui-même, ruine le point de départ tant du raisonnement éristique que de l'habitude pré-scientifique, qui considère qu'être c'est être au présent. En effet, aucun changement ne peut avoir lieu dans un instant sans extension, de sorte qu'aucun corps en changement n'existerait si la seule existence manifeste était au présent. L'alternative, qui consisterait à faire reposer l'existence du temps sur ses parties passées et futures n'est pas explicitement envisagée ; en fait, implicitement Aristote a abandonné la prémisse de départ : le temps n'existe pas du fait qu'une de ses parties existe, mais selon un mode d'être différent de celui de la plupart des étants, irréductible à la logique grammaticale comme à celle de l'extension spatiale.

---

1. *Phys.* I 2, 185a12-14 ; II 1, 193a3-6.
2. *Phys.* VIII 3, 254a24-30 ; *cf.* 253a32-34 : « Affirmer que tout est en repos et en chercher une raison en abandonnant la sensation est une maladie de la pensée ».

La particularité du mode d'être qu'il découvre en poursuivant l'enquête sur le temps est que celui-ci consiste en le devenir lui-même. Non pas à la manière des corps en devenir, qui certes se transforment continuellement mais qui sont essentiellement autre chose que cette transformation. Pour le temps, comme pour le changement dont il est un aspect, l'absence de toute stabilité est leur essence même : rien d'eux ne demeure jamais identique, rien ne coexiste, toute parcelle exclut les autres. Ce mode d'être, défini par la formule « avoir son être dans le devenir », est d'abord théorisé dans la *Physique* à propos de l'infini, et attribué du même coup aux périodes temporelles (III 6, 206a21-b3, cité par Simplicius p. 782). Cependant, au début comme à la fin de son corollaire, Simplicius réaffirme qu'Aristote n'a pas réfuté les arguments en faveur de l'inexistence du temps, quoique l'ensemble des éléments nécessaires se trouvaient dans la *Physique*, et il en expose la résolution par Damascius. J'y reviendrai plus loin, en présentant les apports néoplatoniciens.

Si la découverte du mode d'être du temps confirme son existence, la clarification de son essence le fait également, en précisant quelle relation le lie nécessairement au mouvement. Le mode d'être dépend en effet de cette relation, car nous allons découvrir qu'il est d'abord celui du mouvement, et que de là il se transmet au temps.

La définition du temps

La définition « le temps est le nombre du mouvement selon l'antérieur et postérieur » a très vite suscité malentendus et critiques, parce qu'on ne peut la comprendre sans une explication détaillée de l'usage inhabituel de ces termes. La notion de « nombre nombré » exprime une quantité qui n'est pas la distance parcourue entre le début et la fin du mouvement, raison pour laquelle Aristote n'a pas choisi le terme apparemment plus évident de *diastèma*, intervalle ou étendue. La quantité dont il s'agit est définie par l'expression « selon l'antérieur et postérieur », c'est-à-dire selon la succession. La quantité de la succession, nous l'appelons actuellement la durée. Aussi étrange que cela puisse paraître, il n'existait pas d'équivalent de ce mot dans le grec d'alors. Progressivement, le mot *paratasis*, qui signifie l'extension, va se spécialiser dans la désignation de l'extension temporelle, sans pour autant perdre sa signification plus générale[1]. Mais définir le temps par la durée ou la succession, n'est-ce pas présupposer justement ce qu'il s'agit de définir? En fait, la définition ne serait pas complète sans la distinction du type d'antéro-postériorité qui caractérise le temps et le mouvement, par opposition à celle de l'espace. Sur une grandeur spatiale, les points sont situés « avant » ou « après » selon leur proximité par rapport à un point de repère quelconque. Dans un mouvement, les étapes de la progression sont situées « avant » ou « après » selon leur proximité par rapport au commencement du mouvement (ou, si le mouvement n'a pas de commencement ou si nous ne pouvons le connaître, par rapport au commencement de son observation). La différence essentielle est que, sur la grandeur spatiale, tous les points coexistent, tandis que, dans le mouvement, les étapes ne coexistent pas. C'est pourquoi elles sont successives au sens propre, et c'est l'extension de cette

---

1. Voir l'étude détaillée de Ph. Hoffmann, « *Paratasis*. De la description aspectuelle des verbes grecs à une définition du temps dans le néoplatonisme tardif », *Revue des Études Grecques* 96, 1983, p. 1-26, qui retrace l'évolution du mot, à la fois dans le registre grammatical et dans le domaine physique.

succession que l'on appelle le temps. L'explication de Simplicius consiste à mettre en évidence l'ensemble de ces distinctions, grâce notamment à des termes plus précis comme *paratasis* ou *sunuparxis* (coexistence), poursuivant une compréhension qu'il trouve déjà chez les meilleurs commentateurs, comme Eudème, Alexandre, et son propre maître Damascius. De plus, à partir de la distinction aristotélicienne entre étants temporels et intemporels, il rend tout à fait évident que le temps s'applique non seulement aux mouvements mais à l'existence même de tout étant, pourvu qu'elle soit limitée ou susceptible d'au moins une sorte de changement.

Il fait apparaître aussi très clairement pourquoi il ne faut pas concevoir le temps sur le modèle spatial ni estimer qu'Aristote le faisait. Si, en effet, le temps et le mouvement dépendent ontologiquement des grandeurs (c'est-à-dire des corps), parce qu'ils en sont des attributs et en héritent la structure continue, il ne faut pas pousser plus loin la correspondance avec l'étendue spatiale, sinon on tombera dans les contradictions signalées par Damascius (776.2-33), auxquelles Simplicius répond facilement par l'être propre du temps.

L'unité du temps

À plusieurs reprises Aristote s'interroge sur l'existence d'un temps universel. En principe, dans son système il n'en a pas besoin. Puisqu'il y a du temps dès qu'un corps change selon n'importe quel type de changement, et puisque l'univers matériel en devenir existe toujours, le temps aussi existera toujours même s'il est éclaté en de multiples portions accompagnant chaque changement.

Il cherche cependant certains types d'unification de cette multiplicité. La première est simple et évidente, c'est l'unité d'espèce : toute portion de temps appartient à la même espèce de chose, et le temps est le terme général qui désigne cette espèce. La répétition des mêmes périodes, qu'on appelle couramment un temps « cyclique », n'est qu'un cas particulier de cette identité d'espèce, car ce n'est pas individuellement la même portion qui revient chaque fois.

Le deuxième type d'unité est plus complexe et la démonstration en est faite progressivement, nécessitant plusieurs reprises. Contrairement au changement, le temps n'est plus lui-même divisé en espèces (comme le changement quantitatif, qualitatif, local ou substantiel) ni ne présente de variations telles que la vitesse, la trajectoire, etc. (731.20-22). Les portions de temps ont pour seule différence les moments où elles commencent et se terminent. Or, cette caractéristique conduit logiquement à reconnaître aussi une unité individuelle entre certaines portions de temps. En effet, des portions de temps qui commencent et se terminent aux mêmes instants, même si elles se trouvent dans des corps différents et sont produites par des changements différents, ne forment pas plusieurs séquences parallèles mais une seule[1]. Par exemple, tous les événements qui se passent entre 5 heures et 6 heures de l'après-midi du même jour se passent dans le même temps et non dans des temps parallèles. En revanche, tous les événements qui durent une heure mais se passent à des heures différentes ne sont pas dans le même temps. Aristote en trouve encore un argument dans la comparaison avec un autre type de nombre nombré. Si l'on considère cinq chevaux et cinq hommes, non seulement le nombre mathématique cinq (le

---

1. Simplicius l'interprète clairement ainsi en 720.10-721.26, 731.7-22 ; 763.32-764.34 ; 767.5-25 ; 770.10-773.7.

nombrant) est le même, mais aussi le nombre nombré, c'est-à-dire la quantité réelle d'individus dans chacun des deux groupes. L'identité est individuelle parce que ce nombre nombré ne présente par lui-même aucune différence dans les deux groupes : il n'y a aucune différence interne à la quantité cinq, mais seulement une différence extérieure à elle, dans les objets dont elle est un attribut (767.9-19). De la même manière, puisque la seule différence intrinsèque d'une portion de temps est les instants qui lui servent de limites, des temps partageant les mêmes limites sont un seul et même, quels que soient les divers changements dont ils sont les attributs.

On voit bien que la question se déplace dès lors vers l'identité des instants. Comment vérifier, en effet, que des instants sont les mêmes sans les rapporter à une séquence absolue qui serve de référence universelle ? Or, il y a trois manières de concevoir une telle séquence de référence. La première est qu'il existe un temps indépendant des changements et existant par soi ; elle est exclue dans la théorie aristotélicienne. La deuxième est que le temps d'un certain changement remplisse par lui-même les conditions d'une référence universelle (invariabilité, identité partout dans le monde). La troisième est que la séquence universelle soit établie conventionnellement par les êtres humains. Une connaissance superficielle d'Aristote mène souvent à lui attribuer la deuxième thèse. En lisant mieux à la fois la théorie de l'instant et celle des mesures astronomiques, on verra que cette thèse ne peut suffire pour Aristote et qu'il établit une synthèse entre les conditions objective et subjective d'une échelle du temps.

Dans une perspective platonicienne, un repère objectif existe et suffit, car le temps est défini comme une mesure universelle, accompagnant le mouvement du ciel et régulant à partir de lui tous les autres mouvements. Mais, pour Aristote, le temps de la révolution astrale est une mesure en un tout autre sens : il est une unité de mesure, c'est-à-dire une portion de temps définie à partir d'un mouvement invariant, qui peut être comptée autant de fois qu'il le faut pour mesurer une portion plus grande. Ontologiquement donc, le temps de la révolution astrale n'est en rien différent des autres temps ; il dispose seulement d'un privilège cognitif, du fait de son évidence et de sa régularité observables depuis n'importe quel lieu de la terre (767.28-768.27). Or, Aristote savait que le mouvement apparent des astres ne peut fournir d'instants absolus universels (tels que, par exemple, l'instant du zénith, du solstice, etc.) puisque la variation de la position des astres selon les différentes régions terrestres était connue à la fois par l'expérience des voyages et par le modèle astronomique alors en vigueur[1]. Par conséquent, la simultanéité entre certaines portions de temps ne pouvait avoir dans son esprit qu'une validité locale, exactement de la même manière qu'aujourd'hui nous nous référons à une heure locale correspondant à la position du soleil en un certain point de la terre, et même si nous y ajoutons le calcul précis du décalage horaire, il s'agit toujours d'une référence relative, non d'un temps absolu universel.

---

1. Le modèle de l'univers sphérique, dont les couches successives portant les astres tournent autour de la terre, elle-même ronde, suivant des directions et des vitesses diverses, est présenté par Aristote dans la *Métaphysique* (Λ 8), suivant les géomètres platoniciens Eudoxe de Cnide et Callippe de Cyzique. Ce modèle rend compte très clairement du fait que les instants de lever et de coucher des planètes et astres, ainsi que leur hauteur dans le ciel selon les périodes de l'année, varient continuellement selon les lieux de la terre.

L'ontologie de l'instant permet de préciser la dépendance subjective. Compris comme le présent toujours surgissant, l'instant est dépourvu de toute différence intrinsèque, de la même manière que les nombres nombrés. Les présents se différencient entre eux seulement par des différences extérieures, à savoir par leur coïncidence avec un certain état dans le devenir du monde ou dans la vie de l'esprit qui les saisit (776.31-36). Or, cette coïncidence et cette différence, seul un esprit peut les établir, lorsqu'il retient deux instants ensemble et les pense dans leur relation mutuelle, l'un comme antérieur et l'autre comme postérieur. La condition subjective des deux types de différenciation (externe par les événements, et interne par l'antérieur et postérieur) apparaît dans le passage qui affirme la dépendance du temps nombré par rapport à une âme nombrante. Ce n'est pas pour son existence que le temps dépend d'une âme, car à cette fin le changement suffit, mais c'est pour être nombré en acte, c'est-à-dire situé dans ses relations internes et externes, avec les autres parties du temps et avec les événements. La succession des instants existe à la seule condition qu'existent des corps changeants, mais le repérage en acte de leurs relations, y compris la relation de présent par rapport à un certain état, dépend d'un esprit capable de retenir et de comparer. Or ces actes sont indispensables pour constituer une échelle dotée de repères disposés dans un certain ordre les uns par rapport aux autres, même si les événements qui servent de substrats à ces repères existent indépendamment d'un esprit. Tout ce raisonnement est une reconstitution de ce qu'impliquent les indications sommaires de la *Physique* et les développements, questionnements et résolutions de problèmes qu'y ajoute Simplicius.

Par un autre raisonnement encore, Aristote garantit la continuité du temps, non plus de chaque portion séparée, mais en général et en totalité. En effet, il fait partie de l'être du temps de ne jamais s'arrêter, car chaque instant-limite est à la fois fin de la portion précédente et début de la suivante ; il ne peut jamais être dédoublé, au contraire du point qui, lorsqu'on divise la ligne, devient deux, l'un terminant un segment et l'autre commençant le suivant. Un instant peut donc servir à marquer la fin d'un changement, mais aucun instant ne peut être la fin du temps. Pour rendre compte donc du fait que le temps continue toujours, il faut penser que, lorsqu'un changement s'arrête, il y en a nécessairement d'autres qui sont encore en cours et qui permettent la poursuite du temps. Aristote aurait pu se contenter de cette inépuisabilité des changements, puisqu'il considère que les corps matériels ont toujours existé et existeront toujours ; dès lors le temps infini constituerait un seul continu puisque les temps particuliers simultanés sont un seul et même. Cependant, il estime plus simple de faire reposer l'inépuisabilité du temps sur celle d'un seul mouvement en particulier, celui de la sphère de l'univers qui entraîne les astres fixes [1]. Ainsi ce mouvement qui, par ses cycles toujours répétés, possédait déjà le privilège cognitif de l'unité de mesure, reçoit maintenant, pris comme totalité infiniment poursuivie, le privilège de coïncider avec l'infinité du temps.

---

1. Il en fait la démonstration au livre VIII de la *Physique*, ouvrant du même coup la voie à la nécessité de moteurs immobiles éternels, faute d'une connaissance de l'inertie qui suffirait à maintenir les mouvements en cours.

*Les additions néoplatoniciennes
    à la théorie du temps*

La différence essentielle entre la théorie aristotélicienne du temps et la théorie tant platonicienne que néoplatonicienne réside dans le statut ontologique du temps par rapport au devenir en général.

Dans l'héritage platonicien, le temps physique n'est pas considéré comme un attribut du mouvement des corps mais comme un principe régissant l'ordre de succession, de même que le lieu est le principe de leur disposition spatiale. Ainsi, le lieu et le temps sont considérés comme des conditions ontologiques du déploiement des corps et de leur devenir, plutôt qu'ils ne sont des conséquences de l'extension et de la transformation des corps comme chez Aristote. Ce rôle d'ordonnancement, qui a son origine déjà dans le *Timée* de Platon, est attribué à la mesure, qui prend dès lors un double sens. Dans certains usages, elle garde son statut aristotélicien d'unité de mesure, c'est-à-dire d'une partie définie conventionnellement en vue de compter une quantité totale en la répétant un certain nombre de fois. Mais de manière prépondérante elle devient une entité ontologiquement indépendante, régissant causalement la grandeur qu'elle mesure en lui apportant toutes ses relations internes (ordre, cohésion, continuité, …). Dans cette perspective, Simplicius ne fait pas de différence entre le temps comme nombre et le temps comme mesure du mouvement, les deux termes étant compris comme exprimant une action ordonnatrice (voir notamment une confusion entre ces deux rôles en 733.10-22). Il justifie, comme Damascius, la nécessité de cette fonction par le besoin de compenser l'éloignement des réalités dérivées par rapport au principe : s'il n'y avait pas une transmission de l'unité et de la bonne disposition, l'étalement dans le temps et dans l'espace se ferait sans aucun ordre déterminé, n'importe quoi suivant n'importe quoi, et sans aucune limite à la dispersion. Cette conséquence résulte du principe métaphysique selon lequel non seulement la matière est par elle-même indéterminée (ce qui est aussi le cas chez Aristote), mais les formes qui déterminent la matière pour constituer les corps dotés de diverses propriétés sont extérieures à elle, préexistantes et issues d'un niveau de réalité supérieur (l'âme). Au contraire, chez Aristote, toutes les formes sont immanentes, contemporaines à la matière et inséparables d'elle, y compris la cohésion des corps et la disposition de leurs parties ; quant à l'ordre de succession des étapes de leurs changements, il suit l'ordre des causes de ces changements, qui ultimement repose sur les propriétés intrinsèques de l'ensemble matière-forme.

Ces deux principales manières de concevoir le temps et l'espace se poursuivront jusqu'à nos jours, en passant notamment, à l'époque moderne, par le débat entre un temps et un espace absolus nécessaires à l'extension et aux relations entre les corps (Newton), et un temps et un espace qui expriment la succession et la disposition immanentes aux corps (Descartes, Leibniz). Le temps kantien appartient à la lignée platonicienne, même s'il est introduit dans les sujets percevants, puisque le temps et l'espace sont les conditions formelles de l'ordre dans les phénomènes, les choses n'ayant pas par elles-mêmes la continuité spatiale et temporelle.

Par ailleurs, Jamblique introduit une rupture dans la tradition platonicienne en concevant un autre temps, antérieur à celui des changements du monde en devenir. Jusque là, en effet, le partage se faisait seulement entre l'éternité, mesure de l'être intelligible chez Platon ou vie de l'intelligence chez Plotin, et le temps apparaissant avec l'âme du monde chez Platon, avec la sortie de l'âme hors de l'être depuis Plotin. Si ce temps était appelé « premier », ce n'était pas par contraste avec un temps second, mais pour souligner son antériorité ontologique par rapport aux mouvements de l'univers sensible et son égalité de niveau avec le mouvement de l'âme (792.11-13). Pour Jamblique, il n'est plus possible de considérer comme un seul et même le temps qui a son être dans le devenir et le temps ordonnateur de tous les changements. Celui-ci doit être une substance existant par soi, antérieure au devenir qu'elle mesure. Conformément au *Timée*, il le considère comme créé directement par la mise en ordre du monde effectuée par le démiurge, assimilant ce dernier à l'intellect de la deuxième hypostase (794.12-17). Ce temps est un, non divisé en passé, présent et futur, et il ne possède l'antérieur et postérieur qu'au sens des relations de causalité et d'achèvement (794.7-12). Il est « le plus possible semblable à lui-même » mais non identique car « il avance », comme le disait Platon par la formule « une image avançant selon le nombre » (794.25). Il révèle sa nature intermédiaire en assurant la liaison entre l'éternité et l'univers sensible (794.35-795.1). On peut penser que la raison du dédoublement du temps est motivée par la prise en compte des analyses d'Aristote sur le temps physique : c'est parce que la dépendance du temps physique par rapport aux changements est devenue incontestable que le besoin surgit d'instaurer un autre temps comme principe d'ordre, alors que chez Platon le temps ordonnateur pouvait être le même que celui des changements physiques.

Jamblique explique également l'apparent surgissement des instants, à partir d'une interprétation très libre du texte du Pseudo-Archytas. Parallèlement à l'existence d'un temps premier unique, il affirme l'existence d'un instant unique et immuable, auquel les choses en devenir participent en l'atteignant par une partie toujours différente d'elles-mêmes, ce qui donne l'impression que surgit toujours un nouvel instant (793.3-11). Ce surgissement instantané ne doit d'ailleurs pas être confondu avec le présent du temps dérivé, qui est plutôt un présent étendu entre deux limites (793.22-33)[1]. Ainsi Jamblique parvient à rendre compte de l'expérience sensible habituelle tout en maintenant la principialité propre à son école.

Sur Proclus, Simplicius s'étend très peu, disant seulement qu'il s'accorde avec Jamblique sur la distinction entre un temps inséparable du devenir, décrit suivant la physique d'Aristote, et un temps séparé ordonnateur, que par ailleurs il assimile à un dieu comme le font les théurges.

À son tour Damascius éprouve la nécessité d'ajouter un temps antérieur à celui qui mesure les changements des corps en devenir et qui s'écoule constamment sans aucune coexistence de ses parties. Simplicius présente cette nécessité comme celle d'une mesure intermédiaire entre l'éternité et le temps, qui convienne à des substances inter-médiaires présentant à la fois des caractères temporels et des caractères éternels (792.15-19). L'un d'elles est l'âme

---

1. Le présent élargi, qui sera aussi affirmé par Damascius, est suggéré par Aristote dans les expressions courantes telles que « à l'instant ». Certains Stoïciens, notamment Chrysippe, considèrent que le présent qui existe (*huparchei*) est extensif (*enestôs paratatikos*), comprenant une part de passé et une part de futur. Ce présent duratif est saisi par la sensation qui le découpe dans le continu, tandis que l'instant indivisible est seulement saisi par la pensée (Chrysippe, fragment SVF II 150 ; discussion dans Plutarque, *Sur les notions communes, contre les Stoïciens*, 1081C-1082A. *Cf.* Ph. Hoffmann, « *Paratasis*. De la description aspectuelle des verbes grecs à une définition du temps dans le néoplatonisme tardif », *op. cit.*).

elle-même, dont les actes changeants sont mesurés par le temps qui commence avec eux, mais dont les actes essentiels ne peuvent être mesurés par un temps, pas plus que par l'éternité, réservée aux intelligibles. La seconde de ces substances est celle du ciel et des astres, qui est immuable à l'exception de son déplacement circulaire. Ce temps sera donc postérieur à l'éternité et généré par la réalité intermédiaire qu'est l'âme (780.1-7). À la suite de Jamblique, il l'appelle la « raison éternelle du temps ».

Cependant, Damascius attribue à ce temps premier une caractéristique que Simplicius ne peut accepter, à savoir le fait d'être « tout entier d'un seul coup », expression réservée depuis Plotin à l'éternité. Damascius estime en effet qu'on ne peut se contenter d'un temps infini au sens de la poursuite perpétuelle de parties toujours nouvelles sans jamais d'achèvement de leur totalité. Pour que puisse exister une telle totalité toujours renouvelée et toujours inachevée, il faut lui donner comme condition ontologique une totalité achevée et unitaire, qui garantisse sa poursuite en agissant causalement sur elle (780.29-33). Certes, l'éternité est une telle totalité, mais elle n'agit pas directement sur le devenir; il faut donc qu'on la trouve aussi dans la cause intermédiaire qui est l'âme. Mais pour Simplicius, la notion d'un temps entier d'un seul coup est vraiment trop contradictoire avec la notion de temps en général, qui implique nécessairement l'écoulement. De même, lorsque Damascius qualifie de « en devenir » ou « générée » une réalité immuable pour exprimer sa dépendance causale, Simplicius le désapprouve au nom de la distinction entre l'être et le devenir. Il propose dès lors que la mesure des réalités intermédiaires ne soit appelée « temps » que faute d'un terme plus adapté. Ainsi, tout en suivant sa tradition, il maintient qu'il n'y a qu'un seul temps proprement dit, celui des physiciens, et il accorde tout le monde, y compris Platon et Aristote.

Quant au temps physique, Damascius estime qu'on assure son existence en considérant qu'il a son être dans le devenir, ce qui fait disparaître la fausse difficulté de la non existence de ses parties. D'autre part, en considérant avec Aristote que l'instant n'existe pas en acte, il écarte l'autre difficulté selon laquelle l'instant devrait soit demeurer toujours le même soit être détruit quelque part. En fait, les trois dimensions du temps ne sont que les repères que notre âme distingue à partir de notre situation présente et n'ont pas de réalité effective dans le flux continu (798.6-9).

On peut conclure que Damascius a très bien compris la pensée d'Aristote, dont il rend explicites les solutions implicites et dont il tire toutes les conséquences en termes de théorie de la connaissance. Il estime cependant nécessaire d'ajouter un temps antérieur à celui-là, non seulement comme cause de l'ordre et de l'unité des continus en général, mais aussi, ce qui lui est propre, comme mesure appropriée aux substances intermédiaires et comme la totalité infinie achevée sans laquelle il ne pourrait y avoir d'infini toujours renouvelé.

STRUCTURE THÉMATIQUE
DU COMMENTAIRE SUR LE TEMPS

Le commentaire est structuré par des lemmes, c'est-à-dire par la citation des premiers et des derniers mots de chaque passage de la *Physique* sur le point d'être commenté. La taille de ces passages peut varier d'une à quelques phrases. En revanche, le texte ne comporte pas d'intertitres ni d'indications de la structure thématique. Je propose donc une reconstitution des principales articulations de l'exposé sans en modifier l'ordre, sachant que déjà dans la *Physique* la progression n'était pas toujours systématique. Chaque étape est située par la pagination de son lemme, suivie de celle de la *Physique* entre parenthèses.

1. *Exposé des difficultés*

694.30 (*Phys*. IV, 10, 217b29) Justification de l'étude du temps ; l'évidence de son existence et la difficile définition de son essence.

695.30 (217b30-32), 696.22 (217b32-218a8) Les arguments contre son existence.

697.33 (218a8-21), 699.9 (218a21-31) L'existence de l'instant est aussi douteuse, en raison de la difficulté à le concevoir soit comme toujours autre soit comme toujours le même.

700.9 (218a31-b9) Difficultés concernant l'essence du temps d'après les conceptions héritées ; critique de celles-ci : le temps n'est ni le mouvement, ni la rotation de la sphère du tout, ni la sphère elle-même. Citations d'Eudème, de Jamblique, d'Alexandre. La définition de Platon est jugée conforme à celle d'Aristote.

2. *Construction progressive de la définition du temps*

704.31 (218b9-13), 706.1 (218b13-18) Différences entre le temps et le changement.

706.33 (*Phys.* IV, 11, 218b21-219a1), 709.29 (219a2-10) L'existence du temps dépend de celle du mouvement ; démonstration par la conscience du temps liée à celle du mouvement.

710.16 (219a10-14) La continuité du temps suit celle du mouvement, qui suit celle de tout type de grandeur.

712.4 (219a14-b9) La relation d'antéro-postériorité dans le mouvement suit également celle de la grandeur, si ce n'est que dans la grandeur tous les points successifs sont coexistants tandis que dans le mouvement ils se succèdent sans coexister. L'être de l'antéro-postérieur exprime proprement l'ordre de succession. Le temps est nombre en tant qu'il définit du plus et du moins, et il est nombré grâce à l'antérieur et au postérieur qui, dans le mouvement, sont toujours autres. Contrairement au nombrant, le nombré peut être continu. L'antérieur et postérieur est défini, dans le lieu, par la position, dans le temps par l'écoulement, et dans le mouvement par les deux. Tentative de ramener la définition du temps de Platon à celle d'Aristote. Objection de Galien sur la circularité de la définition par l'antérieur et postérieur ; réponse de Thémistius, complétée par Simplicius grâce à la distinction entre « par la position » et « par la durée de l'existence ».

3. Identité et différence
dans le mouvement, le temps et l'instant

719.22 (219b9-10) Le mouvement et le temps ont en commun d'avoir leur être dans le devenir. Chaque mobile a son propre mouvement et son propre temps, si ce n'est que le temps peut être le même pour plusieurs mouvements s'ils se déroulent entre les mêmes instants.

721.27 (219b10-33) Comme le corps transporté, l'instant est toujours le même si on le considère indépendamment de son ordre de succession dans le flux, mais si on inclut celui-ci dans sa définition (c'est-à-dire le fait d'être antérieur et postérieur), chaque instant est différent ; tous ont alors une identité d'espèce.

725.29 (219b33-220a4) L'existence du temps et de l'instant s'impliquent mutuellement, comme celles du transport et du transporté. L'instant est analogue à l'unité du nombre.

726.14 (220a4-21) Le mouvement est continu grâce au transporté, et de même le temps grâce à l'instant. Deux instants comptés comme différents délimitent une portion de temps, mais le même instant ne peut jamais être compté deux fois, contrairement au point sur la ligne, car il ne demeure pas.

728.24 (220a21-26) Discussion sur la manière dont l'instant est dit nombre.

729.32 (*Phys*. IV 12, 220a27-32) Remarque sur le plus petit dans les quantités discrètes et continues.

730.22 (220a32-b5) Le temps n'est pas rapide ou lent, ces caractères étant propres au mouvement.

731.5 (220b5-12) Du fait de leur écoulement, temps et mouvement sont constamment différents d'eux-mêmes mais constituent aussi des totalités unitaires. Les temps de plusieurs mouvements, s'ils sont délimités par les mêmes instants, sont un seul et même temps.

732.1 (220b12-14) En outre, temps et mouvements ont une identité périodique (qui est une identité d'espèce).

733.8 (220b14-32) Temps et mouvement se mesurent réciproquement (de même que la grandeur et le mouvement), mais seul le temps est essentiellement mesure et nombre du mouvement.

4. *L'existence temporelle*

734.31 (220b32-221a9) Être dans le temps, c'est avoir son existence mesurée par le temps. Pour un changement, c'est la même chose d'être mesuré par le temps et d'avoir son être mesuré par le temps ; pour les autres choses, être mesuré par le temps doit passer par la mesure de leur changement. Le temps mesure le changement par la délimitation d'une partie de changement qui sera unité de mesure de tout changement, et cette délimitation se fait par des instants antérieur et postérieur.

738.6 (221a9-18) L'instant et l'antéro-postérieur sont dans le temps en tant que parties ou propriétés. Ce qui est dans le temps au sens propre est contenu par un temps plus grand, de même que ce qui est dans un lieu ou dans un nombre. Cela vaut aussi pour ce qui existe tout le temps (« éternel » au sens courant), mais pas pour ce qui existe d'un seul coup tout entier (« éternel » au sens platonicien).

740.13 (221a30-b3) Le temps n'est pas par soi cause de destruction, même si la destruction semble parfois sans autre cause.

741.13 (221b3-7) N'est pas dans le temps ce qui existe toujours : d'une part les corps célestes en tant que leur substance est immuable même s'ils se déplacent, d'autre part les étants qui ne participent en rien au devenir.

742.19 (221b7-20) Le temps est aussi par accident mesure du repos, parce qu'il mesure l'extension de son être.

745.6 (221b20-23) Par conséquent, seules les choses en devenir sont dans le temps.

746.10 (221b23-222a9) Parmi les non-étants, seuls les impossibles ne sont pas dans le temps ; quant aux choses qui ne sont plus ou pas encore, le temps de leur existence et celui de leur non-existence sont entourés par un temps plus grand, de sorte qu'elles sont dans le temps.

5. *L'instant au sens propre*
et au sens large (expressions courantes)

747.31 (*Phys*. IV, 13, 222a10-21) L'instant au sens propre est la limite commune du passé et du futur, qui assure la continuité du temps. Il divise en puissance, c'est-à-dire seulement dans notre pensée, et c'est pourquoi il est un à la fois par le substrat et par l'énoncé, tandis que le point est dédoublé par l'énoncé lorsqu'il divise en acte.

749.33 (222a20-24) L'instant peut aussi désigner un présent étendu à une partie proche du passé et du futur, par exemple dans l'expression « à l'instant ».

750.8 (222a24-b7) L'expression « à un certain moment » établit un rapport entre l'instant présent et un instant du passé ou du futur. De là, Simplicius introduit un contraste entre le temps réel de l'univers, qui est infini, et le temps que nous pouvons saisir, qui est toujours limité. Le temps infini est numériquement toujours autre, mais le même par l'espèce.

751.33 (222b7-12), 752.9 (222b12-14), 752.31 (222b14) Les expressions « tout à l'heure », « tout juste » et « jadis » sont définies suivant l'écart à partir de l'instant au sens propre.

753.1 (222b14-15) Sur l'expression « soudain », citation d'Alexandre qui rappelle que tout temps est perceptible même si un événement peut ne pas l'être en raison de sa rapidité.

6. *Conclusions et confirmations*

753.30 (222b16-27) Reprise de 740.13 : le temps semble davantage cause de destruction que de génération, en raison de la nature périssable des corps sensibles, mais il ne l'est pas par soi.

755.28 (222b27-29) Conclusion sur l'existence du temps : Simplicius accorde qu'elle a été démontrée par l'intermédiaire de la démonstration de son essence.

756.1 (*Phys.* IV 14, 222b30-223a15) Nouvelle démonstration que tout changement est dans le temps, car l'antérieur et le postérieur sont définis comme écarts par rapport à l'instant présent.

757.5 (223a16-21) Le temps existe partout où il y a du mouvement, et il est en puissance ou en acte de la même façon que le mouvement.

7. *Rapport entre le temps et l'âme*

758.28 (223a21-29) Le nombré en tant que tel n'existe pas sans le nombrant, mais son substrat peut exister. Simplicius estime que l'antérieur et postérieur existera même sans une intelligence nombrante, parce qu'il fait partie de l'extension de l'existence du mouvement. En revanche, il soutient que le mouvement ne peut exister sans l'âme, cherchant la preuve chez Aristote dans les moteurs des sphères célestes.

8. *Généralité et unité du temps*

761.10 (223a29-b1) Le temps est le nombre de tout changement en tant que tel. Il n'est pas plus proprement nombre du mouvement local, car l'antérieur et postérieur dans l'ordre temporel est indépendant de l'antérieur et postérieur dans l'ordre spatial de la position.

763.30 (223b1-12) Il y a un seul temps pour des mouvements simultanés de même durée. Les autres temps sont les mêmes seulement par l'espèce. Contre Alexandre et Thémistius, réaffirmation que le temps est un attribut réel des mouvements et non une abstraction de notre esprit. Les nombres nombrés, de même que les nombrants, ne possèdent aucune différence intrinsèque, de sorte que, même situés dans des corps différents, les temps simultanés sont indiscernables.

767.26 (223b12-21) La partie du temps la plus adéquate pour servir de mesure aux autres est le temps d'un mouvement circulaire uniforme.

769.20 (223b21-224a2) De là vient l'expression courante que les choses en devenir, et le temps lui-même, sont cycliques.

770.9 (224a2-17) L'instant pris au sens strict du présent ne possède aucun critère d'individuation, au contraire des instants qui se différencient en étant antérieurs et postérieurs.

9. *Corollaire sur le temps*

773.8 Annonce du contenu et des buts de l'exposé.

773.20 Brève présentation de la théorie néoplatonicienne : apparition des mesures du sensible (nombre, grandeur, lieu, temps) dans le cadre général de l'extension et de la différenciation progressives à partir de l'unité absolue. Damascius ne reconnaît que trois des quatre mesures.

774.35 Citation de Damascius acceptant d'Aristote le mode d'être du temps comme « avoir son être dans le devenir » et la définition de l'être temporel comme « être mesuré par le temps ». La seule différence est que le lieu et le temps deviennent les conditions de l'ordre et de la distinction des choses sensibles plutôt que leurs conséquences.

775.31 Deuxième citation de Damascius : objections contre l'infinité non totalisée du temps aristotélicien, et réponses de Simplicius distinguant l'infini toujours inachevé et la totalité donnée d'un coup.

778.20 Concession à Damascius : si l'on appelle devenir une dépendance causale immuable, alors la mesure de ce devenir peut être dite tout entière d'un seul coup ; mais il vaut mieux, conformément aux distinctions de Platon, éviter d'appeler cela un devenir et sa mesure un temps.

779.12 Trois citations de Damascius : le toujours doit être réalisé comme une totalité achevée, et non toujours différé. Le temps total actualisé d'un seul coup est la raison du temps dans l'âme et dans la nature éternelle créatrice. C'est lui qui actualise et maintient l'unité du temps en écoulement, dans lequel on distingue trois niveaux (celui des actes des substances immuables, celui des successions infinies de substances périssables, celui divisé en portions dans les choses périssables). Il diffère de l'éternité en étant causé et non cause.

781.14 Réponse de Simplicius, s'appuyant sur Platon : tout ce qui est causé n'est pas en devenir, mais seulement ce qui comporte du mouvement. Rappel de la distinction entre deux infinis, l'un totalisé et l'autre toujours en progression, avec citations d'Aristote.

783.1 Il faut concevoir des médiétés entre temps et éternité pour les substances intermédiaires, comme l'ont fait Platon et Aristote. Nouvelle concession à Damascius : on peut admettre que la raison du temps dans l'âme soit dite tout entière d'un seul coup, non pas cependant au sens strict comme l'est l'éternité, mais par analogie avec elle ; car la mesure ordonnant l'extension n'est pas elle-même en extension. Mais alors ce temps doit être l'âme elle-même, nommée ainsi par nous selon l'une de ses actions.

785.12 Citation du Pseudo-Archytas sur l'inexistence du temps et l'indivisibilité de l'instant. Jamblique rapporte également sa définition du temps, qu'il interprète comme une raison naturelle de l'âme, principe de continuité et d'ordre pour tous les mouvements naturels. Le temps et l'instant participés ne sont pas en écoulement, mais le devenir des choses qui participent d'eux en donne l'impression.

787.29 Damascius interprète le temps du Pseudo-Archytas comme un temps aristotélicien, nombre de tout mouvement, repos ou existence en devenir.

788.33-36 Théophraste et Eudème ont enseigné les mêmes opinions qu'Aristote.

788.36 Réfutation des arguments de Straton contre la définition du temps par le nombre et contre l'intratemporalité des choses éternelles. Examen de la définition de Straton : « la quantité dans les actions ».

790.30 Examen de la définition de Plotin : le temps est la vie de l'âme. Une objection de Damascius appelle une précision sur l'unité de la vie et de l'éternité dans les intelligibles, et la distinction entre le temps et la vie temporelle de l'âme. Les actes essentiels, non changeants, de l'âme doivent être mesurés par un intermédiaire entre le temps et l'éternité.

792.20 Examen de la théorie de Jamblique : un instant statique est continuellement atteint par une partie différente des choses en devenir, ce qui donne l'impression du surgissement d'instants éphémères. Cet instant, ainsi que le temps premier ordonnateur, sont liés à l'âme et sont les images de l'instant intelligible et de l'éternité.

795.4-26 Proclus suit la théorie de Jamblique, à laquelle il ajoute une dimension théologique et théurgique.

795.27 Retour aux difficultés soulevées par Aristote : citation du passage sur l'existence du temps et le renouvellement des instants.

796.27 Solution de Damascius pour garantir l'existence du temps physique : le présent n'est pas l'instant indivisible, mais il a une certaine extension. Le temps qui a son être dans le devenir est continu par soi et divisé par nous relativement à notre présent. Comme le fleuve garde la même forme en dépit des eaux qui s'écoulent, ainsi le temps physique a une forme immanente permanente tout en étant en écoulement. Il n'est donc pas nécessaire de faire de l'instant une partie du temps. Quant à la difficulté de savoir si l'instant est toujours différent ou le même, elle disparaît si l'on considère l'instant comme seulement une limite en puissance dans le continu du temps.

800.16-25 Simplicius adopte ces solutions et suppose qu'Aristote ne les a pas exprimées dans les chapitres sur le temps parce qu'il lui manquait certaines démonstrations ajoutées seulement au livre VI de la *Physique*.

NOTE SUR L'ÉDITION ET LA TRADUCTION
DU TEXTE

L'édition de référence du *Commentaire* en grec est celle de Hermann Diels (Berlin, 1882). Pour la partie qui nous occupe, soit les pages 694 à 800 de cette édition, Diels ne disposait que de deux manuscrits primaires, datant de la deuxième moitié du XIIIᵉ siècle :

– le *Marcianus graecus* 229, sigle E (s'interrompt à la p. 795.35)

– le *Marcianus graecus* 227, sigle F, de qualité médiocre.

Diels a également utilisé l'édition aldine (Venise, 1526, sigle a), la seule qu'il ait collationnée lui-même ; fondée sur la comparaison de plusieurs manuscrits plus récents, cette édition permet souvent de corriger les erreurs des E et F. Il ne connaissait pas le *Mosquensis* 3649 (sigle Mo, deuxième moitié du XIIIᵉ siècle)[1], qui couvre les quatre

---

1. Voir le *stemma codicum* dans D. Harlfinger, « Einige Aspekte der handschriftlichen Überlieferung des Physikkommentars des Simplikios », *in* I. Hadot (éd.), *Simplicius, sa vie, son œuvre, sa survie, op. cit.*, p. 267-286 : Mo est plus proche de E que de F. Une description détaillée du manuscrit et de son histoire se trouve dans P. Golitsis, Ph. Hoffmann, « Simplicius et le "lieu". À propos d'une nouvelle édition du *Corollarium de loco* », *op. cit.*, p. 123-131, qui l'utilisent pour leur nouvelle édition du *Corollaire sur le lieu*. Une nouvelle édition du *Corollaire sur le temps* est également prévue. D'une manière générale, une réédition de l'ensemble du commentaire serait souhaitable, non seulement pour intégrer le Mo qui présente des variantes intéressantes, mais aussi pour corriger certaines erreurs de collation des E et F.

premiers livres et le tout début du cinquième, jusqu'à 803.8. Dans ces conditions de pauvreté des sources, il arrive que Diels ne dispose d'aucune version grammaticalement correcte et soit contraint d'éditer sa propre suggestion. L'ensemble est cependant globalement de bonne qualité, et il est rare que je ne suive pas le texte édité ; si c'est le cas, je le justifie en note.

Il n'existe pas à ce jour de traduction française de cette partie du *Commentaire*. Elle a été traduite en anglais par J. O. Urmson dans deux volumes différents, l'un contenant le commentaire proprement dit, l'autre le corollaire (v. les références complètes dans la Bibliographie). Cette traduction comporte un nombre important d'imprécisions, de lacunes et même d'erreurs. Je n'ai en général pas adopté les écarts effectués par Urmson par rapport à Diels, qui m'ont semblé soit non pertinents soit non nécessaires.

Je n'ai pas complété les lemmes à partir du texte de la *Physique*, pensant qu'il valait mieux se référer à une traduction complète de celle-ci, éclairée par des notes explicatives. Je n'ai pas non plus ajouté d'intertitres dans le texte pour en souligner la structure thématique, dont je propose en revanche un aperçu synthétique en introduction.

SIMPLICIUS

COMMENTAIRE SUR LA *PHYSIQUE*
D'ARISTOTE, IV, 10-14

| Après ce qu'on vient de dire, il faut poursuivre au sujet **694.30**
du temps (IV 10, 217b29).

Que l'étude du mouvement [1] soit la plus appropriée au
physicien, c'est évident, puisque la nature est principe de
mouvement et que les choses naturelles diffèrent des non
naturelles | par le mouvement ; or si tout mouvement est **695**
dans le temps, et si les uns ont considéré le temps comme
le mouvement lui-même et les autres comme quelque chose
du mouvement, il est clair que l'étude du temps est elle
aussi nécessaire au physicien (car le temps est évident et
tout le monde en parle, même si l'exactitude concernant
son existence [2] échappe à beaucoup) ; | il est clair aussi **5**
qu'il accompagne, comme le mouvement, toutes les choses
naturelles et en devenir. Pour toutes ces raisons donc,
l'étude du temps mérite l'attention du physicien. Après
avoir parlé du mouvement dans le troisième livre et enchaîné
avec l'étude de l'infini, puisque le mouvement est continu
et que le continu, qu'il soit infini ou fini, est divisible à

---

1. Simplicius utilise le terme *kinèsis* de la même manière qu'Aristote
le fait au livre IV, incluant non seulement les trois « mouvements »
proprements dits (déplacement, altération et croissance/décroissance)
mais aussi le changement qui n'est pas un mouvement, c'est-à-dire la
génération et la destruction. Aristote dit en effet explicitement, en 218b19-
20, qu'il ne distingue pas pour le moment *kinèsis* et *metabolè*, distinction
qu'il établira au livre V, chap. 2. *Cf.* ci-dessous, 761.17-20.
2. L'existence est exprimée ici par *hupostasis*, et dans la suite du
paragraphe par *huparxis*. Les deux termes sont le plus souvent équivalents,
si ce n'est qu'*hupostasis* a parfois le sens plus fort d'une existence réelle
par opposition à une existence seulement pensée (voir l'Index).

l'infini ; après avoir ensuite parlé du lieu, puisque tout
10 mouvement se produit dans un lieu et dans | un temps et
que le lieu semble plus abordable et plus manifeste que le
temps ; ayant en outre ajouté une étude sur le vide puisqu'on
disait que le vide est un lieu privé de corps, c'est bien
logiquement qu'il dit : « après ce qu'on vient de dire, il
faut poursuivre au sujet du temps. »

Le temps possède un caractère étonnant, à la fois
commun avec d'autres choses et propre à lui. En effet,
15 comme la couleur | et le mouvement ont une existence
évidente mais une définition de leur essence difficile à
saisir, de même l'existence du temps est manifeste non
seulement pour les savants mais aussi pour tous. Nous
disons tous « plus jeune » et « plus vieux », « hier »,
« aujourd'hui » et « demain », « jadis », « cette année » et
« l'année prochaine » ; et qui, s'il ignore les jours, les nuits,
20 les mois et les années, semblerait encore un homme ? | Mais
ce que peut bien être le temps, si on le lui demande, le plus
savant aura du mal à y répondre. Voilà pour ce que le temps
partage avec d'autres choses. Quant à ce qui lui est propre,
c'est que, son existence étant insaisissable par la sensation,
même si la sensation en fournit certaines bases (car le fait
d'être plus vieux et plus jeune n'est pas sensible, ni l'hier
et l'aujourd'hui), cependant il semble la chose la plus
évidente de toutes. Voilà pourquoi la recherche portant sur
25 son essence | a semblé sans issue, à tel point que certains,
sous l'effet de cette obscurité, sont allés jusqu'à rejeter
totalement l'existence du temps malgré son évidence. Il
est pourtant absurde de joindre à l'ignorance de son essence
la négation de son existence, car nombreux sont les étants
dont non seulement ce qu'ils sont mais le fait même qu'ils
sont nous est inconnu et qui n'en font pas moins partie des
étants.

| « Il faut d'abord poser correctement les difficultés à son 695.30
sujet » jusqu'à « ensuite quelle est sa nature »
(217b30-32).

De même qu'à propos des autres choses, à propos du
temps aussi, se proposant d'abord de chercher s'il est ou
s'il n'est pas, il rassemble d'abord les raisons de le nier,
d'après les arguments extérieurs – et sont extérieurs les
arguments courants et issus des | opinions communes, qui 696
ne relèvent ni de la démonstration ni de l'exposé théorique.
Après ce parcours, il dit qu'il faut ensuite examiner quelle
est la nature du temps, car c'est après avoir considéré
l'existence que l'on envisage l'essence.

> Il faut remarquer, dit Alexandre, qu'au sujet du vide,
> dont il s'apprêtait à montrer | l'inexistence, il a commencé 5
> son étude en indiquant ce que signifiait son nom, tandis
> qu'au sujet du temps, dont l'existence est reconnue, il
> cherche quelle est son essence ; en effet, même les non-
> étants comme le bouc-cerf sont désignés par des noms,
> mais seuls existent absolument ceux qui possèdent une
> nature propre.

Il vaut la peine d'examiner comment il a pu dire cela, car
en fait, à propos du temps aussi, Aristote a commencé par
la question de son existence et non par celle de son essence.
| En outre, même à propos des étants reconnus, lorsque les 10
noms sont trop peu clairs, il fait passer la question de savoir
ce que signifie le nom avant celle de l'existence, et c'est
cet ordre des questions que nous trouvons dans les
Apodictiques [1]. Mais puisque le nom du vide se disait en
plusieurs sens et recouvrait une notion non explicite, tandis
que celui du temps était évident pour tous même si la nature

---

1. *Analytiques Postérieurs*, I 1, 71a12-17.

15 du temps était insaisissable, | c'est tout logiquement qu'à
propos du vide il a considéré d'abord ce que signifie son
nom et à propos du temps la question de son existence. Il
faut donc plutôt dire qu'il convient de chercher ce que
signifie le nom à la fois pour les non-étants et pour les
étants, lorsque ce dont on parle n'est pas clair, de même
qu'il faut chercher dans les deux cas si la chose est ou non.
En revanche, l'essence et le type de chose, ainsi que la
cause, doivent être cherchés seulement pour les étants. Par
20 ailleurs, à propos | des non-étants, si le nom est clair, comme
c'est le cas pour le bouc-cerf et pour le non-étant lui-même,
nous n'avons pas besoin de chercher ce que signifie le nom.

696.22 | « Que donc ou bien il n'existe pas du tout » jusqu'à
« le temps ne semble pas être composé des instants »
(217b32-218a8)

Aristote présente trois arguments montrant que le temps
25 n'existe pas, dont le | premier est celui-ci : le temps est
composé du passé et du futur, dont l'un n'est plus et l'autre
n'est pas encore, or ce qui est composé de non-étants est
un non-étant, donc le temps est un non-étant. En effet, que
tu l'appelles le temps infini ou le temps toujours atteint [1],
il est ainsi composé. Le deuxième argument demande une
considération préliminaire telle que : de toute chose
divisible, pour qu'elle existe, il est nécessaire que quelques-
30 unes ou toutes les parties | existent, toutes si l'on parle de
choses comme la ligne, la surface et le corps, quelques-unes

---

1. L'expression « toujours atteint » (218a1 : *aei lambanomenos*)
précise de quelle manière le temps est infini, c'est-à-dire au sens où on
en atteint toujours une nouvelle partie, comme on le lit dans la description
de l'infini de *Phys.* III 6, 206a25-b3 citée par Simplicius en
781.36-782.9.

si l'on parle des choses qui ont leur être dans le devenir, comme la date et le mouvement [1]. Puisque donc le temps, s'il existe, est continu et donc divisible, il est nécessaire que toutes ses parties ou quelques-unes existent ; or aucune partie du temps n'existe, puisque ses parties sont le passé et le futur | et qu'aucune des deux n'existe, mais l'une **697** n'est plus et l'autre pas encore ; donc le temps n'existe pas non plus. Cet argument diffère du premier en ce que l'un procède par affirmation, l'autre par hypothèse, et que l'un s'appuie sur l'addition des parties, l'autre sur la division en parties. C'est pourquoi le premier considère le temps | comme composé, le second comme divisible. Mais il est **5** commun aux deux d'affirmer qu'en raison de l'inexistence des parties, le tout n'existe pas.

Cependant, puisque non seulement le passé et le futur semblent être des parties du temps, mais aussi le présent c'est-à-dire l'instant, et puisque celui-ci existe, de sorte que les raisonnements précédents ne sembleront plus vrais, il en présente logiquement un troisième selon lequel l'instant n'est pas | une partie du temps, en rassemblant sous forme **10** concise deux syllogismes de la deuxième figure [2], que

---

1. L'expression « avoir son être dans le devenir » vient également de la description du mode d'être de l'infini en *Phys.* III 6, qui est comparé à celui du temps. Simplicius l'utilise systématiquement pour exprimer ce qui n'existe qu'en tant que flux ou succession d'états non coexistants. « La date » traduit le mot grec « *agôn* », littéralement « la compétition », le système de datation étant fondé sur les Jeux olympiques qui avaient lieu tous les quatre ans.

2. Un syllogisme de la deuxième figure est celui dont le moyen terme est en position de prédicat dans la majeure et dans la mineure. Ici, la majeure est une universelle affirmative (« toute partie mesure le tout »), la mineure une universelle négative (« aucun instant ne mesure le tout ») et la conclusion une universelle négative (« aucun instant n'est une partie »). Le deuxième syllogisme est identique si ce n'est qu'il remplace « mesure le tout » par « compose le tout ».

voici : la partie mesure le tout ; l'instant ne mesure pas le
tout du temps ; donc l'instant n'est pas une partie du temps ;
or il est propre aux parties de la quantité que le tout soit
mesuré par la partie. Ensuite, la partie compose le tout, or
15 l'instant ne le compose pas ; en effet, | le temps n'est pas
composé des instants, de même que la ligne n'est pas
composée de points ni, en général, quelque chose d'étendu
de parties inétendues.

Alexandre, comme il écrit « est mesuré » à la voix
passive dans « la partie est mesurée », s'acharne à expliquer
que « elle possède une étendue, car de ce qui est en extension
et continu, les parties aussi sont en extension, tandis que
20 l'instant | n'est pas mesurable parce qu'il n'est pas étendu ».
Mais il ne faut pas lire le passif « est mesuré », mais l'actif
« mesure » suivi de la conjonction « et »[1], car la partie,
dans la quantité, est dite mesurer le tout et non être elle-
même mesurée ; d'ailleurs Alexandre connaît aussi cette
version du texte.

« Il ne semble pas, dit Aristote, que le temps soit composé
des instants », parce qu'il ne l'a pas encore démontré mais
25 il va le faire | par la suite[2] ; et puisque l'instant est quelque
chose du temps, qui existe en réalité mais sans en être une
partie, pour cette raison il commence sa phrase sur le temps
en disant « ou bien il n'est pas du tout, ou bien difficilement
et obscurément ». En effet, si le temps existe, c'est grâce
à l'instant, qui n'est ni du temps, puisque le temps est
divisible, ni une partie du temps, puisqu'il ne mesure pas

1. Les manuscrits de la *Physique* sont partagés entre les leçons *metrei
te* (FH[2]I), recommandée par Simplicius, *metreitai* (H[1]J) suivie par
Alexandre, et *metrei* (E[2]G).

2. La démonstration, pour l'ensemble des continus, se trouve en
Phys. VI, 1-3.

le tout[1]. | Il se peut aussi qu'il dise « ou bien difficilement 30
et obscurément » parce qu'une partie est passée et l'autre
à venir, et que, ni de ce qui n'existe absolument pas en
réalité ni de ce qui est complètement, il ne peut y avoir une
partie passée et l'autre à venir.

| « De plus, l'instant qui paraît délimiter » jusqu'à « serait 697.33
simultanément ; or c'est impossible » (218a8-21).

| Considérant d'abord l'instant comme existant, il a 35
montré qu'il n'était pas une partie du temps. À présent, à
travers ce troisième argument, il tente de montrer | que 698
l'instant lui-même, qui semble exister et délimiter le passé
et le futur, n'est pas quelque chose. Nécessairement en
effet, si l'instant existe, il est ou bien toujours le même ou
bien toujours autre, ce qui est équivalent à « pas le même ».
Si donc il n'est ni toujours le même ni toujours autre, il
est clair qu'il n'est pas[2]. Il montre donc d'abord | qu'il 5
n'est pas toujours autre, de cette manière : si l'instant est
toujours autre, il faut que le précédent soit détruit ; or il
est impossible que l'instant soit détruit, donc l'instant n'est
pas toujours autre. Et il justifie la première prémisse par
le fait que l'instant antérieur et l'instant postérieur n'existent

1. Cette phrase exprime la contradiction qu'il va falloir dépasser :
si seul existe avec certitude le présent instantané, l'existence du temps
n'est pas garantie, car l'instant n'est pas du temps ; mais cette dernière
affirmation repose sur le fait que le temps est divisible, ce qui suppose
qu'il existe bien un temps étendu et continu. Le dépassement de la
contradiction se fera grâce à l'ancrage du temps dans le mouvement.

2. Simplicius interprète la difficulté concernant l'instant comme la
suite de la difficulté concernant l'existence des parties du temps. Il est
cependant plus probable qu'Aristote ne doute pas de l'existence de
l'instant, car le présent échappe à l'objection de n'être plus ou pas encore,
mais qu'il signale à son propos une autre difficulté, celle de le concevoir
soit comme toujours le même soit comme toujours autre.

pas simultanément. En effet, il ne peut y avoir deux temps
simultanés, à moins que l'un soit plus long et l'autre plus
10 court et que l'un contienne tandis que l'autre | est contenu,
comme l'année par rapport au mois qui est en elle et le
mois par rapport au jour qui est en lui ; car du fait que ce
jour-ci du mois est présent, on dit aussi que le mois est
présent, et ainsi ils semblent exister simultanément. Mais
pour les instants il n'est pas possible que l'un contienne
et que l'autre soit contenu, ou que l'un soit la partie et
l'autre le tout, car tous deux sont sans parties et aucun des
deux n'est plus long que l'autre. En effet, ils ne sont pas
15 des quantités, | mais des principes des quantités [1]. Or être
plus long appartient aux quantités, de sorte qu'ils ne peuvent
exister simultanément mais que nécessairement, si l'instant
est toujours autre, le précédent a été détruit. En effet, ce
qui était avant et n'est plus ensuite a été détruit.

Il démontre ensuite la deuxième prémisse, selon laquelle
il est impossible que l'instant soit détruit, à nouveau par
une division : si un instant est détruit, puisque ce qui est
détruit est détruit dans le temps, ou bien il est détruit
20 pendant lui-même | ou bien pendant un autre instant ; mais
pendant lui-même c'est impossible car à ce moment-là il
est ; si donc c'est pendant un autre, puisque les instants ne
sont pas contigus entre eux [2] (car le temps n'est pas composé

---

1. Aristote ne dit pas expressément que les instants sont des principes
(*archaí*) du temps mais seulement qu'ils en sont des limites ; cependant,
en tant que tels, ils permettent de définir toutes les portions finies de
temps, ce qui fait d'eux un certain type de principes de connaissance, et
c'est pourquoi il dit que l'instant est « comme l'unité du nombre »
(220a5).

2. Le contigu (*echomenon*) est défini par Aristote comme « ce qui,
étant consécutif, est en contact » (*Phys.* V 3, 227a6). Les instants ne
peuvent se toucher car, étant des indivisibles, ils n'ont pas d'extrémités
par lesquelles ils seraient en contact l'un avec l'autre ; en outre, du fait
qu'ils sont des limites, ils sont nécessairement séparés par du limité.

des instants, ce qu'Aristote vient de poser et démontrera
plus tard) et qu'il est détruit pendant un autre instant, il
est clair que dans l'intermédiaire entre lui-même et celui
dans lequel il a été détruit, il était ; mais l'intermédiaire
entre les instants est un temps, de même que celui entre
les points est une ligne ; | donc il était dans le temps 25
intermédiaire ; mais dans le temps intermédiaire il y a une
infinité d'instants, puisque tout temps est divisible à l'infini,
comme il sera démontré, et se divise aux instants ; il y aura
donc simultanéité entre cet instant et ceux, infinis, pendant
lesquels il existe, s'il est vrai qu'il existait pendant le temps
intermédiaire. Pas davantage l'instant ne peut avoir été
détruit tout au long du temps intermédiaire, car si c'était
le cas, il faudrait que dans chaque partie de celui-ci | soit 30
détruite une partie de l'instant, or il est sans parties. Par
conséquent, l'instant n'a été détruit ni dans l'instant ni
dans le temps intermédiaire. D'une autre façon encore, si
l'instant est détruit dans un temps autre que lui, ou bien
celui-là est aussi maintenant, et il y a deux instants
simultanés, celui qui est détruit et celui dans lequel il est
détruit, ou bien il est autre, | c'est-à-dire soit passé soit **699**
futur. Mais, si ce temps est passé, l'instant sera détruit
avant d'être ; et s'il est futur, l'instant ne serait jamais
détruit mais toujours sur le point d'être détruit, car le temps
dans lequel il est détruit est toujours futur. En outre, d'une
manière générale, le passé et le futur sont du temps et, si
l'instant était détruit dans un temps, | l'indivisible serait 5
coextensif avec le divisible. Si donc l'instant précédent ni
n'existe, parce qu'il ne peut y avoir deux instants simultanés,
ni n'a été détruit, il est clair qu'il n'existait pas non
plus précédemment. Et si l'instant précédent ni n'était ni
n'est, il est clairement impossible que l'instant soit toujours
autre.

699.9 | « Cependant, il ne peut non plus demeurer toujours le
10   même » jusqu'à | « arrêtons là l'exposé des difficultés »
(218a21-31).

Après avoir montré que l'instant ne peut être toujours
autre, il montre ensuite par deux arguments qu'« il ne peut
non plus demeurer toujours le même » numériquement [1].
Voici le premier : si d'aucun continu limité il n'y a une
seule limite, qu'il soit continu dans une dimension comme
15   la ligne ou dans deux comme le | plan ou dans trois comme
le corps (car la ligne est délimitée par deux points, le plan
par autant de lignes qu'en possède son périmètre, et le
solide par autant de surfaces qu'il en est entouré), il est
clair que l'instant, étant une limite du temps limité, ne
pourrait non plus être un et le même ; or la première
proposition est un fait, donc la seconde aussi. Quel que
soit, en effet, le temps limité que nous considérions, même
20   le | plus court, il aura un instant au début et un autre à la
fin, car il est limité des deux côtés par un instant. Par
conséquent, l'instant ne peut demeurer toujours un et le
même. Et il faut considérer un temps limité à la manière
du continu sur une droite, car le temps est aussi de ce type [2].
En effet, les choses de ce type n'ont pas une seule limite,
tandis que la sphère et le cercle semblent en avoir une
25   seule | car ils sont entourés d'une seule surface et d'une
seule ligne.

1. « Le même numériquement » signifie « le même individu », par
opposition aux choses identiques seulement par l'espèce ou par le genre.
2. L'argument repose donc sur l'extension du temps, dans laquelle
on peut découper des périodes délimitées par des instants, au contraire
de l'hypothèse de l'existence du seul instant présent. Certes, comme on
le lira bientôt, plusieurs parties ou limites du temps ne peuvent coexister
que dans une pensée qui les retient ensemble, mais l'extension existe par
elle-même grâce à l'ancrage du temps dans le mouvement, qui possède
cette même extension sans coexistence des parties.

Il montre aussi d'une deuxième façon que le même instant ne peut demeurer. En effet, si c'est toujours le même instant qui existe, tout sera dans le même instant et il n'y aura ni antérieur ni postérieur. Or, les choses qui existent de cette manière sont simultanées et celles qui se sont produites de cette manière se sont produites en même temps, de sorte que les plus anciennes et reculées seront en même temps que celles qui viennent | d'avoir lieu et d'être, puisque les 30 deux groupes sont dans le même instant. Quoi de plus absurde que cela : que ce qui remonte au déluge existe ou se produise maintenant ? En outre, les événements passés depuis longtemps ou tout juste passés auraient la même ancienneté, si ont la même ancienneté ceux qui se passent dans le même instant. Et c'est avec une grande rigueur qu'il a dit que les choses antérieures et postérieures « se produisent » dans cet instant-ci ; en effet, se produire peut arriver dans l'instant, mais | pas être, car être se fait dans 700 le temps. Si donc il est nécessaire que l'instant, s'il existe, soit ou le même ou toujours autre, et qu'il ne puisse être ni le même ni toujours autre, il est clair que l'instant ne fait pas partie des étants.

Après cette conclusion, il ajoute donc qu'il a suffisamment parlé des propriétés du temps à partir desquelles il est clairement | démontré qu'il n'existe pas. D'une manière 5 générale, s'il est nécessaire que le temps, s'il existe, soit continu, et si l'instant n'est relié ni au passé ni au futur parce que ni l'un ni l'autre n'est dans l'existence, il est clair que le temps ne pourrait être continu.

700.9 | « Ce qu'est le temps et quelle est sa nature » jusqu'à
10 | « pour qu'on en examine les impossibilités »
(218a31-b9).

Après avoir montré, par ces arguments portés avec
vigueur, qu'il n'est pas clair de savoir si le temps existe
puisque sont convaincants aussi les raisonnements qui
disent qu'il n'existe pas, il ajoute que « ce qu'est le temps
et quelle est sa nature », si on entreprend de l'examiner à
15 partir des conceptions héritées, | se révèlera tout aussi
obscur qu'est apparue la question de son existence dans
les raisonnements que nous venons de parcourir. Ce qu'il
est est donc aussi peu clair, puisque les uns disent que le
temps est « le mouvement du tout » et sa rotation (par
exemple Platon, d'après Eudème, Théophraste et Alexandre),
les autres « la sphère elle-même » de l'univers, comme
20 | certains rapportent que le disaient les Pythagoriciens,
peut-être en ayant mal compris l'affirmation d'Archytas
que le temps tout entier est l'étendue de la nature du tout[1],
ou comme le disaient certains Stoïciens[2] ; d'autres enfin
disent que le temps est simplement le mouvement. Il
rapporte en effet trois opinions au sujet du temps, laissant
de côté celles qui sont trop mythiques, et rassemblant toutes
les autres dans celles qu'il a retenues par la méthode de
division. En effet, le temps est soit le mouvement soit le
25 premier mû soit la | sphère du tout ; et, s'il est le mouvement,
ou bien il est tout mouvement ou bien seulement celui du
tout ; car la notion du temps ne permet pas qu'il soit repos

---

1. Sur l'interprétation néoplatonicienne de cette définition du Pseudo-
Archytas, *cf.* ci-dessous, 785.14 *sq.* et l'Introduction.
2. À propos des Stoïciens, Simplicius précise dans son commentaire
aux *Catégories* que « Zénon a dit que le temps est l'intervalle (*diastèma*)
de tout mouvement en général et Chrysippe l'intervalle du mouvement
du monde » (*in Cat.* 350, 15-16).

ou quelque chose du repos. De ces trois possibilités, il réfute brièvement celle selon laquelle le temps est la rotation de l'univers, et plus longuement celle qui l'identifie simplement au mouvement ; quant à l'opinion que le temps serait la sphère elle-même de l'univers, la trouvant trop peu crédible, | Aristote ne l'a même pas jugée digne de réfutation. 30

Ils semblaient en effet dire que le temps est l'univers parce que | tout se trouve dans l'univers et tout dans le **701** temps ; et il est clair que ceux qui parlaient ainsi ignoraient d'abord l'homonymie de l'expression « dans quelque chose », que lui-même a bien définie dans son étude du lieu[1] ; car être dans un temps est autre chose qu'être dans un lieu ou dans un tout. Ensuite, ils étaient maladroits dans les | constructions syllogistiques (et c'est pourquoi aussi 5 il a qualifié cette opinion de « trop naïve »), puisqu'ils concluaient dans la deuxième figure à partir de deux affirmatives : l'univers est ce dans quoi tout se trouve, le temps est ce dans quoi tout se trouve, donc le temps est l'univers. On peut sans doute aussi le formuler dans la première figure : l'univers est ce dans quoi tout se trouve, et ce dans quoi tout se trouve est le temps. En outre, les parties du temps sont le passé | et le futur, mais les parties 10 de la sphère sont autres ; le temps a son être dans le devenir, la sphère non ; les parties de la sphère ne sont pas partout, tandis que le temps est partout ; les plus vieux et les plus jeunes sont dans la même sphère mais pas dans le même temps ; la sphère est une substance corporelle, le temps non. Mais | Aristote n'a pas jugé nécessaire d'argumenter 15 contre cette hypothèse jugée trop naïve.

En revanche, il s'est opposé à celle qui faisait du temps le mouvement et la rotation du tout, car la partie de la

1. *Phys.* IV 3, 210a14-24.

rotation et de la révolution du tout, par exemple le jour,
est selon eux du temps, mais n'est pas une rotation (car la
20 partie de la révolution n'est ni révolution | ni rotation). De
là il conclut que le temps n'est pas la rotation du tout,
puisqu'une partie de la révolution est un certain temps,
de sorte que tout temps n'est pas la rotation. Que la partie
de la rotation n'est pas une rotation, alors qu'elle est du
temps, il l'a montré en disant « une partie de la rotation,
pas la rotation [1] ». Car la rotation est le mouvement qui va
25 du même au même. Et on dit que | le tout a été porté
circulairement lorsque chacune de ses parties est revenue
du même point au même point. Or le temps dont on a parlé,
par exemple un jour ou une nuit, est une partie de la rotation
et n'est pas une rotation. Et même si l'on considère l'ensemble des deux, le jour et la nuit, ce temps-là sera plus que
la rotation du tout en raison du mouvement supplémentaire
du soleil [2].

Ensuite, il ajoute encore un argument sur le même point,
30 | à savoir que, « s'il y avait plusieurs univers », c'est-à-dire
plusieurs mondes, comme le supposaient les démocritéens [3],

---

1. *Cf.* 218b1-2 : « Cependant la partie de la rotation est aussi un
certain temps, mais elle n'est pas la rotation ». Simplicius restitue les
articulations implicites du raisonnement d'Aristote : il y a des temps
(comme un jour ou une nuit) qui ne sont pas des rotations complètes, or
une partie de rotation n'est pas à proprement parler une rotation, donc
tout temps n'est pas rotation ; par conséquent, on ne peut définir le temps
par la rotation.

2. Dans le système cosmologique que suivent Platon et Aristote, la
rotation du soleil est une conjonction des rotations du premier cercle
(révolution du tout) et de deux ou quatre cercles supplémentaires
(respectivement selon Eudoxe et Callippe).

3. Aristote utilise le terme *ouranos* comme synonyme de *to pan* (le
tout), considéré comme un système astral unique et fini, tandis que les
atomistes distinguaient, d'une part, l'univers infini composé de vide et
d'atomes, et d'autre part les mondes (*kosmoi*) qui se forment en lui, dont

la rotation de chacun d'eux serait un temps et de ce fait il y aurait plusieurs temps simultanés, ce qui est impossible. En effet, il est possible que plusieurs mouvements existent simultanément, mais pas plusieurs temps. Car le même instant est partout le même.

| Eudème propose encore d'autres arguments, **702** qu'il n'est pas absurde d'entendre selon ses propres paroles[1] :

> En outre, il est clair que le mouvement du tout se trouve dans celui-ci, de la même façon que la marche de Diarès se trouve dans Diarès, et donc le mouvement total de l'univers se trouve dans l'univers. Or, c'est absurde, car le temps ne semble pas | se trouver dans l'univers mais **5** plutôt l'univers dans le temps. Et il est encore plus absurde qu'il n'y ait pas de temps ailleurs. Car l'univers est toujours au même endroit et nulle part ailleurs. Le temps ne sera donc ni sur la terre ni dans la mer[2]. Et s'il ne faut pas dire que le temps est la rotation entière mais aussi bien n'importe laquelle de ses parties, et que chaque partie soit autre que l'univers | de même que celui-ci est **10** autre que ses parties, les mouvements du tout et de chaque partie seront également différents. Si donc les mouvements

l'un est notre système astral intégrant tous les astres visibles depuis la terre. S'il y avait plusieurs mondes sphériques comme le conçoivent les démocritéens, chacun possèderait l'ensemble des repères temporels et donc plusieurs systèmes temporels coexisteraient.

1. Eudème de Rhodes, fr. 46 Sp. Il s'agit d'arguments contre l'identification du temps au mouvement, que ce soit au mouvement en général ou à un mouvement astral en particulier. De même pour les arguments de Jamblique cités par la suite.

2. L'argument est fondé sur la double signification du mot *ouranos*, à la fois univers et ciel : si le temps est dans le ciel et nulle part ailleurs, il n'est pas sur la terre et dans la mer. Mais il est bien clair que, dans tout ce passage de la *Physique*, le terme a seulement la signification d'univers, et Eudème lui-même le donne comme synonyme du tout.

sont différents, dit-il, tandis que le temps n'est pas différent mais le même, le temps ne peut pas être les mouvements. Par conséquent, le temps n'est le mouvement ni du tout ni des parties.

Ensuite il poursuit :

> Quant à ceux qui disent que le temps est le mouvement
15 du soleil, | comment parleront-ils des autres astres ? Car ils n'ont pas tous les mêmes translations. Si, d'une part, ces translations différentes sont toutes des temps, c'est absurde en soi et aussi parce qu'il y aurait plusieurs temps simultanés. Si, d'autre part, les translations des autres astres ne sont pas des temps, il faut expliquer la différence pour laquelle la translation du soleil est un temps et pas celle de la lune ni celle des autres astres. Et cela n'a pas l'air facile.

20 De son côté, Jamblique, | au huitième livre de son commentaire sur le *Timée*, a encore ajouté les arguments suivants contre cette opinion :

> Si tout mouvement est dans le temps, plusieurs mouvements se trouvent ensemble ; mais les parties du temps sont autres à chaque moment. Le mouvement se produit dans une chose qui demeure, tandis que le temps n'a besoin d'aucun repos. Un mouvement ou un repos est contraire à un mouvement, soit l'un et l'autre dans le même genre, soit l'un et l'autre dans la même espèce, mais il n'y a rien de tel dans le temps.

25 Cependant, | Alexandre, s'efforçant de montrer que la doctrine selon laquelle le temps est le transport de l'univers est celle de Platon, cite d'abord le témoignage d'Eudème :

> « Platon a également suivi cette doctrine, de manière fort absurde ; en effet, avant que l'univers soit créé, il dit qu'il

y avait un mouvement désordonné. Il n'est donc pas
cohérent, puisque tout mouvement est dans le temps[1]. »

Ensuite, il n'approuve pas ceux | qui disent que Platon, en   30
accord avec Aristote, fait du temps le nombre du mouvement
en le disant « une image éternelle avançant selon le
nombre[2] ».

> En effet, affirme-t-il, il ne dit pas que le temps est le
> nombre du mouvement mais qu'il est le mouvement selon
> le nombre, c'est-à-dire selon l'ordre.

Voilà pour Alexandre.
Quant à moi, il me faut montrer d'abord pour quelle raison
Eudème a soupçonné | que Platon faisait du temps la   **703**
rotation de l'univers, et ensuite qu'il ne s'ensuit pas cette
absurdité de la part de Platon, comme l'a conclu Alexandre,
que le temps existe avant le temps.

> En effet, dit ce dernier, si tout mouvement est dans le
> temps, il est clair que même le mouvement défectueux
> et désordonné est dans le temps. Si donc un tel | mouvement   5
> existait avant que l'univers soit né, il est clair que le
> temps aussi existait avant la rotation de l'univers. Si donc
> le temps est celle-ci, il y aurait du temps avant le temps.

Il faut donc le défendre contre cette accusation. Quant à
la manière dont Platon a dit le temps « une image éternelle
avançant selon le nombre », nous la comprendrons lorsque
nous aurons entendu Aristote exposer que le temps est le
nombre du mouvement[3].

---

1. Eudème de Rhodes, fr. 46 Sp. Dans le *Timée*, l'univers est créé à
partir d'une sorte de matériau, la *chôra*, qui possède déjà des mouvements
désordonnés, que le temps, créé avec l'univers, vient ensuite ordonner.
2. *Timée*, 37d.
3. Voir ci-dessous, 717.21-718.6.

10 | Que Platon ait fait du temps la rotation de l'univers, je
crois que cela a été soupçonné à partir de ce passage du
Timée[1] :

> Pour ces raisons donc, la rotation d'un seul tour circulaire
> est devenue la nuit et le jour, et le mois apparaît lorsque
> la lune, ayant accompli son propre cercle, rattrape le
> soleil, et l'année lorsque le soleil a accompli son propre
> cercle. Quant aux rotations des autres astres, comme les
15   hommes n'y ont pas prêté attention, | à l'exception d'une
> minorité, ils ne les nomment pas ni ne mesurent leurs
> rapports réciproques à l'aide de nombres, même s'ils les
> observent, de sorte qu'ils ignorent pour ainsi dire que
> leurs courses errantes constituent un temps.

Et c'est ainsi qu'il semble dire que chaque rotation est un
certain temps, tandis que seule celle du tout est le temps
total. Il ajoute en effet :

> Le nombre complet du temps atteint l'année complète
20   lorsque | les vitesses comparées de toutes les rotations
> trouvent leur couronnement en étant mesurées par le
> cercle du même et de l'uniforme[2].

Que donc Platon ne dit pas que le temps est le mouvement
des corps célestes mais la mesure de ce mouvement, je
pense que cela résulte clairement de ces témoignages. En
effet, le fait qu'on ne sache pas que les courses errantes
constituent un temps parce que ces rotations ne sont pas

---

1. *Timée*, 39bc. Quelques mots manquent dans la citation par rapport
à l'original.

2. *Timée*, 39d. Outre les temps multiples dus aux différentes rotations,
il existe un temps plus englobant, appelé aussi « la grande année »,
constitué par le retour de toutes les rotations à une position commensurable
avec le premier cercle (celui du Même). Il est important de remarquer
que tous ces « temps » sont à proprement parler des *unités de mesure* du
temps, ce qui explique qu'il peut y en avoir plusieurs en même temps.

comparées par des nombres, | montre clairement que le 25
temps trouve son essence dans le fait d'être la mesure des
mouvements. On peut comprendre plus clairement encore
que Platon ne dit pas le temps identique au mouvement
lorsque nous découvrons qu'il a introduit le temps comme
mesure du mouvement au moment où le tout commence
à être mû de manière régulée grâce à la domination de
l'âme [1]. Ainsi dit-il dans le *Timée*, | après l'introduction de 30
l'âme dans le corporel [2] :

> Lorsque le père géniteur pensa que ce monde, mû et
> vivant, était une image générée des dieux éternels, il s'en
> réjouit et, charmé, il conçut de le rendre semblable [3] à
> son modèle. De même | donc que ce dernier est un vivant **704**
> éternel, il entreprit d'achever ce tout, autant que possible,
> de la même façon. La nature du vivant était donc éternelle
> et il n'était pas possible de l'appliquer tout à fait à
> l'engendré ; il pense alors à créer une image mobile de
> l'éternité et, tandis qu'il organise | l'univers, il crée, de 5
> l'éternité qui demeure dans l'un, une image éternelle [4],
> avançant suivant un nombre, et c'est cela que nous avons
> appelé le temps.

1. Lorsque le mouvement était désordonné, il n'y avait pas encore
de mesure, et donc pas encore de temps. Cette signification de la mesure
comme régulation ordonnée n'est cependant pas celle d'Aristote, qui
parle de la mesure de tout mouvement au sens de la quantification de sa
durée, ce qui vaut aussi pour les mouvements désordonnés.

2. *Timée*, 37cd.

3. Une erreur de copie fait manquer ici les mots *eti dè mallon* :
« encore plus ».

4. Dans ce court passage, Platon a déjà utilisé deux fois *aidios* et
une fois *aiônios* dans le même sens de l'éternel opposé au temporel. Il
est difficile d'accorder cette signification à *aiônios* attribué à l'image
engendrée ; nous avons dès lors le choix entre le comprendre au sens de
« perpétuel » (comme on le trouve, par exemple, en *République* 363d)
ou lui donner un sens tel que « dérivé de l'éternité ».

Et il est clair que, toutes choses étant constituées d'un seul coup par le démiurge, le raisonnement exposait leur rang l'une par rapport à l'autre. Car si le temps est apparu simultanément à l'univers, comme le montre ce qu'il dit un peu plus loin, si donc le temps est apparu avec l'univers, il est clair qu'il n'a pensé aucun des deux avant l'autre
10 | temporellement. Comment quelque chose de temporel pourrait-il exister avant le temps ? Mais s'il a ajouté le temps au tout qui était en mouvement, il est clair que le temps n'est pas la même chose que le mouvement mais que le temps est en un certain sens plus achevé que le mouvement. Et lorsque Platon dit que le démiurge a conçu le mû défectueux et désordonné avant la naissance de l'univers, en ces termes [1] :

15   Le dieu, voulant | que tout soit bon et rien mauvais autant
          que possible, s'empara de tout ce qui était visible, sans
          repos mais agité de manière défectueuse et désordonnée,
          et le fit passer du désordre à l'ordre, pensant que celui-ci
          est en tout point meilleur que celui-là ;

là encore il ne dit pas ce qu'il semble apparemment dire, à savoir que le sensible désordonné préexistait au temps
20 | et qu'ensuite, comme s'il se réveillait d'un sommeil, le démiurge le mit en ordre. Si, en effet, c'est par sa bonté qu'il crée et si sa bonté est toujours achevée et active et rend tout bon par son existence, il est clair que la providence créatrice existe en même temps que la bonté du dieu. Ce qu'il veut montrer par là, c'est que le démiurge est la cause,
25 pour le tout, de l'organisation et de l'ordre, | puisqu'il soutient qu'avant son acte celui-ci était défectueux et

---

1. *Timée*, 30a.

désordonné [1]. Et même s'il avait établi par cet argument que le mouvement défectueux existait avant le temps, alors que tout mouvement est dans le temps, il est clair que ce temps-là était supposé par le raisonnement être également défectueux et désordonné et comme une sorte d'esquisse du temps achevé.

Mais quoiqu'on n'en ait pas dit plus qu'il ne le fallait sur ce point, | passons maintenant à la suite.   30

| « Puisqu'il semble surtout être un mouvement et un **704.31** changement » jusqu'à « le temps est pareil partout et en toutes choses » (218b9-13).

Après avoir exposé deux opinions à propos du temps, celle selon laquelle le temps est la rotation du tout et celle selon laquelle il est la sphère du tout, et | avoir réfuté la **705** première, tandis qu'il jugeait la seconde trop naïve pour mériter une contradiction, il présente maintenant la troisième, la plus convaincante des trois, qui dit que le temps est un mouvement et un changement. Il est clair qu'il s'agit d'une autre thèse que celle qui en fait la rotation du tout, et | qu'Alexandre ajoute inutilement que « pour **5** cette raison aussi Platon et certains autres le disaient mouvement, car Platon en tout cas a dit que le temps était la rotation du tout ». C'est ainsi en effet qu'Alexandre l'a blâmé jusqu'ici.

Il semble que la notion du temps et celle du mouvement soient d'une certaine façon les mêmes, car le temps indique

1. Simplicius, suivant Plotin (*Enn.* III 7, 6, 50-55), comprend le récit de la création dans le *Timée* comme un exposé chronologique exprimant un ordre en réalité non chronologique mais principiel : en disant ce que la matière était « avant » le démiurge, Platon voulait dire « si on enlève ce qu'elle doit au démiurge ».

un certain écoulement et une ronde [1] ; il a son être dans le
10   devenir, | ce qui est un propre du mouvement ; enfin il est
de la même façon un attribut, continu et divisible à l'infini.
Mais Aristote montre que le mouvement et le temps ne
sont pas la même chose, en présumant que tout mouvement
et changement « est seulement dans le corps changeant
ou » dans le lieu [2] « où se trouve le mû et le changeant ».

15   Il a ajouté cela, dit Alexandre, | parce que, pour les autres
       changements, ce quant à quoi il y a changement se trouve
       dans le changeant, car ce qui est altéré change quant à
       la qualité qui est en lui, ce qui est augmenté change quant
       à la quantité qui est en lui et ce qui vient à l'être change
       quant à la substance qui est en lui. En revanche, le lieu
       dont change ce qui est mû localement n'est pas dans ce
20   qui est mû, mais | là où se trouve ce qui change se trouve
       aussi le mouvement.

Voilà ce que dit Alexandre ; mais sans doute le mouvement
local est-il aussi dans le mû, car ce n'est pas le lieu dans
lequel est mû le mû qui est supposé être le temps mais
c'est le mouvement local, or le mouvement est toujours
dans le mû, comme Aristote le montre dans les propos sur

---

1. La métaphore de la danse (*choreia*) apparaît à propos des
mouvements des astres dans le *Timée* (40c3). Elle est devenue un lieu
commun, très fréquent notamment chez Philon d'Alexandrie et chez les
Pères de l'Église, comme synonyme de « mouvement circulaire », d'où
ma traduction par « la ronde » (*cf.* Porphyre, *in Tim.*, fr. 62, 8 ; Simplicius,
in Phys. 292.28 ; 331.30). On rapproche parfois cet usage du passage de
Plotin qui compare l'interdépendance des mouvements dans l'univers à
celle des éléments du corps d'un danseur (*Ennéades* IV, 4, 33), mais la
métaphore n'est pas la même ni ne poursuit le même objectif. Voir aussi
ci-dessous, 775.16 et 786.30.

2. Simplicius remplace le simple relatif « là où » (*hou*) de la *Physique*
(218b12) par « dans le lieu dans lequel » (*en tôi topôi en hôi*), probablement
sous l'influence de l'interprétation d'Alexandre. Il donne en revanche la
citation correcte à la ligne 29.

le mouvement[1]. Ce n'est donc pas pour cette raison qu'il ajoute « dans le lieu » | mais parce que dans le lieu où se 25 trouve le mû il dit que se trouve non seulement le mouvement local mais aussi les autres mouvements. C'est pourquoi nous disons que Socrate est né, a grandi et est devenu chauve à Athènes. L'affirmation d'Aristote est donc exacte, que tout « changement ou mouvement est seulement dans le corps changeant ou là où se trouve le mû lui-même ». | Et qu'il l'a considéré ainsi, c'est ce que montre l'autre 30 prémisse qui s'ajoute à celle-là, à savoir que « le temps est de la même façon partout et en toutes choses[2] ». Si donc le mouvement n'est pas de la même façon partout mais est seulement là où se trouve le mû, et non en toutes choses mais seulement dans ce qui change, il est clair que le temps n'est pas le mouvement. C'est un syllogisme de la deuxième figure[3]. Et il y a opposition, | d'une part, entre 35 « partout » et « là où se trouve le mû », d'autre part entre « en toutes choses » et « seulement dans ce qui change ».

| « En outre, un changement est plus rapide et plus lent » **706** jusqu'à « ni du fait d'être une quantité ni du fait d'être une qualité » (218b13-18).

---

1. *Phys.* V 1. L'argument de Simplicius consiste à dire qu'il n'est pas nécessaire de situer le mouvement local d'une autre façon que les autres changements car lui aussi se trouve dans le corps mû, et pour cette raison tous les changements se trouvent dans le lieu où se trouve le corps mû.

2. 218b13.

3. Le syllogisme de la deuxième figure (*cf.* note 6) consiste ici en une majeure universelle négative : « Aucun mouvement n'est de la même façon partout », suivie d'une mineure universelle affirmative : « Le temps est de la même façon partout », menant à une conclusion universelle négative : « Aucun mouvement n'est le temps ».

Il montre encore la même chose par un autre syllogisme de la deuxième figure, que voici : le mouvement « est plus rapide et plus lent ; | mais le temps n'est pas » plus rapide et plus lent ; donc le temps n'est pas le mouvement. Que le temps ne soit pas plus rapide et plus lent, c'est clair déjà par l'usage courant, car nous parlons de beaucoup et de peu de temps, mais pas d'un temps plus rapide ou plus lent. Aristote le montre aussi par un syllogisme : « le rapide et le lent sont définis par le temps, mais le temps n'est pas défini | par le temps [1] » ; donc le temps n'est pas plus rapide et plus lent. Et il est clair que le rapide et le lent sont définis par le temps « car nous appelons rapide ce qui est mû beaucoup en peu de temps, et lent ce qui est mû peu en beaucoup de temps [2] ». Mais il n'est pas possible de dire du temps que beaucoup s'est passé en peu de temps ou peu en beaucoup de temps. Par ailleurs, que le temps ne soit pas défini par le temps est clair aussi du fait que, même suivant | sa propre quantité, le temps n'est pas défini par le temps ; car « beaucoup de temps » n'est pas « beaucoup » parce qu'il se passe en beaucoup de temps ni « peu » parce qu'il se passe en peu de temps : c'est là un propre du mouvement. En effet, nous disons qu'il y a beaucoup de mouvement lorsqu'il se fait en beaucoup de temps et peu lorsqu'il se fait en peu de temps [3], mais nous ne le disons pas pour le temps. En outre, il n'existe aucune qualité du temps telle que le rapide et le lent. Par conséquent, on ne

1. 218b15-17.
2. 218b15-17.
3. Cette formulation n'est pas tout à fait exacte, car ce n'est pas la quantité de mouvement qui est mesurée par la quantité de temps (car beaucoup de mouvement peut se passer en peu de temps et inversement) mais la *vitesse* du mouvement, comme l'ajoute aussitôt Simplicius aux lignes 21-22.

pourrait définir sa qualité par | le temps comme on le fait   20
pour le mouvement. En effet, nous disons le mouvement
rapide et lent et cette qualité est définie par le temps, car
un mouvement est rapide lorsqu'il s'en passe beaucoup
en peu de temps et lent lorsqu'il s'en passe peu en beaucoup
de temps. C'est ainsi que la quantité du mouvement est
définie par le temps, mais pas celle du temps. Car même
si l'on dit aussi beaucoup ou peu de temps, ce n'est pas
défini par référence au temps mais | par référence au continu   25
et au nombre, comme il va le montrer.

Par ailleurs, Plotin a encore ajouté un argument montrant
que le temps n'est pas le mouvement : « Le mouvement,
dit-il, peut aussi s'arrêter et s'interrompre, mais pas le
temps [1] ».

Enfin, puisque le mouvement et le changement ne sont
pas la même chose, comme il le montrera au début du livre
V de cette étude (car il montrera que la venue à l'être et
la destruction | sont des changements mais pas des   30
mouvements), mais qu'il utilisait et utilisera indifféremment
le nom de mouvement et de changement, il s'est excusé
auprès du lecteur de cette indistinction en indiquant qu'il
les utilisait indifféremment.

| « Cependant, il n'existe pas non plus sans le changement »   **706.33**
jusqu'à « il est manifeste que le temps n'existe pas sans
le mouvement et le changement » (11, 218b21-219a1).

| Après avoir montré que le temps n'est pas le   35
mouvement, il montre ensuite qu'il n'est pas sans | le   **707**
mouvement mais qu'il accompagne de toute façon un
mouvement. En effet, il appartient au scientifique de rendre

1. *Ennéades*, III, 7, 8.

compte de la différence et des points communs entre les
choses proches par leur nature.

Que le temps n'existe pas sans mouvement et qu'on ne
puisse saisir le temps sans mouvement, il le montre comme
suit : nous ne pouvons prendre conscience du temps sans
5   mouvement[1] ; | ce dont on ne peut être conscient sans
mouvement ne peut être saisi sans mouvement parce que
cela existe exclusivement avec un mouvement ; donc le
temps existe avec le mouvement et ne peut ni exister ni
être pensé sans celui-ci. Qu'on ne puisse être conscient du
temps sans mouvement, il le montre par l'argument que,
lorsque nous sommes complètement immobiles quant à la
pensée ou lorsqu'il nous échappe que nous sommes mus
10 (c'est-à-dire que nous pensons quelque chose), | alors nous
estimons qu'il ne s'est pas passé de temps, dans l'idée
qu'on ne peut avoir conscience d'un temps sans la
conscience d'un mouvement. On peut voir que c'est le cas
aussi à partir du sommeil : lorsque nous nous éveillons
après un sommeil tranquille, nous n'avons pas conscience
du temps écoulé. C'est clair aussi dans les pensées ou les
actions intenses : comme nous avons l'attention concentrée
15 sur elles, nous n'avons pas l'impression | que du temps a
passé même si souvent il s'en est écoulé beaucoup. Car ce
n'est pas du fait de nous mouvoir, mais du fait de prendre
conscience d'un mouvement que nous nous apercevons
aussi du temps comme existant avec le mouvement. C'est
la raison pour laquelle, après « lorsque nous ne changeons

1. L'adjectif « *asunaisthètos* » ne signifie pas « imperceptible »
(*anaisthètos*), mais « dont on ne peut avoir conscience », car, comme on
le lit un peu plus loin, l'expérience du temps n'implique pas nécessairement
une sensation. Dans le même registre sémantique, on trouvera encore
« *sunaisthesis* » et « *sunaisthanontai* » (lignes 20 et 28) ainsi que
« *epinoêthênai* » et « *ennoia* » (ligne 11).

en rien », il a ajouté « quant à la pensée », parce que c'est par la saisie mentale du mouvement, qui est elle-même immobile, que nous | vient la conscience du temps [1]. Et 20 d'ailleurs on peut le voir aussi par le contraire : ceux qui souffrent ou sont dans la peine, dans l'indigence ou le désir, parce qu'ils trouvent ce mouvement long, trouvent aussi le temps long. Comme le dit le poète dans sa comédie :

> Le jour ne viendra-t-il jamais ?
| et pourtant j'ai entendu depuis longtemps chanter le coq [2].   25

et un autre :

> mais ceux qui désirent vieillissent en un jour [3].

Que l'on n'a pas conscience du temps quand on ne saisit pas le mouvement, comme je l'ai dit, nous le savons tous les jours grâce au sommeil, mais Aristote | le confirme en 30 évoquant le sommeil plus long de ceux qui, d'après la légende, ont dormi dans l'île de Sardaigne auprès des héros. En effet, les neufs fils qu'Héraclès eut des filles de Thespios le Thespien, étaient morts en Sardaigne, et on racontait jusqu'à Aristote, et peut-être jusqu'à Alexandre le commentateur de ses œuvres, que leurs corps étaient restés intacts et entiers et | provoquaient des images chez 35 les dormeurs ; ce seraient eux les héros de Sardaigne. | Il **708**

---

1. Simplicius fait reposer la corrélation entre conscience de changement et conscience de temps sur l'expression « quant à la pensée » (*tèn dianoian*, 218b22), comme si celle-ci signifiait « de façon consciente ». Mais, si c'était le cas, la suite « ou lorsqu'il nous échappe que nous changeons » serait redondante. Il faut plutôt comprendre que l'expression renvoie aux changements intérieurs (mentaux), dont la conscience suffit à provoquer celle du temps et dont l'absence de conscience suffit à provoquer l'absence de conscience du temps.

2. Aristophane, *Les Nuées*, v. 3-4.

3. Théocrite, *Idylles*, 12, 2.

était naturel que ceux qui dormaient auprès d'eux, en vue de rêver ou de quelque autre utilité, par imitation dorment d'un sommeil plus long, et que, rattachant l'instant du début du sommeil à celui de la fin et en faisant un seul, parce qu'ils ne pouvaient avoir conscience du mouvement intermédiaire entre les deux instants, ils concentraient aussi

5 la conscience du temps dans l'instant | et effaçaient le temps par l'absence de sensation du mouvement intermédiaire. En effet, « de même que, dit-il, si n'était pas autre l'instant » du début et autre l'instant de la fin, « mais le même et unique, il n'y aurait pas de temps [1] » (car l'instant n'est pas du temps mais une limite du temps), de même aussi quand on ne s'aperçoit pas que l'instant est autre, il semble ne pas y avoir de temps intermédiaire entre les deux instants.

10 Cependant, Eudème écarte | la justification par la légende de Sardaigne et confirme le propos par un événement survenu à Athènes :

> On raconte, dit-il, que lors d'un sacrifice public des gens avaient festoyé dans une grotte souterraine et s'étaient couchés ivres au point du jour, ainsi que leurs serviteurs, et avaient dormi le reste de la nuit puis le jour et la nuit suivante (car l'un d'eux qui s'était réveillé, comme il
> 15 voyait les étoiles, | était retourné se coucher). Comme un jour de plus était passé, lorsqu'ils se sont réveillés, ils ont célébré le Koureotis un jour après les autres gens, et par là ont compris ce qui s'était passé [2].

Le Koureotis était le troisième jour de la fête des Apaturies, le premier étant le Dorpia, le deuxième l'Anarrusis et le

---

1. *Phys.* IV 11, 218b27-28 ; la suite de la phrase est paraphrasée plutôt que citée littéralement.
2. Eudème de Rhodes, fr. 47 Sp.

quatrième l'Epibda ; ils ont donc dormi, après le sacrifice
du deuxième jour, tout le jour suivant et | la nuit d'après, 20
et ont pris le quatrième jour pour le troisième c'est-à-dire
pour le Koureotis.

   Si donc, lorsque nous considérons qu'il n'y a aucun
changement mais que tout est en repos dans l'instant, il
en résulte que nous croyons qu'il n'y a pas de temps, tandis
que, lorsque nous sentons un mouvement et déterminons
plusieurs instants, l'un comme début et l'autre comme
| fin, l'un antérieur et l'autre postérieur, alors nous sentons 25
également le temps intermédiaire, il est clair que « le temps
n'existe pas sans le mouvement et le changement [1] ».

   À partir de ce passage, l'admirable Galien, au huitième
livre de son *Apodictique*, suppose que pour Aristote il n'y
a pas de temps sans mouvement parce que nous le pensons
mû [2], et il ajoute | l'absurdité suivante : « Les choses 30
totalement immobiles doivent également exister avec un
mouvement, puisque la pensée que nous en avons est avec
un mouvement ; en effet, nous ne pensons rien par une
pensée immobile ». Il pourrait dire aussi que les choses
inétendues ne peuvent exister sans l'extension, puisque
nous les pensons avec l'extension en actualisant leur

---

   1. 219a33-b1.
   2. D'après Thémistius (*in Phys.* 144.24 *sq.*), Galien dit que nous
pensons le temps en étant nous-mêmes mus (*kinoumenoi* au lieu de
kinoumenon). Dans ce cas, l'argument serait le même que celui de la
phrase suivante, où le mouvement est également attribué au sujet
connaissant. Si l'on suit le texte de Simplicius, au contraire, il y a deux
arguments distincts, dont le premier semble exprimer la conception
courante que le temps « passe », « avance », etc. Cependant, lorsque
Simplicius réfute l'argument aux lignes 36-37, il le rappelle par « nous
pensons en étant mus », ce qui semble indiquer une erreur dans les
manuscrits à la ligne 29, qui devraient présenter déjà *kinoumenoi*.

multiplicité par l'imagination[1]. Mais d'abord il faudrait
35 se rappeler qu'Aristote | ne veut pas que l'âme soit mue
mais qu'elle soit en acte, considérant que seuls les changements physiques doivent être appelés mouvements[2]; et
donc ce n'est pas parce que nous pensons en étant mus
qu'il dit que le temps n'existe pas sans mouvement, mais
709 parce que la | conscience du mouvement, qui est immobile,
entraîne celle du temps. Et il montre clairement que c'est
ce qu'il veut dire en ajoutant que, même si nous changeons
de pensée, c'est-à-dire même si nous sommes par la pensée
en acte de changement, mais qu'il nous échappe que nous
changeons de pensée, « il ne nous semble pas que du temps
5 ait passé[3] ». Ensuite, | s'il dit que le mouvement nous
échappe, ce n'est pas parce que nous ne sommes pas mus,
mais parce que nous n'avons aucune conscience de
mouvement; et s'il dit que nous sentons ensemble le

---

1. Allusion probable au *De memoria* « Il n'est pas possible de penser
sans image ; en effet, il arrive dans le penser la même affection que dans
le tracer : sans avoir besoin que la quantité du triangle soit déterminée,
nous le traçons cependant déterminé quant à la quantité ; et celui qui
pense, de la même manière, même s'il ne pense pas une quantité, se pose
devant les yeux une quantité mais ne la pense pas en tant que quantité.
Et si la nature de la chose fait partie des quantités, mais est indéterminée,
il se pose une quantité déterminée mais la pense seulement en tant que
quantité. Pour quelle raison donc n'est-il pas possible de rien penser sans le
continu, ni sans le temps les choses qui ne sont pas dans le temps, c'est
un autre raisonnement ; mais il est nécessaire de connaître la grandeur et
le mouvement par le même moyen que le temps, et l'image est une affection de la sensation commune, de sorte que, manifestement, la connaissance
de ceux-là se fait par la première faculté sensitive. » (449b30-450a12).

2. Cette distinction entre le mouvement, toujours duratif, et l'acte
instantané se trouve en *Métaphysique* Θ 6, 1048b18-36 et *Éthique à
Nicomaque*, X 3, 1174a13-b14.

3. 218b23. Le début de la phrase ne doit pas être placé entre guillemets
car Simplicius le construit différemment d'Aristote.

mouvement et le temps, il ne dit pas que nous les sentons
en étant mus. Et même si l'on estime qu'il a dit « lorsque
nous ne changeons pas de pensée » au sens de « nous ne
sommes pas mus quant à la pensée », même ainsi ce n'est
pas parce que nous pensons le temps en étant mus | qu'il   10
considère que le temps existe avec le mouvement, mais
parce que nous sommes conscients du mouvement, et peu
importe que nous en soyons conscients en étant mus ou
non. C'est pourquoi il a ajouté comme une correction :
« ou s'il nous échappe que nous changeons [1] ». Ainsi donc,
comme je l'ai déjà dit, lorsque nous pensons ou agissons
intensément, il est clair que nous sommes mus, mais que,
si nous ne prêtons pas attention à l'extension du mouvement
| et ne distinguons pas les instants antérieur et postérieur,   15
nous ne sommes pas non plus conscients du temps
intermédiaire parce qu'il coexiste avec le mouvement que
nous avons concentré.

Ce n'est cependant pas de la même façon que, sans
penser le mouvement, nous sommes incapables de penser
les pôles ou le centre du tout. En effet, d'une manière
générale pour les choses qui existent ensemble et ont leur
être dans la modalité des relatifs, il faut qu'à la pensée de
l'un | s'ajoute aussi la pensée de l'autre. Par exemple, si   20
l'on pense à un ami, on pensera aussi qu'il est l'ami d'un
ami, et si l'on pense à la droite on l'associera immédiatement
à la gauche. C'est pourquoi il vaut la peine de se demander
en quel sens Alexandre a dit que pour rien d'autre que le
temps la pensée de l'un ne va de pair avec la pensée de

1. Par cette réfutation de Galien, Simplicius remet l'accent sur la
conscience conjointe du mouvement et du temps, au lieu de la nécessité
qu'il y ait un changement dans le sujet. En effet, que le changement soit
intérieur ou extérieur est indifférent, pourvu qu'il y ait conscience d'un
changement.

l'autre, du fait que la pensée du temps accompagne par
25 nature celle du mouvement. | Mais il est clair que le
mouvement est également associé au temps, car, en ayant
marché autant de temps, nous attestons avoir parcouru
autant de stades en autant de temps. Aristote aussi dit par
la suite : « Par ailleurs, lorsqu'un temps semble s'être
passé, du même coup aussi un mouvement semble s'être
passé [1] ».

709.29 | « Il nous faut saisir, puisque nous cherchons ce qu'est le
30 temps » jusqu'à | « puisque donc il n'est pas mouvement,
il est nécessairement quelque chose du mouvement »
(219a2-10).

Ayant conclu de ce qui précède que le temps n'est ni
mouvement ni sans mouvement, et s'étant engagé dans la
710 recherche de son essence, | il ajoute d'abord un argument
à ceux déjà mentionnés pour dire que nous sentons ensemble
le mouvement et le temps. En effet, même s'il fait noir,
dit-il, de telle sorte que nous ne soyons pas mus corporel-
lement ni ne sentions d'autres mus, « mais qu'il y ait un
mouvement à l'intérieur de l'âme » parce que l'âme pense
quelque chose (ce qui revient au même, dit Alexandre, que
5 | « nous avons une certaine conscience du mouvement »,
ce qui signifie clairement une attention au mouvement),
« aussitôt il nous semble que du même coup un certain

---

1. 219a7-8. Simplicius passe immédiatement de la réciprocité des
unités de mesure du temps et du mouvement à la réciprocité de la sensation
du temps et du mouvement. Cette dernière cependant n'est pas symétrique,
car le temps n'est sensible que par l'intermédiaire du mouvement, en
tant qu'il est quelque chose du mouvement, tandis que la sensation du
mouvement est accompagnée de celle du temps comme de sa conséquence,
non de sa condition.

temps s'est passé[1] ». C'est ainsi qu'Alexandre l'explique, sachant qu'Aristote ne veut pas que l'âme soit mue, mais qu'il a parlé de mouvement dans l'âme au sens de la conscience immobile d'un mouvement quelconque. Mais peut-être Aristote considère-t-il les pensées de l'âme comme immobiles selon les mouvements physiques | tout en leur   10 reconnaissant un autre type de mouvement[2].

Ensuite il ajoute la réciproque, que non seulement le temps est remarqué avec le mouvement, mais aussi le mouvement avec le temps. Logiquement donc, puisqu'ils sont associés l'un à l'autre, ou bien le temps est le mouvement, ou bien il est quelque chose du mouvement. Si donc on a montré qu'il n'est pas le mouvement, il reste évidemment qu'il | soit quelque chose du mouvement.   15

| « Puisque le mû est mû de quelque chose vers quelque   **710.16** chose » jusqu'à « il semble toujours s'être passé autant de temps » (219a10-14).

Après avoir montré que le temps accompagne le mouvement, il cherche ensuite ce que le temps peut bien être du mouvement. Il montre donc que, le mouvement étant continu, il comporte | de l'antérieur et du postérieur.   20 Et c'est cela le temps, comme nous allons l'apprendre.

Il montre que le mouvement est continu en montrant d'abord que la grandeur sur laquelle il y a mouvement est

---

1. 219a5-6.
2. Cette remarque de Simplicius se justifie parce qu'il est nécessaire, pour qu'il y ait une conscience de mouvement sans aucune perception extérieure, qu'un mouvement soit senti à l'intérieur de l'âme ; il faut donc à la fois une conscience immobile et un « mouvement » psychique, qui peut être un changement de pensée. L'explication d'Alexandre, telle que la rapporte Simplicius, ne semble pas faire cette différence mais identifier la conscience du mouvement à la pensée d'un mouvement.

continue : le mû est mû de quelque chose vers quelque
chose ; ce qui est mû de quelque chose vers quelque chose
est mû sur une grandeur étendue ; puisque donc toute
grandeur est continue et que le mouvement se fait sur une
25 grandeur, le mouvement aussi est continu en raison de | la
grandeur, comme le temps en raison du mouvement. En
effet, « autant il y a de mouvement, autant il semble aussi
s'être passé de temps [1] », de même que, autant il y a de
grandeur, autant aussi il y a de mouvement. Et si la quantité
du mouvement est continue de même que la grandeur (car
c'est, par exemple, une quantité d'un stade), il est clair que
la quantité du temps l'est aussi. Car si l'un était continu et
30 l'autre discret, on ne pourrait dire qu'il y a autant | de l'un
que de l'autre car de telles quantités sont incomparables.
Cependant, en laissant implicite la prémisse selon laquelle
ce qui est mû de quelque chose vers quelque chose est mû
sur une grandeur, il a semblé introduire une petite obscurité
dans sa démonstration [2].

Eudème, au livre III de sa *Physique*, a manifestement le
même jugement, que le mouvement est continu en raison
35 de la grandeur et le temps en raison du mouvement. | Il
l'écrit ainsi :

711   Revenons à l'affirmation que | le temps semble faire
                partie des continus et des divisibles, de même sans doute
                que le mouvement et la longueur. Quel est le principe

---

1. *Phys.* IV 11, 219a13-14.

2. Aristote dit ailleurs qu'il y a une certaine quantité ou grandeur
pour chaque type de changement : pour l'altération, par exemple, la
gradation continue entre couleurs ou entre chaleurs. Simplicius ajoutera
en fin de raisonnement cette validité générale (711.28-712.3) après avoir
présenté tout le raisonnement pour le seul mouvement local, ce qui montre
que c'était déjà devenu pour lui le seul évident, alors qu'Aristote s'efforce
toujours de les traiter ensemble.

parmi eux, auquel ces propriétés appartiennent en premier ?
N'est-ce pas à la longueur et au corps qu'elles semblent
appartenir par soi ? Car ceux-ci ne sont pas divisés et
continus en raison du fait que quelque chose leur appartient
ou qu'ils sont d'une certaine sorte. | En revanche, le   5
mouvement semble être continu et divisible du fait de se
produire sur la grandeur : continu du fait d'être sur un
continu et divisible du fait d'être divisé de même que la
grandeur ; car, que l'on considère n'importe quelle partie
de la longueur, elle sera aussi une partie du mouvement.
Et il en va de même pour le temps : nous estimons diviser
le temps de la même façon que le mouvement [1].

En revanche, Straton de Lampsaque | dit que le mouvement   10
n'est pas seulement continu à partir de la grandeur mais
aussi par lui-même, parce que, si on l'interrompt en le
séparant par un arrêt, le mouvement est encore ininterrompu
en tant que l'intermédiaire entre deux arrêts [2]. « Le mouvement, dit-il, est une quantité et est divisible en toujours
divisibles. »

Par ailleurs, s'il possède la capacité de faire sortir de
ce qui est chaque fois actuel, propriété suivant laquelle on
exprime aussi le | mouvement [3], et qu'en tant que tel il ne   15
soit pas une quantité, cela n'a rien d'étonnant. Car le
nombre délimite aussi, mais le fait de délimiter n'appartient

1. Eudème de Rhodes, fr. 48 Sp.
2. Si le mouvement est l'intermédiaire entre deux arrêts, il est toujours
continu quel que soit le nombre d'arrêts qu'on y introduit. Ainsi sa
continuité fait partie de sa propre essence ou en est une conséquence
nécessaire, sans qu'il soit besoin de la fonder sur celle de la grandeur.
C'est oublier cependant que l'intermédiaire entre deux arrêts est continu
parce que la grandeur est continue, ce que voulait précisément établir
Aristote.
3. « *to ekstatikon tou aei parontos* » : cf. *Phys.* IV 13, 222b21 : « le
changement est par soi apte à faire sortir » (ci-dessous, 753.30).

pas à la quantité. Et de même la grandeur possède une cohésion, mais pas en tant que quantité. Ce sont là des différences de la quantité, mais pas des quantités. Par suite, considérons la capacité de faire sortir comme une différence du mouvement.

Mais en quel sens Aristote dit-il que « autant il y a de mouvement, autant aussi il semble s'être passé de temps »,
20 puisque | nous disons qu'un mouvement rapide est celui dont il y a beaucoup en peu de temps ? En effet, il n'y a plus autant de temps que de mouvement s'il y a beaucoup de l'un et peu de l'autre. Ou bien le « autant… autant » n'est pas établi seulement dans l'égalité des quantités mais aussi dans l'identité des rapports : le rapport de 4 à 2 est autant que celui de 8 à 4, car il s'agit du double. De même, le rapport du mouvement au mouvement est comme celui
25 du temps | au temps, puisqu'ils sont les mêmes pour la rapidité et la lenteur. Et c'est ainsi qu'Aristote a utilisé l'expression « autant… autant », en raison non de l'égalité de quantité mais de la similitude de la continuité. Car les choses qui ne sont pas continues de la même façon ne sont pas comparables, comme il l'a déjà expliqué. Mais ne
30 négligeons pas d'ajouter ceci à ce que nous cherchons : | le raisonnement qui transfère au mouvement et au temps la continuité de la grandeur sur laquelle se fait le mouvement, et qui effectue à partir de celle-ci la recherche sur l'essence du temps, considère seulement le mouvement selon le lieu. Les autres mouvements, comme l'altération, l'augmentation, la diminution, la venue à l'être, la destruction, admettons qu'ils sont des mouvements de grandeurs mais ils ne se produisent pas sur une distance propre à la grandeur ; c'est pourquoi ce n'est pas pour tout temps mais seulement pour
35 celui | qui accompagne le mouvement local que le

raisonnement apporte une solution. Mais Aristote a manifestement appliqué la comparaison à partir du plus évident, tandis que Straton | a montré avec élégance que 712 le mouvement avait aussi par lui-même la continuité ; et c'est peut-être en visant ce même but, de ne pas l'appliquer seulement au mouvement local mais aussi à tous les autres, qu'il a ajouté cette proposition.

| « L'antérieur et postérieur est d'abord dans le lieu » 712.4 | jusqu'à « c'est autre chose que ce par quoi nous nombrons 5 et ce qui est nombré » (219a14-b9).

Tout le but de ce passage est de montrer que, comme le mouvement possède la continuité à partir de la grandeur sur laquelle il se trouve, de même le mouvement reçoit de façon appropriée l'antérieur et postérieur qui se trouve dans la grandeur par la position, | et le temps le reçoit à 10 partir du mouvement, comme la continuité. L'antérieur dans la grandeur est, par exemple, le côté où se trouvent les arbitres tandis que le postérieur est l'extrémité du stade. L'antérieur dans le mouvement est le mouvement qui se trouve au premier point et le postérieur celui qui se trouve au suivant. Mais dans la grandeur l'antérieur coexiste toujours avec le postérieur (car | le premier point et le 15 dernier sont simultanés), tandis que dans le mouvement le précédent disparaît et le suivant apparaît.

Cependant, ce n'est pas la même chose que l'être du mouvement et l'être de l'antérieur et postérieur du mouvement, de même que l'être de la grandeur et l'être de l'antérieur et postérieur de la grandeur : même s'ils sont identiques par le substrat, ils diffèrent par la définition, de même que « les cinq » sont, par le substrat, par exemple des bâtons mais | le fait qu'ils soient cinq relève du nombre. 20

En outre, le substrat du mouvement est l'acte du mobile [1],
tandis que l'antérieur et postérieur dans le mouvement est
le nombre et l'ordre qui s'y trouvent. Et il en va de même
pour la grandeur, de laquelle le mouvement tire l'antérieur
et postérieur : le substrat est, par exemple, des colonnes,
et l'antérieur et postérieur est l'ordre qui s'y trouve. C'est
25 ce que | dit Aristote par : « ce qu'il est à un certain moment,
est mouvement », c'est-à-dire son existence même et son
substrat ; « mais son être » (c'est-à-dire sa définition) « est
autre et n'est pas mouvement [2] ». Ayant ainsi séparé du
mouvement l'antérieur et postérieur qui se trouve dans le
mouvement, il lui reste à chercher ce qu'est l'être de
l'antérieur et postérieur, par quoi il est différent du
mouvement. De même donc que, pour la ligne, tant que
30 nous la pensons une et | continue, nous ne pensons pas une
de ses parties comme antérieure par la position et l'autre
postérieure, mais lorsque nous la divisons et la délimitons
par des points, aussitôt nous faisons l'une antérieure et
l'autre postérieure par la position, et les extrémités

---

1. C'est le mouvement lui-même qui est décrit en *Phys.* III 1, 201a10-
15 et 201b4-5 comme « l'acte (*entelecheia*) du mobile en tant que
mobile », le terme *entelecheia* étant utilisé ici comme synonyme d'*energeia*.
La précision « en tant que mobile » sert à éviter la confusion avec l'acte
essentiel du corps (sa forme) tout en indiquant que chaque corps a
essentiellement certaines capacités de mouvements et pas d'autres. Ici
il faut probablement comprendre « *to hupokeimenon tès kinèseôs* » comme
un hendiadys : « le mouvement en tant que substrat » de l'antérieur et
postérieur, comme les bâtons sont le substrat de leur nombre.

2. *Phys.* IV 11, 219a20-21. Sur la traduction de l'expression *ho pote
on*, voir R. Brague, *Du temps chez Platon et Aristote. Quatre études*,
Paris, P.U.F., 1982. Simplicius comprend avec raison qu'il s'agit d'opposer
ce qu'une chose est en tant qu'insérée dans un certain substrat et ce
qu'elle est en elle-même. Ici, l'antérieur et le postérieur sont, « quant au
substrat », des étapes du mouvement, tandis que, par leur être propre, ils
signifient un ordre de succession.

apparaissent différentes de la ligne qui se trouve au milieu
entourée par elles; de même, pour le mouvement, | nous **713**
ne pensons pas différemment en lui une partie antérieure
et une partie postérieure si nous ne le divisons et ne le
délimitons pas, par exemple en deux, et ne percevons pas
ces parties comme des choses différentes. Avec quoi donc
le délimitons-nous? Évidemment pas avec un point (car
il n'a pas de position), mais d'une autre façon. En effet,
j'appelle antérieur le mouvement que j'ai déjà effectué,
par exemple | en marchant, et postérieur celui que je vais **5**
effectuer. Ainsi, la délimitation vient du fait que l'un est
passé et l'autre futur; or le passé et le futur sont du temps,
donc le temps est la même chose que l'antérieur et postérieur
dans le mouvement, lorsque ceux-ci sont délimités; et ils
le sont lorsque les instants parviennent à l'âme comme
deux : l'un comme début du mouvement, l'autre comme
fin; car alors | nous avons aussitôt conscience du temps **10**
intermédiaire entre les instants comme autre qu'eux; et
souvent aussi, en saisissant un seul instant comme fin du
passé et début du futur, nous prenons conscience du temps
comme antérieur et comme postérieur. Je pense en effet
qu'il vaut mieux comprendre ainsi l'expression « ou comme
le même entre quelque chose d'antérieur et quelque chose
de postérieur [1] », qu'à la manière dont l'interprète
Alexandre : « en pensant l'instant comme le même | et un, **15**
mais se trouvant dans un antérieur et un postérieur comme
s'il était introduit et apparaissait chaque fois ailleurs dans
le mouvement ».

De toutes ces manières il résulte que la conscience du
temps vient du fait de distinguer l'antérieur et le postérieur

---

1. *Phys.* IV 11, 219a31-32. C'est ainsi qu'Aristote décrit un instant
unique entre deux portions de temps.

du mouvement, or ils sont distingués lorsqu'ils sont saisis comme toujours autres, c'est-à-dire lorsqu'ils sont nombrés. En effet, le nombre ne s'applique en aucune façon à ce qui
20 est un et | le même, mais à ce qui possède de l'altérité. Par suite, le temps est le nombre du mouvement en tant que nombré suivant l'antérieur et le postérieur. Et qu'il soit le nombre du mouvement, c'est clair du fait que partout le plus et le moins sont distingués par le nombre. Or, le plus et le moins du mouvement sont distingués par le temps, car il y a plus de mouvement en plus de temps (considéré
25 à vitesse égale), et moins en moins de temps. | Ainsi, en un syllogisme de la troisième figure, il conclut que le temps est un certain nombre [1].

Alexandre arrive aussi à cette conclusion à partir de deux affirmatives universelles dans la troisième figure : de toute chose le plus et le moins sont distingués par un nombre, donc clairement aussi du mouvement, or de tout mouvement le plus et le moins sont distingués par un temps, donc le temps est un certain nombre. Il faut donc
30 vérifier si l'on pose la même chose | en disant « de toute chose le plus et le moins sont distingués par un nombre » et « de tout mouvement le plus et le moins sont distingués par le temps ». Il est clair qu'il faut y ajouter « selon l'antérieur et postérieur », puisque sont aussi nombrés plusieurs mouvements simultanés, par exemple si l'on dit
714 de toi que tu grandis et | te chauffes et te déplaces d'un lieu à un autre, ce qui fait que tu es mû de trois mouvements

---

1. Dans le syllogisme de la troisième figure, le moyen terme est sujet dans la majeure et dans la mineure. Il comporte ici une majeure universelle affirmative : « tout plus et moins est distingué par un nombre », une mineure particulière affirmative : « un certain plus et moins est distingué par un temps » et une conclusion universelle affirmative : « tout temps est un nombre ».

à la fois. Mais ce n'est pas ce genre de nombre qu'est le temps mais le nombre selon l'antérieur et postérieur.

Par ailleurs il n'y a rien d'étonnant à ce que, voulant faire du temps ce qui du mouvement est nombré, | il n'a 5
pas dit dans sa définition « le nombrable » mais « le nombre »; en effet, on appelle nombre aussi le nombré, de même qu'on appelle mesure le mesuré, par exemple : on appelle nombre le nombre arithmétique ainsi que le nombre des bœufs et celui des chevaux[1]. En outre, on appelle « ration » celle qui est faite de bois et celle de blé, et « conge » celui de terre cuite et celui de vin – car nous mangeons une ration et buvons un conge, non celle de bois et | celui de terre cuite, mais celle de blé et celui de vin[2]. 10
Ensuite, ce n'est pas le nombre nombrant qui convient au temps, car il est discret et non continu; mais le nombre nombré peut être continu, comme la lance de onze coudées. Cependant, le nombré se dit aussi de deux façons, l'un selon la quantité, comme nous disons deux ou trois mouvements, l'autre selon l'ordre, comme nous l'exprimons par le mouvement antérieur et | postérieur. Aristote veut 15
donc montrer que le temps est le nombre du mouvement en tant que nombré et en tant que nombré selon l'ordre. Car c'est cela qui lui est propre, tandis que le nombre est commun au mouvement et aux bœufs et aux chevaux. Lorsque donc il disait « car ce qui est délimité par l'instant

---

1. Le nombre *monadikos* est le nombre composé d'unités (*monas*), c'est-à-dire le nombre abstrait mathématique, ou encore ce qu'Aristote appelle le nombre nombrant. Le nombre des bœufs ou des chevaux est le nombre nombré, c'est-à-dire la quantité réelle de choses exprimée par le nombre mathématique.

2. Ce n'est pas la métonymie entre le contenant et le contenu qui est importante ici (« je bois un verre » pour « je bois l'eau d'un verre »), mais le fait que la quantité mesurée (par exemple, un litre d'eau) est exprimée par le même mot que l'unité de mesure (le litre abstrait).

semble être le temps, et prenons-le pour acquis [1] », il
indiquait comment le temps est le nombre du mouvement,
20 à savoir comme nombré et | délimité et non comme
nombrant. En effet, ce qui est nombré dans le mouvement
et est ainsi délimité comme toujours autre était l'antérieur
et postérieur dans le mouvement, non le mouvement,
puisqu'il a été montré que l'antérieur et postérieur du
mouvement est toujours autre. Car le temps est ce nombre
de l'antérieur et postérieur dans le mouvement, et non le
nombre du mouvement lui-même. Il y a en effet un nombre
25 de mouvements, | comme il a été dit, même s'il y a plusieurs
mus en même temps (ou si moi je marche et me chauffe et
grandis, ou si l'on considère les parties mêmes du mouvement), mais ce n'est pas ce nombre-là qu'est le temps ; le
dénombrement de chacun de ces mouvements selon
l'antérieur et postérieur, voilà ce qu'est le temps. Car ce
n'est pas non plus l'antérieur et le postérieur qui se trouvent
dans la grandeur, car ceux-là demeurent simultanément
30 | tandis que ceux du temps ne demeurent pas.

Cependant, puisque nous semblons être mesurés par
le temps (car on nous dit d'autant d'années, et la fête
d'autant de jours), à cause de cela certains changent le
texte, comme le dit Aspasius : « Le temps n'est pas ce qui
est nombré mais ce par quoi nous nombrons [2] ». Mais il
35 est clair que le temps aussi est mesuré | par le nombre
arithmétique, car nous disons combien de temps se sont
passés ; et rien n'empêche sans doute que ce qui est
nombrable puisse aussi nombrer. Quant à la phrase suivante,
Aspasius l'écrit comme ceci : « Ce qui est autre n'est pas

---

1. 219a29-30.

2. Inversion de la phrase originale qui dit : « Le temps est ce qui est
nombré et non ce par quoi nous nombrons » (219b7-8).

ce par quoi nous nombrons mais ce qui est nombré [1] ». Et il ajoute :

> Si nous admettons | que ce par quoi nous nombrons est **715** proprement le nombre arithmétique, il est possible de dire que ce par quoi nous nombrons ne peut être autre, car nous utilisons plusieurs fois l'unité et une unité ne diffère d'une autre ni par le genre ni par l'espèce ni numériquement ; en effet, ce qui diffère numériquement diffère soit par la forme, comme Socrate diffère de Platon, soit par l'ordre, comme | un point diffère d'un point ou **5** l'instant précédent de l'instant suivant, soit par la position comme le haut et le bas, soit par une autre notion du même type, or tout cela n'existe pas pour les unités. Cependant, il vaut mieux, dit-il, considérer l'instant comme ce par quoi nous nombrons [2].

Et sans doute ce qui nombre est-il partout le même pour des choses multiples. Tel est donc le but de ce qu'il dit.

| Alexandre, qui explique à peu près tout correctement, **10** a ajouté quelques petites choses dignes d'attention. Comme Aristote a dit au début du passage en question que l'antérieur et postérieur est d'abord dans le lieu, il affirme que cela revient à dire : l'antérieur et postérieur est d'abord dans le lieu c'est-à-dire dans la grandeur mue ; « en effet, dit-il,

---

1. L'original étant : « C'est autre chose que ce par quoi nous nombrons et ce qui est nombré » (219b8-9). Aspasius lit peut-être un manuscrit corrompu. Il en tire l'explication que le nombre mathématique ne varie pas quelles que soient les choses auxquelles on l'applique, alors que le nombre des choses varie.

2. Les unités mathématiques étant identiques entre elles et n'étant pas situées dans le temps ni dans l'espace, il n'y a aucune manière de différencier une unité d'une autre. La conclusion est paradoxale puisque les instants viennent d'être dits différents par l'ordre. En réalité, les instants ne sont ni nombrés ni nombrants mais ils sont plutôt une propriété du nombre qu'est le temps.

15 c'est par la | position que ce qui est dans le lieu, c'est-à-dire
la grandeur, possède l'antérieur et postérieur. » Comment
a-t-il pu dire cela ? Car l'antérieur et postérieur se trouve
par la position dans le lieu, mais pas dans la grandeur qui
se trouve dans le lieu. En effet, les positions de la grandeur
sont dues au mouvement, qui reçoit du lieu l'antérieur et
postérieur selon la position. Et les positions antérieure et
postérieure n'existent pas simultanément, mais | la grandeur
20 possède à chaque moment une position différente. En
revanche, celles du lieu existent simultanément. Comment,
à partir de l'antérieur et du postérieur qui se trouvent par
la position dans la chose mue, par exemple ceux de la tête
ou des pieds, saisirait-on l'antérieur et postérieur du
mouvement ? Probablement donc, lorsqu'Aristote dit que
« l'antérieur et postérieur se trouve dans la grandeur », il
ne parle pas de la grandeur mue mais de celle sur laquelle
se produit le mouvement [1].

25 | À propos de ce que dit Aristote, on pourrait se
demander, d'abord, comment il situe le temps dans
l'antérieur et postérieur du mouvement local (comme le
montre le fait qu'il passe de l'antérieur et postérieur
positionnel dans le lieu à l'antérieur et postérieur du
mouvement), alors qu'il étudie le temps non pas du seul
mouvement local mais de tout mouvement. Une deuxième
30 difficulté est de savoir | comment, après avoir dit que
« puisque l'antérieur et postérieur se trouve dans la grandeur,

---

1. 219a16 ; l'interprétation de Simplicius est exacte, que « dans la
grandeur » reprend « dans le lieu » de la phrase précédente et ne désigne
pas le corps déplacé. Il lui reste à montrer que « la grandeur » ne concerne
pas seulement le lieu mais peut aussi désigner chez Aristote l'extension
des mouvements qualitatifs et quantitatifs. C'est ce qu'il fera dans sa
réponse à la difficulté suivante, en dégageant l'antéro-postériorité
temporelle de toute dépendance par rapport à celle du lieu.

nécessairement il se trouve aussi dans le mouvement, proportionnellement à celui-là », il a affirmé que le temps est cet antérieur et postérieur se trouvant dans le mouvement conformément à la grandeur. Pourtant un tel antérieur et postérieur résulterait de la position et non du temps, puisque le mouvement antérieur s'accomplit sur la grandeur | positionnellement antérieure et le postérieur sur la 35 grandeur postérieure. Par exemple, pour le mouvement d'Athènes à Thèbes, la partie proche d'Athènes est première positionnellement. Or, si | l'antérieur et postérieur dans **716** le mouvement est quelque chose de temporel, il n'est sans doute pas dérivé de la grandeur. Mais il semble que l'antérieur et postérieur se dise de deux façons dans le mouvement, de l'une à partir du lieu, de l'autre à partir du temps. Comme il disait précédemment que la notion de lieu nous vient de l'antérieur | et postérieur qui se trouve 5 dans le mouvement par la position[1], ainsi il veut dire que nous avons conscience du temps à partir de l'antérieur et postérieur qui se trouve dans le mouvement, non pas celui qui se trouve dans le mouvement par la position de la grandeur, mais celui qui s'y trouve par l'extension temporelle[2]. Le mouvement étant un intermédiaire entre le lieu et le temps, il reçoit de chacun des deux une mesure

1. En introduction de l'examen du lieu, Aristote signale que tout le monde reconnaît son existence parce que les corps changent de lieu (*Phys*. IV, 1, 208a29-32). Implicitement, puisque le déplacement possède nécessairement l'antérieur et postérieur par la position (un corps en déplacement se trouvant dans des positions plus ou moins éloignées), on peut dire que la conscience du lieu dépend de cet ordre positionnel.

2. Au sens strict, l'affirmation semble circulaire puisque la notion du temps viendrait de l'extension temporelle du mouvement. En fait, cette « extension temporelle » (*chronikè paratasis*) désigne la succession des parties du mouvement, dont la non-coexistence empêche qu'elles soient simplement situées par la position spatiale du mobile.

10 ou un nombre | de l'antérieur et postérieur. Mais selon le
lieu il est spatialisé, et selon le temps il est temporalisé :
il est spatialisé dans la mesure où son extension possède
une position, et il est temporalisé dans la mesure où son
existence, on l'a vu, est dans l'écoulement. En effet, s'il
avait seulement la position, il n'aurait pas besoin du temps
(car, étant d'un seul coup, il serait dans l'instant), et s'il
avait seulement l'écoulement, il n'aurait pas besoin du
lieu, car nous avons vu que le lieu est la mesure de
15 l'extension selon la position. | Par conséquent, si l'on
définissait le temps comme le nombre de l'antérieur et
postérieur qui résulte de l'être s'écoulant du mouvement,
de même que le lieu est le nombre de l'antérieur et postérieur
qui résulte de la position dans l'extension, je pense qu'on
ne se tromperait pas.

Et, puisqu'il y a deux types de nombre, dont l'un est
le nombrant ou le nombré de la quantité, par exemple : un,
20 deux, trois, et l'autre est l'ordinal, par exemple : | premier,
deuxième, troisième, c'est ce nombre-ci qu'est le temps,
et c'est pourquoi il est défini par l'antérieur et postérieur.

Pourquoi donc la définition est-elle incomplète et ne
précise-t-elle pas que l'antérieur et postérieur s'entend
selon l'écoulement ou l'extension de l'existence, afin de
le distinguer de celui selon la position ? On peut répondre
que celui selon la position se trouve par accident dans le
25 mouvement, car c'est par la position du mû | sur la distance
que le mouvement semble être étendu et posséder une
position. C'est pourquoi il a négligé de le dire. Mais
l'extension selon l'écoulement est l'essence du mouvement.
Et il le dit lui-même plus tard en précisant que l'existence
de chaque chose est mesurée par le temps. Peut-être aurait-il
donc été plus clair de ne pas caractériser le temps à partir
de l'antérieur et postérieur selon le lieu, et de ne pas dire

| par la suite qu'il y a autant de mouvement que de grandeur 30
et autant de temps que de mouvement. Car cela introduit
l'extension du mouvement selon la position et non selon
le temps. Mais il faut surtout prêter attention aux passages
où il dit que l'extension de l'être est mesurée par le temps.
Ceci répond à la deuxième question.

À la première, | nous répondons que, même si tout 35
mouvement est mesuré par le temps, cependant, de même
que le mouvement local est plus évident que les autres,
ainsi le temps | qui accompagne ce mouvement est plus **717**
évident que le temps qui accompagne les autres mouvements.
Et sans doute, si on l'examine plus exactement, les autres
mouvements, comme la croissance, la venue à l'être,
l'altération, sont-ils mesurés par ce temps-là qui accompagne
le mouvement local, car c'est par les heures, les jours, les
mois et les années que nous définissons | l'extension des 5
autres mouvements [1].

Cependant, Eudème écrit ceci au troisième livre de sa
Physique [2] :

> À propos du temps, on pourrait se demander de quel
> mouvement ou de quel type de mouvement il est le
> nombre ; il apparaît certes qu'il n'est pas d'un mouvement
> en particulier mais de n'importe lequel en général, car il
> y a en général un nombre de tout ce qui comporte
> l'antérieur et postérieur ; or, cela est commun à tout
> mouvement : | de même que la science de l'animal mortel 10

---

1. Les unités de mesure de tous les changements sont définies à partir
des durées de certains mouvements locaux, à savoir ceux des astres.
Cependant, ce sont seulement des repères privilégiés pour leur évidence,
et cela n'entraîne pas que le temps accompagne seulement ou principalement
le mouvement local. Cette explication de Simplicius correspond
parfaitement à la théorie d'Aristote.

2. Eudème de Rhodes, fr. 49 Sp.

n'est pas celle du cheval ni de l'homme ni d'aucune autre
espèce mais celle de l'animal en général, considérons de
même que le temps n'est pas le nombre de tel mouvement
particulier mais semblablement de tout mouvement (et
certes n'importe quel mouvement est partout également
nombrable[1]), quoiqu'il soit premièrement et davantage
celui du mouvement premier et plus uniforme. En effet,
il est plus connaissable dans les choses déterminées.

15 | Puisque Eudème s'est ainsi exprimé clairement, il serait
intéressant de savoir ce qu'est cette généralité. En effet,
si le mouvement en général existe en réalité, pourquoi pas
l'homme, le cheval et chacun des autres ? Et pourquoi, s'il
y a un mouvement général et un particulier, n'y a-t-il pas
de la même manière un temps commun et un temps
particulier ? Si, d'autre part, le mouvement au sens général
n'est rien ou est quelque chose de postérieur, et s'il en va
20 de même pour le mouvement | et pour le temps, alors
celui-ci aussi ou bien ne sera rien ou bien sera seulement
en tant que notion[2].

    Par ailleurs, puisqu'il a semblé à Alexandre que la
définition du temps fournie par Aristote n'exprimait pas la
même conception que ce qu'en a dit Platon, comparons
ces exposés. Aristote a dit que le temps est le nombre du

---

    1. Le texte de cette proposition est corrompu ; j'ai suivi la suggestion
de Diels de restituer le mot « nombrable » pour lui donner un sens
satisfaisant.
    2. La discussion sur le mode d'existence des termes généraux est
provoquée par la comparaison qu'établit Eudème entre l'appartenance
générale du temps au mouvement et l'appartenance générale d'un genre
à ses espèces. Comme il est bien connu que pour Aristote les termes
généraux ne sont que des notions appliquées par nous aux individus (c'est
ce que signifie l'expression « quelque chose de postérieur »), Simplicius
se demande si les temps multiples de tous les mouvements ont seulement
une unité conceptuelle. La question reviendra et sera résolue au chap. 14.

mouvement selon l'antérieur et postérieur, | et Platon que 25
le temps est, de l'éternité demeurant dans l'un, « l'image
éternelle avançant selon le nombre », opposant « selon le
nombre » à « l'un », le mû à ce qui demeure et l'image au
modèle. Et vois comme, plus que quiconque, Aristote a
bien pensé la conception de Platon concernant le temps.
En effet, « l'image de l'éternité avançant selon le nombre »,
| qu'est-elle d'autre que le temps considéré comme existant 30
selon le nombre, qui n'est ni le nombre modèle ni le nombre
arithmétique, mais le nombre image et selon l'ordre du
mouvement, c'est-à-dire selon l'antérieur et postérieur [1] ?
Car le nombre propre du mû en tant que mû, en se trouvant
toujours autre, | à la fois introduit l'antérieur et postérieur **718**
et est déterminé par l'ordre. C'est donc en ayant bien saisi
cette conception qu'Aristote, la rendant plus claire par son
explication, a dit que le temps est le nombre du mouvement
selon l'antérieur et postérieur. Par conséquent, si « selon
le nombre » signifie « selon l'ordre », comme Alexandre
l'a supposé, cela ne signifie rien d'autre | que « selon 5
l'antérieur et postérieur ». Tel est en effet le nombre ordinal,
de même que le nombre arithmétique est un, deux, trois.
Et vois comme Aristote a également bien pensé la conception
platonicienne de l'éternité. En effet, comme Platon dit que
le vivant en soi possède le caractère éternel grâce à

---

1. Le nombre modèle est l'idée de nombre, qui n'est pas composée
d'unités comme le nombre mathématique. Simplicius force un peu
l'accord entre les deux philosophes en utilisant l'ambiguïté du mot
« ordre », qui signifie à la fois la simple succession de l'antérieur et du
postérieur comme chez Aristote, et la succession de périodes déterminées,
réglées selon des proportions particulières, comme chez Platon. Sans
compter, bien entendu, que l'opposition entre image et modèle n'a pas
de sens dans la conception aristotélicienne.

l'éternité[1], Aristote dit que ce nom a été forgé à partir de
« être toujours[2] », interprétant correctement que l'éternité
10   possède et englobe le temps total | par le fait de demeurer
dans l'un, et qu'à partir d'elle l'être et la vie brillent pour
tous. Or ce qui participe en premier à la vie est le premier
vivant.

Par ailleurs, puisque le très érudit Galien s'est élevé
contre certaines de ces affirmations, en disant que le temps
15   est montré à partir de lui-même, | examinons aussi cette
objection :

> Ayant énuméré plusieurs significations de l'antérieur et
> postérieur, il dit que les autres ne conviennent pas à la
> définition, mais seulement celle selon le temps ; il en
> résulte que le temps est le nombre du mouvement selon
> le temps[3].

Thémistius propose de réfuter l'objection par deux
arguments :

20   Il faut savoir, dit-il, que l'antérieur et postérieur dans | le
> mouvement n'est pas d'une part antérieur et d'autre part
> postérieur grâce au temps, mais que c'est plutôt lui-même
> qui produit l'antérieur et postérieur dans le temps. Et il
> vient de celui selon la grandeur et la position, duquel il
> reçoit aussi la continuité. C'est pourquoi Aristote dit en

---

1. Le vivant en soi est le vivant intelligible, modèle du sensible.
Dans le *Timée* (37d), le modèle intelligible de l'univers est appelé un
vivant éternel (v. 704.1). Les manuscrits ont tous *auto zôon* en deux mots,
graphie habituelle chez Platon et Aristote, tandis que la graphie en un
mot est généralisée chez Alexandre et chez les néoplatoniciens.

2. Cette étymologie se trouve en *De Caelo*, I 9, 279a27, mais sans
les autres caractères attribués à l'éternité par Platon.

3. L'objection de Galien, que Simplicius trouve chez Thémistius
(*in Phys.*, 149.5-7), dénonce une définition circulaire, car le terme à
définir (le temps) se trouverait dans la définition.

termes précis : «L'antérieur et postérieur est d'abord dans
le lieu. Il y est par la position, et puisqu'il est dans | la   25
grandeur, il est aussi nécessairement dans le mouvement»[1].

Galien pourrait objecter à cela que l'antérieur et postérieur
dans le mouvement, qui accompagne l'antérieur et postérieur
dans la grandeur sur laquelle se produit le mouvement,
dépend au plus haut point de la position ; car tel était aussi
l'antérieur et postérieur dans la grandeur. Cependant,
comme on l'a dit, celui selon le temps est un autre antérieur
et postérieur, qui coexiste avec celui dans le | mouvement   30
mais ne reçoit pas l'antéro-postériorité de la position | mais   **719**
de l'extension de l'existence, ce qui est autre chose que
de la recevoir de la position qui advient dans le mouvement
à partir de la grandeur.

Thémistius ajoute une deuxième réfutation[2] :

> Admettons même que l'antérieur et postérieur ne signifie
> rien d'autre que celui selon le temps, comme il le croit.
> Qu'en résulte-t-il d'absurde ? | Nous-mêmes disons que   5
> le temps n'est rien d'autre que l'antérieur et postérieur
> dans le mouvement ; et de toute nécessité les définitions
> signifient la même chose que les noms ; de sorte qu'à son
> insu il blâme l'argument en raison duquel il devrait plutôt
> approuver Aristote.

À l'encontre de ceci, Galien pourrait encore dire que, si
l'antérieur et postérieur dans le mouvement ne faisait qu'un
avec celui selon le | temps, il aurait été correct de dire que   10
le temps est cet antérieur et postérieur dans le mouvement,
et le temps ne serait pas défini à partir de lui-même. Mais
si c'est autre chose que celui selon la position, qui n'est

---

1. *Phys.* IV 11, 219a14-17. Voir aussi *Métaphysique* Δ 11 pour
l'examen détaillé des différentes antéro-postériorités.
2. Thémistius, *in Phys.*, 149.14-19.

pas temporel, et celui selon le temps, alors il faut dire que
le temps est l'antérieur et postérieur dans le mouvement
selon le temps. Sans doute donc, si l'on prend l'antérieur
15 et postérieur | selon l'extension de l'existence et non selon
la position, on signifiera aussi le temps et on ne le signifiera
pas à partir de lui-même. Et son nom ne sera pas la même
chose que l'antérieur et postérieur en général, mais bien
que ce type d'antérieur et postérieur qui en est précisément
la définition.

Enfin, puisque, après avoir dit que le nombre se dit
de deux façons, il en a cité trois : le nombré, le nombrable
20 et | ce par quoi nous nombrons, il est tout à fait clair que
le nombré et le nombrable sont la même chose.

719.22 | « Et de même que le mouvement est toujours autre, le
temps aussi ; mais le temps tout entier à la fois est le même »
(219b9-10).

Après avoir montré que le temps est quelque chose du
25 mouvement (car il est le nombrable du mouvement | selon
l'antérieur et postérieur), il confirme leur parenté à partir
de l'écoulement qui est commun au mouvement et au
temps. De même, en effet, que le mouvement est toujours
autre, le précédent ne demeurant pas mais disparaissant,
de même aussi, pour le temps, l'antérieur disparaît toujours
tandis que le postérieur apparaît. Et il est clair que ce n'est
pas seulement celui qui est temporel dans le mouvement
30 qui ainsi ne demeure pas, | mais aussi celui selon la position,
car là aussi, tandis que l'antérieur disparaît, le postérieur
apparaît. En revanche, pour la grandeur elle-même sur
laquelle le mouvement se produit, l'antérieur et le postérieur
demeurent à la fois. Car c'est seulement pour les choses
qui ont leur être dans le devenir que le postérieur apparaît

tandis que toujours l'antérieur disparaît. Ainsi donc, l'antérieur et postérieur dans le mouvement, | non celui 720 selon la position, mais celui selon l'extension de l'existence, voilà ce qu'est le temps, non en tant qu'il est mouvement, mais en tant qu'il est ce type d'antérieur et postérieur. En effet, l'antérieur et postérieur selon la position du mouvement, suivant lequel, pour qui marche d'Athènes à Thèbes, le premier mouvement est proche d'Athènes, | celui-là, même s'il a son être dans le devenir, semble 5 cependant d'une certaine façon demeurer, si on le considère par référence à la position qui demeure, lorsque le mouvement est observé en parallèle avec la grandeur sur laquelle il se produit. Mais lorsqu'on l'observe strictement en tant que mouvement, en tant qu'il s'écoule et a son être dans le devenir, alors, ayant une partie passée | et l'autre 10 à venir, il est temporel.

Après avoir dit ce qui est commun au temps et au mouvement, logiquement il ajoute aussi leur différence : non seulement le mouvement antérieur est autre que celui qui suit, ce qui est commun avec le temps, mais même ceux qui ont lieu ensemble diffèrent entre eux, les uns par l'espèce (si une chose se déplace, une autre croît et une autre s'altère), les autres seulement numériquement | (si 15 plusieurs choses en même temps se déplacent ou croissent ou s'altèrent, car le mouvement se trouve dans le mû, de sorte qu'il y a autant de mouvements que de choses mues). En revanche, le temps est partout le même selon l'une des significations du même, et un temps ne diffère pas d'un temps. Car la différence entre les choses grâce auxquelles le temps existe, qu'elle soit différence d'espèce ou de nombre, n'est pas une différence du temps (car | ce qui se 20 trouve à Athènes et ce qui se trouve à Corinthe sont dans le même temps), et c'est pourquoi, alors qu'il y a un

mouvement propre de chaque mû, le temps n'est pas
semblablement le nombre de chaque mouvement déterminé,
mais celui de tous comme s'ils étaient un seul[1]. En effet,
dans tous les mouvements qui se produisent simultanément,
l'antérieur et postérieur est un et le même en tant que tel.
Car ce n'est ni en tant que l'un est dans telle chose et l'autre
25 dans telle autre, ni du fait que | l'un est un déplacement,
l'autre une croissance, un autre encore une altération, que
les mouvements possèdent l'antérieur et postérieur, mais
suivant ce qu'ils ont de commun en tant que mouvement.
C'est pourquoi on dit que sont de même âge les choses
qui sont ensemble dans le même temps, comme un cinq
est aussi le même y compris lorsque les choses dans
lesquelles il se trouve diffèrent entre elles. La seule
différence selon le temps vient de l'altérité des instants.
En effet, c'est dans la saisie de ceux-ci que réside l'être
30 du temps, lorsqu'on saisit l'un | comme antérieur et l'autre
comme postérieur. Et si la différence dans l'instant produit
la différence dans le temps, celle-ci sera seulement selon
l'antérieur et postérieur, mais du temps simultané il n'y a
pas d'antérieur et postérieur, de sorte que le temps simultané
n'est pas différent.

---

1. Les mouvements simultanés diffèrent entre eux soit par l'espèce
(dans un seul ou plusieurs corps), soit numériquement par leur appartenance
à des corps différents. En revanche, il n'y a pas de différences d'espèce
pour le temps, ni d'individuation du temps par le corps où il se trouve.
La seule différence entre des portions de temps vient de ce qu'elles se
trouvent entre des instants différents (v. ligne 28). Si donc des portions
de temps commencent et finissent aux mêmes instants, elles ne sont pas
plusieurs mais une seule. Ceci suppose qu'on puisse poser une suite
d'instants qui serve de repère universel. Voir, dans l'Introduction, « Les
grandes questions… ».

En opposition à ceci, je pense qu'on pourrait élever cette difficulté que, si le temps était | un nombre au sens de nombrant, il serait un et le même, mais puisqu'il l'est au sens de nombré, c'est-à-dire désormais intégré et advenu dans la participation, comment | pourrait-il être le même ? Si c'est suivant ce qui est commun en tant que temps, pourquoi le mouvement ne serait-il pas aussi le même en tant que mouvement ? Et si le mouvement possède à la fois l'altérité et le commun, d'abord qu'est-ce que ce commun pour ceux qui disent que les communs ou bien ne sont rien ou bien sont postérieurs ? Ensuite, pourquoi n'y a-t-il pas aussi un temps | commun et un temps particulier [1] ? Je pense qu'on pourrait résoudre cette difficulté en disant que, selon cette hypothèse, le temps n'est pas le nombre nombré de tout mouvement, comme celui de ma marche et celui de ton blanchissement, puisque, si c'était le cas, le temps ne serait pas sans différences ni défini comme simultané en un même instant. Mais, étant le nombrable du mouvement premier et simple du ciel, le temps | nombre suivant l'antérieur et postérieur de ce mouvement les antérieurs et postérieurs des mouvements différents, grâce à l'instant unique propre à celui-là. C'est pourquoi le temps est le même partout à la fois. Aristote

35

721

5

10

---

1. Dans le Corollaire sur le lieu, Simplicius expose la théorie de Damascius selon laquelle il y a un temps commun à côté des temps propres à chaque changement, de la même manière qu'il y a des lieux communs à côté des lieux propres de chaque corps (*in Phys.*, 624.37-626.17 ; cf. *in Cat.* 364.11-36). Dans ce cas, le commun ne signifie pas l'espèce, mais un temps ou un lieu particulier qui englobe les plus petits que lui. Mais le temps dont on vient de parler, unique seulement pour les changements limités par les mêmes instants, n'est ni celui-là ni l'espèce du temps. Simplicius va dès lors rappeler la théorie néoplatonicienne du temps-nombre puis la solution aristotélicienne qui vient d'être ébauchée.

lui-même, par la suite, posera que l'instant n'est pas
seulement nombrable mais aussi nombrant, en disant : « En
tant donc que l'instant est limite, il n'est pas du temps,
mais il lui appartient ; et en tant qu'il nombre... [1] ». Et s'il
15 en est ainsi, | en tant qu'il nombre il sera sans différences,
et en tant qu'il est nombré il sera différent. Cependant,
nous serons plus en accord avec Aristote en disant que,
même si les différents mouvements, en tant que tels mouvements, diffèrent entre eux soit par l'espèce soit numériquement, cependant ce qui est commun au mouvement, le
fait d'avoir son être dans le devenir et intégré, grâce à quoi
20 l'antérieur et postérieur | est saisi suivant l'extension de
l'existence (ce qui définit le temps), cela est un et le même
partout. En effet, l'antérieur de ma marche et de ton
blanchissement, s'il appartient à la fois aux deux en tant
que mouvements, sera dans le même instant. Et de même
le postérieur sera dans le même instant, d'après ce qui est
montré à la fin du livre [2]. Car même si ce qui est commun
25 au mouvement n'est pas séparé et en soi | mais intégré, en
conservant néanmoins cette communauté, il est partout le
même. Considérés selon ce commun, en effet, les
mouvements ne sont pas encore divisés en un nombre.

---

1. 220a21-22. La suite de la phrase est « il est nombre » ; elle sera
analysée plus loin, en 728.24-729.25. Simplicius envisage que l'instant
soit un nombre nombrant, non pas au sens des nombres mathématiques
mais au sens platonicien selon lequel le nombre, ou la mesure, est un
régulateur du nombré ; ainsi le temps apparaissant avec le mouvement
régulier du ciel régule l'ensemble des autres mouvements. Mais il reconnaît
aussitôt que cette explication n'est pas celle d'Aristote.

2. La question trouvera sa réponse définitive à la fin du livre IV,
en 223a30-b12 (voir ci-dessous, 763.30 *sq.*). En attendant sont rappelés
ici les éléments de solution déjà atteints en 720.33.

| « Car l'instant est le même quant à ce qu'il était à un   721.27
certain moment » jusqu'à « d'une autre manière pas le
même ; car il en est ainsi du transporté » (219b10-33)

Après avoir dit que le temps partage avec le mouvement
le fait d'advenir et de disparaître, | et qu'au contraire il en   30
diffère en ce que les mouvements sont différents l'un de
l'autre tandis que « le temps pris tout entier est le même »,
il en donne pour raison que l'instant est le même par son
substrat (car c'est ce que signifie « quant à ce qu'il était à
un certain moment »). De même, en effet, qu'il disait, à
propos de l'antérieur et postérieur, que « en tant que ce
qu'il est à un certain moment il est mouvement[1] » mais
que son être est autre et n'est pas mouvement, de même il
dit, à propos de l'instant, que par le | substrat il est quelque   35
chose d'un et le même, mais par la définition il est différent,
dans la mesure où l'un est antérieur et l'autre postérieur[2].
Et c'est par là que l'antérieur et postérieur | existe et que   722
la mesure du temps est l'instant, qui mesure le temps en
étant toujours autre, comme le nombre est mesuré par
l'unité. Logiquement donc, la différence et l'identité du
temps sont saisies grâce à la différence et à l'identité des
instants. Et le temps sera le même en tant que | délimité   5
par les instants pris indifféremment, même dans des
mouvements différents, par exemple : aujourd'hui est le
même jour, dans lequel une chose grandit, une autre blanchit,
une troisième se promène, parce qu'il a les mêmes instants
au début et à la fin. Mais si l'on prenait des instants différents,

---

1. 219a20 ; voir ci-dessus, 712.25.
2. L'instant est « quant à son substrat », c'est-à-dire dans son rapport
avec le temps, toujours la même chose, à savoir le présent instantané ou
la limite du temps ; mais si l'on inclut dans la définition d'un instant son
ordre de succession dans le flux du temps, alors ils sont tous différents.

c'est-à-dire les uns antérieurs, les autres postérieurs, le temps aussi serait différent. Donc le temps simultané,
10 délimité par des | instants identiques et non différents, ne pourrait être différent.

L'expression d'Aristote semble comporter un certain manque de clarté lorsque, selon son habitude, il explique la même chose de manière différente, ou plutôt clarifie ce qui précède par ce qui suit. En effet, après avoir dit « car l'instant est le même quant à ce qu'il était à un certain moment, mais son être est autre [1] » et ajouté que l'instant
15 | mesure le temps en tant qu'antérieur et postérieur [2], dans l'intention de clarifier comment l'instant est différent, il a de nouveau présenté l'alternative en disant que « l'instant est d'une manière le même, d'une autre manière pas le même ; car en tant qu'il est toujours ailleurs il est autre [3] », ce qui revenait à dire en tant que premier et suivant, et ensuite il a répété « mais ce qu'est l'instant à un certain moment est le même [4] », formule équivalente à « car
20 | l'instant est le même quant à ce qu'il était à un certain moment ». Je pense que c'est parce qu'il n'est pas incontestable que l'instant soit le même par le substrat mais devienne autre par la définition en étant pris toujours ailleurs comme antérieur et postérieur, qu'Aristote tente de l'établir en disant qu'il suit les choses de la même série. Il a déjà été dit, en effet, que le mouvement suit la grandeur

1. 219b10-11.
2. 219b11-12. Le verbe *metrei*, conforme aux manuscrits d'Aristote, doit être compris au sens où deux instants délimitent une partie de temps et non au sens où l'instant serait une unité de mesure du temps. Ross, dans son édition de la *Physique*, corrige le *metrei* en *horizei*, suivant une suggestion de Torstrik.
3. 219b12-14.
4. 219b14-15.

et que le temps suit le mouvement, parce qu'il y a | autant 25
de mouvement qu'il y a de grandeur sur laquelle se fait le
mouvement, et autant de temps qu'il y a de mouvement,
puisque le temps est le nombrable du mouvement. Et
comme ceux-là se suivent l'un l'autre, les choses qui les
engendrent se suivront aussi l'une l'autre. Or, le point est
ce qui engendre la grandeur, si du moins la ligne est
l'écoulement du point et la ligne est la première grandeur ;
ensuite le transporté est ce qui produit le mouvement, et
| l'instant ce qui produit le temps. De même donc que le 30
point, en s'écoulant, produit la grandeur, mais pas en se
juxtaposant à un autre point, et que le même transporté
produit le mouvement, ainsi l'instant, en étant le même
par le substrat, du fait d'être nombré comme antérieur et
postérieur, délimite et produit le temps.

| Qu'il en aille ainsi pour l'instant, il l'établit à partir 35
du cas plus évident de la chose mue, et il a rappelé que
celle-ci était plus évidente en affirmant que | nous **723**
connaissons grâce à elle le mouvement et l'antérieur et
postérieur dans le mouvement. Car c'est grâce au fait que
la chose mue est transportée sur une partie toujours autre
du substrat que nous connaissons le mouvement ainsi que
l'antérieur et postérieur dans le mouvement et dans le
temps. Par ailleurs, que la chose mue soit la même par le
substrat, | il le considère comme évident en disant « elle 5
est soit un point soit une pierre soit quelque autre chose
de cette sorte [1] ». Que la pierre soit la même, alors qu'elle
se trouve à tout moment en un autre lieu, c'est tout à fait
clair. Et que le point soit le même dans son écoulement,
c'est clair aussi, si du moins ce qui en vient est continu et
non composé de points par contiguïté. Mais ce qui suit est

1. 219b19.

entremêlé avec ce qui précède et demeure, grâce à l'écoule-
10 ment d'un seul point. | Par la définition, en revanche, la
pierre transportée diffère parce qu'elle se trouve sur une
partie toujours autre de la grandeur sur laquelle elle est
transportée ; et que cela semble être une différence, Aristote
l'établit aussi à partir des arguments sophistiques qui,
appliquant cette différence au substrat, croient en déduire
l'absurdité que la même chose est différente d'elle-même ;
15 ils disaient en effet : « Koriskos, en étant le même, | se
trouve tantôt à l'agora et tantôt au Lycée ; celui qui est
tantôt à l'agora et tantôt au Lycée est différent de lui-
même », sans prendre garde au fait que le différent était
compris en tant que tel, alors qu'on passait du différent
par accident au différent essentiel. Il a donc montré qu'il
était sophistique de considérer que, parce que l'antérieur
et postérieur est différent par la définition, il s'ensuit qu'il
20 est aussi | différent par le substrat.

Ayant ainsi montré que le transporté est le même par
le substrat et autre par la définition, il dit qu'il en va de
même pour l'instant, puisque le temps suit le mouvement
et est affecté de la même façon que lui, comme il a été dit
précédemment, et que l'instant suit le mû. Leur similitude
25 et identité est indiquée par | « l'instant suit le transporté »
et ce n'est pas autrement que « nous connaissons l'antérieur
et postérieur dans le mouvement[1] ». « En effet, on ne
distinguerait pas ceux-ci si le transporté restait immobile,
mais, puisque le transporté est tantôt dans l'état précédent
tantôt dans l'état suivant, pour cette raison apparaît dans
le mouvement l'antérieur et le postérieur[2] ». Et dans la

---

1. 219b22-23 et 24-25.
2. Citation de Thémistius, 150.20-23. À la ligne 27, le *tropon*, traduit
par « état », est probablement une erreur pour *topon* (« lieu »), qui se
trouve dans le texte de Thémistius.

mesure où cet antérieur et postérieur est nombrable, | dans   30
cette mesure, dit-il, l'instant est révélé. Et il est clair, à
mon avis du moins, que cet antérieur dans le mouvement
doit à nouveau être compris non selon la position mais
selon l'extension de l'être, de sorte que l'instant est le
même par le substrat mais autre par la définition. Car le
fait d'être nombrable et d'être saisi comme toujours autre
lui confère la différence définitionnelle.

| Par ailleurs, Eudème dit la même chose à propos de   35
l'instant au troisième livre de sa *Physique*, en écrivant
ceci[1] :

> Si nous pensions que le point est transporté et que, parce
> qu'il est toujours sur une autre partie | de la ligne, il   **724**
> devient chaque fois autre chose, nous penserions qu'il
> en va de même pour l'instant, qu'en tant que substrat
> (quel que soit ce qu'on doit considérer comme tel) il
> demeure le même mais qu'en étant toujours ailleurs il
> sera toujours différent. Par conséquent, selon le substrat,
> quel qu'il soit, il est | le même, et du fait de se trouver   5
> toujours ailleurs, il est différent. Donc, en tant que l'instant
> est antérieur et postérieur, il est différent, et par là aussi
> le temps est un nombre. Par conséquent, lorsque les
> instants seront les mêmes, le nombre, c'est-à-dire le
> temps, sera aussi le même, et lorsqu'ils seront différents,
> le reste aussi sera différent.

Après avoir montré que l'instant suit le mû à partir de
l'antérieur | et postérieur, il le montre aussi à partir du fait   10
que tous deux sont connus de la même façon : le mouvement
grâce au mû et le temps grâce à l'instant. En effet, on
connaît le mouvement par le mû et le temps par l'instant ;
car celui-ci semble exister seulement dans l'existence du

1. Eudème, fr. 50 Sp.

temps. Quant à la raison pour laquelle le transporté est
plus connu que le transport, il l'a indiquée en disant : « car
15 le transporté est un ceci, le | mouvement non [1] ». En effet,
le transporté est une substance et existe d'un seul coup
tout entier, tandis que le mouvement est un attribut et a
son être dans le devenir ; car le mouvement existe dans le
changement du mû. Et après avoir dit « car on connaît le
mouvement grâce au mû », il a ajouté « et le transport
grâce au transporté [2] », non parce que le transport n'est pas
un mouvement mais parce qu'il est particulièrement évident
20 dans le cas du transport que | l'on connaît le transport à
partir du transporté. En effet, même si on connaît aussi
l'altération à partir de ce qui est altéré et la croissance à
partir de ce qui croît, c'est cependant plus évident pour le
transport que pour les autres mouvements. Ensuite, il lui
reste à conclure, à partir de ce qui a été dit, que « en un
25 sens donc l'instant est le même, et en un sens il n'est | pas
le même, car c'est aussi le cas du transporté [3] ». En effet,
c'est parce qu'il suit le transporté et parce que son être
dépend de celui-ci que l'instant est le même et différent.

Dans ce passage il me semble utile d'examiner comment
il dit que l'antérieur et postérieur est le même par le substrat.
Comment, en effet, le passé est-il identique au présent et
30 ce qui n'est plus à ce qui est ? Car le transporté, | même
s'il est toujours ailleurs, vu qu'il demeure dans l'existence,
il est vrai de dire qu'il est le même par le substrat ; mais
le mouvement, le temps et en général tout ce qui a son être
dans le devenir, comment pourraient-ils être les mêmes
par le substrat ? La comparaison avec le point n'empêche

1. 219b30-31.
2. 219b29-30.
3. 219b31-33.

rien, car par son écoulement la grandeur demeure tout
entière et | n'a pas son être dans le devenir comme le temps. 35
Mais que l'instant suit le transporté et le point | en étant **725**
conforme et dépendant d'eux, comment l'a-t-il montré
alors qu'il y a entre eux une si grande différence que les
uns demeurent et les autres ne demeurent pas ? Comment
donc ce qui ne demeure pas pourrait-il, semblablement à
ce qui demeure, être le même par le substrat ? Et deuxiè-
mement, puisque ces trois choses : grandeur, | mouvement 5
et temps, se suivent l'une l'autre, comme il le dit, et puisque
la grandeur est limitée par des points et le temps par
l'instant, il me semble utile de chercher ce qui en est
l'analogue dans le mouvement, je veux dire analogue au
point et à l'instant. Car il faut que la limite du mouvement
soit autre chose que le mû. Quelle correspondance celle-ci
peut-elle avoir par rapport à l'instant et au point ?

  À propos donc de la première | difficulté, il faut sans 10
doute répondre que les instants ne diffèrent entre eux par
rien d'autre que par le fait d'être l'un antérieur et l'autre
postérieur, puisqu'ils ne diffèrent ni par le genre ni par
l'espèce, mais pas non plus numériquement, de même
qu'une unité par rapport à une autre. En effet, les choses
qui diffèrent numériquement, comme on l'a déjà dit,
diffèrent par certains accidents, comme Platon et Socrate.
C'est peut-être donc parce qu'il ne diffère par aucune sorte
de différence que l'instant est dit le même | par le substrat. 15
Cependant, la ressemblance avec le point et la pierre semble
forcée, puisque les uns demeurent tandis que les autres ont
leur être dans l'advenir et le disparaître. Si donc nous ne
rendons pas compte exactement de cette analogie, je pense
qu'il vaut mieux dire qu'être le même par le substrat signifie

être le même par l'espèce[1]. En effet, Aristote lui-même
20 dira un peu plus loin que, comme le mouvement est | le
même par l'espèce du fait de se renouveler constamment,
ainsi le temps l'est aussi. Mais être le même par l'espèce
au sens de n'être différent en rien semble d'une certaine
manière être le même numériquement, comme on l'a dit
à propos des unités. Un peu plus loin je citerai le témoignage
d'Eudème. Par conséquent, la comparaison de l'instant
avec le point et le transporté ne semble pas trop rude.

25   Pour la deuxième | question, il faut dire que l'achèvement
de mouvement est la limite du mouvement[2], mais qu'il
n'en est ni le principe ni la cause. Ainsi donc, en posant
le point et l'instant comme des causes, l'un de la ligne,
l'autre du temps, il a logiquement considéré le transporté
comme leur analogue.

725.29 | « Il est manifeste aussi que, si le temps n'existait pas »
30 jusqu'à | « comme l'unité du nombre » (219b33-220a4)

Après avoir dit ce qu'est l'instant par rapport au temps,
à savoir qu'il est comme le transporté par rapport au
transport, et ajouté que l'instant est plus connu que le

---

1. Dire que l'instant est numériquement le même par le substrat,
c'est signifier qu'un seul et même présent instantané se maintient au
travers du flux du temps, exactement de la même façon qu'une même
pierre se maintient tout au long de sa trajectoire. Simplicius a raison de
penser qu'Aristote ne peut avoir voulu dire cela, parce que cela contredirait
la caractéristique essentielle du temps d'avoir son être dans le devenir.
Il vaut donc mieux considérer que l'instant est le même par le substrat
au sens où chaque instant est exactement le même type de chose, tandis
que l'ordre de succession *individualise* les instants en les rendant différents.

2. Au livre VI de la *Physique*, Aristote réserve, à côté de *kinèsis*, le
terme *kinèma* pour désigner l'équivalent de l'instant dans le mouvement,
c'est-à-dire chaque point du mouvement où une partie de celui-ci est
achevée.

temps, il démontre maintenant leur coexistence, à nouveau
par la comparaison avec le transporté et le transport. De
même, dit-il, que le transporté et le transport | existent   **726**
ensemble (car il est impossible que l'un existe sans l'autre,
si l'on considère le transporté non selon sa substance mais
en tant qu'il se déplace[1]), il en va de même pour l'instant
et le temps. Il a aussi montré la nécessité de leur dépendance
par l'analogie avec le transporté et le transport. En effet,
l'instant est le nombre du transporté, | comme une sorte   5
d'unité qui attache un indivisible à un indivisible ; et le
nombre du mouvement, c'est le temps. De même, en effet,
que l'unité, en étant prise encore et encore, produit le
nombre, ainsi l'instant produit le temps et le transporté le
transport. Mais le temps est le nombre du transport non
pas en tant que transport, comme on l'a dit, mais selon
l'antérieur et postérieur qui se trouve en lui. Car le temps
n'est pas le | nombre du mouvement lui-même mais   10
l'intervalle entre l'antérieur et le postérieur, ceux-ci
produisant l'intervalle par leur répétition. Par ailleurs,
l'unité diffère du transporté et de l'instant en ce qu'elle
produit le nombre discret tandis que ceux-là produisent
les continus que sont le mouvement et le temps.

| « Et le temps est continu par l'instant » jusqu'à « les   **726.14**
| deux lignes sont les parties de la ligne unique »   15
(220a4-21)

La continuité du temps et sa division en l'instant sont
également démontrées par la dépendance vis-à-vis du

---

1. Le transporté est nécessairement une certaine substance (pierre,
etc.), et en tant que tel son existence n'est pas dépendante du transport ;
mais, considéré en tant que transporté, il est corrélatif au transport et
n'existe qu'en même temps que celui-ci.

transporté et du transport. En effet, le mouvement (et c'est
pareil de dire le transport) est continu et un par le transporté
et par rien d'autre. Et il est un et continu par lui parce que
20 | celui-ci est également un, et ce de deux façons : selon le
substrat, qu'il appelle à nouveau « ce qu'il est à un moment
donné », par exemple si le transporté est une pierre, et selon
l'être même du transporté, c'est-à-dire par la définition du
transporté. Cependant, selon le substrat il ne sera pas la
cause de la continuité. En effet, ce qui est pierre peut interrompre son transport et rester immobile, et dès lors il ne
rendra pas le mouvement continu, puisque, même si lui-
25 même | demeure tout à fait un, son mouvement est coupé
et divisé par un arrêt. Si au contraire on le considère selon
la définition du transporté et en tant que transporté, alors
il est la cause du fait que le mouvement est un et continu.

Et non seulement l'instant rend le temps continu parce
qu'il suit le transporté, mais il le divise aussi en délimitant
30 l'antérieur et le postérieur du mouvement ; | car c'est ainsi
que le temps est divisé. Et l'instant suit, pour la continuité
et pour la délimitation, non seulement le transporté mais
aussi le point, d'une certaine manière. En effet, le point
aussi, lorsqu'on le prend comme le même, est « début d'une
partie et fin de l'autre » et rend continue la longueur,
puisqu'il peut être pris pour un seul et même point dans
727 chacune des deux parties de la longueur, | et néanmoins il
la divise, car c'est en un point que se produit la division
de la longueur. De la même manière, l'instant à la fois rend
continu et divise le temps. En ce qui concerne donc la
continuité et la division, il suit absolument le point, mais
dans la mesure où le même point est début et fin, nous
5 utilisons | le point unique comme deux. Et il y a nécessaire-
ment un arrêt au point unique qui est saisi deux fois, une

fois comme fin et une fois comme début. En effet, le point demeure et son être réside dans la position. Mais il n'est pas possible de saisir deux fois le transporté, car il est toujours autre. Il n'est pas autre au sens où il serait différent de lui-même, mais parce qu'il est toujours ailleurs. Car s'il était deux fois au même endroit, il serait nécessairement en repos, or on a posé qu'il se mouvait continûment ; et ainsi | il ne sera pas possible non plus de saisir deux fois 10 l'instant.

Comment donc le temps résulte-t-il du fait que l'instant est nombré ? Ce n'est pas à la manière du même point saisi deux fois en tant que début et fin, mais, si c'est bien le cas, c'est à la manière des deux limites de la ligne, celle-ci et celle-là. Elles délimitent l'intervalle intermédiaire de la ligne en étant différentes l'une de l'autre. De même, les instants sont nombrés comme toujours autres, l'un antérieur et l'autre postérieur. | Mais il est impossible de saisir chacun 15 deux fois ; car le temps s'arrêterait, ce qui est impossible. En revanche, il n'y a rien d'absurde à saisir deux fois le point, qui possède une position et demeure. Mais l'instant ne demeure pas de manière à être saisi deux fois. Et il est clair que, si le point est saisi en tant que fin et début, la ligne est divisée à ce point ; or, étant divisée, elle n'est plus continue ; par conséquent, le mouvement qui se produit sur elle n'est plus continu non plus. | Mais le temps est 20 continu, puisque le mouvement l'est. Le temps est donc le nombre de l'instant, non au sens où le même instant serait saisi deux fois, comme c'est le cas du point, mais au sens où il y en a toujours d'autres, dont l'un est pris comme début et l'autre comme fin – et non pas début et fin comme des parties dont on dit souvent que l'une est première et l'autre dernière. Que les instants ne ressemblent

25 pas | au point saisi deux fois, Aristote l'a indiqué par les
mots « car on utilisera le point médian comme double, de
sorte qu'il se produira un repos[1] ». Si donc le temps ne
s'arrête pas, l'instant en lui n'est pas comme le point saisi
deux fois, mais comme un début et une fin. Et qu'il ne soit
pas début et fin comme des parties mais comme des limites,
30 il en donne ensuite la conviction à nouveau à partir de | la
similude avec les choses de la même série. Par conséquent,
la phrase « en raison de ce qu'on a dit, etc.[2] » indique la
cause de « non comme celui du même point, parce qu'il
est début et fin, mais plutôt comme les extrémités de la
même ligne[3] » et la phrase « et en outre il est manifeste
que l'instant n'est aucune partie, etc.[4] » explique « et non
comme les parties[5] ».

35 | Par ailleurs, si le texte de cette dernière phrase était,
728 comme l'écrivent Alexandre et Aspasius, | | « et en outre il
est manifeste que le temps n'est aucune partie du
mouvement[6], comme le point ne l'est pas de la ligne »,
c'est, disent-ils, qu'il appelle « temps » l'instant, qui n'est
une partie ni du mouvement ni du temps ; car il en est une
limite, et la limite n'est pas une partie ; et de même le point
5 n'est pas une partie de la ligne, | car la partie de la ligne
est une ligne. Voilà ce que dit Alexandre. Quant à Aspasius,
il dit que « le temps n'est pas une partie du mouvement

1. 220a17-18.
2. 220a17.
3. 220a15-16.
4. 220a18-19.
5. 220a16-17.
6. Cette version remplace « l'instant » par « le temps » et « aucune
partie du temps » par « aucune partie du mouvement » ; c'est pourquoi
elle demande davantage de justification que celle citée en lemme, qui
est celle des manuscrits de la *Physique*.

parce qu'il le nombre grâce à l'instant, et celui-ci est une limite du mouvement et non une partie ». Mais comment peut-il dire que l'instant est une limite du mouvement ? En effet, ce dont l'être est autre, les limites sont autres aussi. Si donc le temps diffère du mouvement, leurs limites différeront aussi. | Je pense donc qu'est meilleure la version 10 transmise dans la plupart des manuscrits, que connaissent manifestement aussi Porphyre et Thémistius, qui comporte : « et en outre il est manifeste que l'instant n'est aucune partie du temps, pas plus que la division ne l'est du mouvement ni les points de la ligne, mais que deux lignes sont des parties d'une seule [1] ». En effet, des lignes sont | clairement des parties d'une ligne, mais pas des points ; 15 et il appelle « division » la limite du mouvement au sens où en elle le mouvement est divisé, ce qu'il appelle dans les livres sur le mouvement « achèvement de mouvement [2] ». Mais comme Aristote a dit « par conséquent le temps est nombre non comme le même point », Alexandre dit qu'il a appelé « temps » l'instant. « L'instant n'est donc pas nombre, dit-il, au sens du nombre du point, | comme lorsque 20 nous prenons le point unique comme deux et deux fois. » Mais sans doute n'est-il pas nécessaire de lire « l'instant » à la place du temps, mais ce qui est dit, à savoir que le temps est nombre comme s'il était composé des instants en tant qu'unités, dont on ne saisit pas deux fois la même mais toujours une autre.

1. 220a18-21. Thémistius cite littéralement seulement le début de la phrase, en 151.24.

2. Sur le terme *kinèma*, voir ci-dessus, 725.25.

728.24 | « En tant donc que l'instant est limite, il n'est pas du
25 temps mais il lui appartient » | jusqu'à « et il est continu,
car il est nombre d'un continu, c'est manifeste »
(220a21-26).

Après avoir dit que l'instant est limite à la manière des
points extrêmes de la même ligne, puisque l'instant est par
soi limite du temps, et puisque le temps n'est rien d'autre
que le nombré du mouvement selon l'antérieur et le
postérieur, qui sont les instants, il observe que, lorsque
30 l'instant est considéré comme | le nombré du mouvement,
729 il devient une limite du mouvement | et c'est un accident
pour lui d'être une limite (l'instant est alors considéré selon
son substrat et se trouve seulement dans celui-ci dont il
est une limite), tandis que, lorsqu'il est considéré comme
limite du temps, il n'est pas un accident car il appartient
par soi au temps[1]. Et puisque l'instant est nombre partout,
5 et qu'étant nombre partout | il est nombrant (car la dizaine
qui mesure les dix chevaux mesure aussi les dix hommes),
l'instant donc est partout à la fois et pas seulement dans
le mouvement, dont il est une limite non pas en tant
qu'instant mais en tant qu'achèvement de mouvement[2].

---

1. Il n'est pas nécessaire de penser que l'instant est « limite par
accident » du mouvement : Aristote dit sans ambiguïté que, en tant que
limite du temps, l'instant n'est pas lui-même du temps mais une propriété
du temps. L'explication laborieuse de Simplicius est peut-être suscitée
par une compréhension de *sumbebèkos* au seul sens de l'appartenance
accidentelle, alors que le verbe a aussi le sens de l'appartenance par soi.
2. Il est possible que Simplicius ne lise pas la même version de la
Physique que nous, car notre texte oppose clairement l'instant, qui n'est
limite que du temps, au nombre nombrant qui se trouve partout. Ainsi,
à la ligne 14, il cite « *car* le nombre de ces chevaux… » alors que tous
nos manuscrits ont « *tandis que* … ». Or, on peut comprendre que l'instant
nombre sans en faire un nombre nombrant, au sens où, en tant qu'antérieur

Alexandre, se demandant en quel sens il a dit que l'instant nombre (car le temps n'était pas nombre au sens de nombrant mais de nombré),

> ou bien, dit-il, il faut lire non pas | "nombre" mais "est 10
> nombré", ou bien les instants sont nombrés dans le
> mouvement mais ils nombrent le temps ; en effet, la
> division du temps se fait aux instants et nous le nombrons
> grâce à eux, de sorte que l'instant est nombré en tant
> qu'il est dans le mouvement mais il est nombrant par
> rapport au temps.

On voit en effet qu'Aristote considère l'instant comme nombre nombrant lorsqu'il dit « car le nombre de ces chevaux, la | dizaine, se trouve aussi ailleurs [1] ». Il est 15 possible aussi de voir le mouvement nombré par l'instant. Si, en effet, le temps est le nombre du mouvement selon l'antérieur et postérieur, et que l'antérieur et postérieur soit l'instant, le mouvement est nombré par l'instant. Et puisque le temps n'est pas les instants mais l'intervalle entre les instants, qui sont nombrants, lui aussi est nombré. Or il est clair que | tout nombre participable [2] pourrait aussi 20 être dit nombrer de cette façon, par exemple la dizaine des chevaux ; car c'est par ce nombre que les chevaux sont nombrés. Mais ce type de nombre n'était pas dit se trouver partout, car il était le nombrable. Si donc on veut dire que l'instant nombre, on devrait dire qu'il est le nombrable

---

et postérieur, il délimite les unités de mesure du temps. Il semble d'ailleurs que ce soit l'interprétation d'Alexandre dans la citation qui suit.

1. 220a23-24. Voir la note précédente.

2. Dans le vocabulaire néoplatonicien, le nombre participable (*methektos*) est le nombre que possèdent les choses (auquel donc on peut dire qu'elles participent), c'est-à-dire le nombre nombré.

du premier mouvement et le nombrant des autres mouvements, car c'est ce dernier qui est partout [1]. Avec ces paroles,
25 il conclut cette | question.

Il ajoute encore que le temps est continu, parce qu'il
est le nombre d'un continu. En effet, c'est en cela que réside
l'être du temps, dans le fait d'être le nombre du mouvement.
Ainsi donc, l'existence du temps, s'étendant parallèlement
à la continuité du mouvement nombré, sera elle aussi
continue ; et comme celle du mouvement ne s'interrompt
pas, celle du temps non plus. Car, étant défini par les limites
du mouvement, non en tant que limites du mouvement
30 | mais en tant que l'une est antérieure et l'autre postérieure,
grâce à quoi il y a du temps, il sera lui aussi continu.

729.32 | « Le plus petit nombre » jusqu'à « mais selon la grandeur
il n'y en a pas » (12, 220a27-32).

Après avoir dit que le temps est nombre et est continu,
35 il veut | écarter la contradiction que semblent impliquer
ses paroles ; car le nombre est une quantité discrète
tandis que le continu n'est pas discret – comme il le dit
lui-même : dans le nombre se trouve le plus petit, à savoir

---

1. Simplicius ne peut se contenter de la solution suggérée par
Alexandre, quoiqu'il la comprenne bien, parce qu'il lit dans le texte que
l'instant est dit nombrant. Il propose dès lors la solution alternative
suivante. Les termes « nombrant » et « nombré » peuvent désigner
respectivement l'unité de mesure et ce qui est mesuré par des unités. Or,
l'unité de mesure, qui est nombrante pour toutes les quantités de son
genre, doit d'abord être définie comme une certaine quantité de référence,
et donc doit d'abord elle-même être nombrée. Ainsi, les unités de mesure
du temps sont définies à partir des mouvements des astres. Cependant,
comme on vient de le lire, ce ne sont pas directement les instants qui
sont définis comme unités de mesure, puisque le temps n'est pas composé
d'instants, mais certains intervalles délimités par des instants.

le deux [1], car | c'est là le premier nombre, indivisible en **730**
plusieurs nombres. Mais dans le continu il n'y a pas de
plus petit, car le continu se divise en continus à l'infini. Si
donc il y a un plus petit nombre mais il n'y a pas un plus
petit temps, puisqu'il est continu, le temps ne pourrait être
un nombre. Pour résoudre le problème, il a recours à ce
qui a été dit précédemment, | que le temps n'est pas un **5**
nombre au sens du nombrant mais au sens du nombré. Le
nombre se disant de deux façons, l'un est dit absolument
et au sens propre (c'est celui par lequel nous nombrons,
qui est discret et composé des unités indivisibles ; et c'est
pourquoi il y a en lui un plus petit), tandis que le nombré
n'est pas dit nombre absolument et au sens propre, et il se
trouve dans les continus ; | mais même celui-là, s'il est pris **10**
comme un nombre, par exemple deux lignes ou deux années,
possède un plus petit, mais ce n'est plus le cas s'il est pris
comme une grandeur ; car ces choses possèdent aussi la
quantité selon la grandeur et pas seulement celle selon le
nombre. Par ailleurs, Alexandre a raison de souligner que
« après avoir dit que le plus petit nombre est le deux et non
le un, parce que l'unité n'est pas encore un nombre (puisque
le nombre est | la pluralité composée d'unités tandis que **15**
l'unité est non composée), il a cependant considéré qu'une
ligne et un temps pouvaient être dits les plus petits selon
le nombre ; mais il le dit ou bien d'une façon relâchée parce
que le présent raisonnement ne porte pas sur ce point, ou
bien parce que l'unité du nombre nombrant, étant absolument
incomposée, n'est pas encore un nombre, tandis que dans
le cas du nombré le | un est déjà un nombre, car il rassemble **20**
en lui le substrat et l'unité ».

1. Référence non littérale à 220a27. Pour les Grecs, tout nombre est
une pluralité, donc le « un » n'est pas un nombre mais l'unité composant
tout nombre.

730.22 | « Il est manifeste aussi qu'on ne le dit pas rapide et lent »
jusqu'à « car pas davantage aucun nombre par lequel nous
nombrons n'est rapide et lent » (220a32-b5).

25 | Après avoir montré que le temps, étant à la fois nombre
en tant que nombré et continu en tant que grandeur, possède
le plus petit du fait d'être nombre et ne le possède pas du
fait d'être continu, il y ajoute comme une conséquence le
fait que logiquement le temps possède le beaucoup et le
peu en tant que nombre, et le long et le court en tant que
grandeur – car ce sont leurs propres respectifs. Mais il

30   n'est pas dit rapide et lent, parce que | aucun nombre n'est
rapide et lent : ni le nombre arithmétique par lequel nous
nombrons n'est dit rapide et lent, ni le nombrable. D'où
en effet celui-ci pourrait-il avoir la vitesse et la lenteur, si
le nombrant ne les a pas ? De même qu'il possède l'être
du nombre par l'intermédiaire de celui-là, de même, si le
nombre nombrant était rapide et lent, les nombres nombrés
recevraient de lui la vitesse et la lenteur [1]. Et il est clair

731 | que pas davantage la grandeur en tant que grandeur ne
possède la vitesse et la lenteur, car ce sont les propres du
mouvement et non de la grandeur. Il avait déjà montré
précédemment que le temps ne possède pas la vitesse et
la lenteur, tandis que le mouvement les possède [2]. Elles
sont en effet définies par le temps ; mais le temps n'est pas
défini par le temps.

---

1. Cette explication de Simplicius confirme qu'il faut bien traduire,
en *Physique* 220b4, le « *oude* » : « car le nombre nombrant *non plus*
n'est pas rapide et lent », ce qui signifie implicitement que, par suite, le
nombré ne l'est pas, comme le remarque Simplicius. Sans cette précision,
le raisonnement semble boiteux puisque le temps n'est pas un nombre
nombrant.

2. *Phys.* IV, 10, 218b13-18.

| « Et il est le même partout à la fois » jusque « les chevaux **731.5**
des hommes » (220b5-12).

L'une des affirmations précédentes à propos du temps
était que le temps présent et considéré suivant l'instant est
le même partout à la fois, tandis que le temps antérieur et
postérieur n'est pas le même[1]. Que cela soit aussi une
conséquence de la | conception du temps qu'il a fournie, 10
au même titre que celles qu'il a tirées immédiatement, il
le montre par le fait que le mouvement, dans lequel le
temps trouve son être, possède ces caractéristiques. En
effet, le mouvement actuel et présent est le même (car il
n'a pas de différence par rapport à lui-même, mais il est
un selon la forme commune de l'extension de l'existence),
tandis que ce qui de lui est passé et ce qui est à venir sont
différents l'un de l'autre[2]. De la même manière donc | que 15
le mouvement unique possède l'identique et le différent,
ainsi les possède tout temps qui mesure à la fois tous les
mouvements. Car le temps n'est pas le nombre de tel et
tel mouvement en tant que tels, mais celui du mouvement
en tant que mouvement. C'est pourquoi le temps est unique
pour plusieurs mouvements, parce qu'il n'en est pas le
nombre en tant qu'ils sont plusieurs mais en tant qu'ils
sont tous des mouvements (« le changement actuel est

---

1. Ci-dessus, 720.10-721.26. Il s'agissait plus exactement des temps
simultanés, pas nécessairement présents.
2. Le mouvement actuel et présent (*parousa kai enestôsa*) est un
mouvement qui, certes, se déroule dans une succession d'étapes, mais
qui, considéré dans son ensemble, constitue une unité. Ainsi, formellement
il est identique à lui-même quoique ses parties successives soient différentes
entre elles. La même unité d'ensemble sera ensuite appliquée au temps,
avec un glissement immédiat vers l'unicité du temps de plusieurs
mouvements simultanés.

20 un[1] » exprime tout changement en tant que | tel). Et le
temps n'est pas seulement un par l'espèce mais, parce qu'il
est le temps du mouvement un par l'espèce, il l'est aussi
numériquement car rien dans le mouvement ne lui ajoute
de différences[2]. En revanche, le temps antérieur est différent
du temps postérieur parce que le mouvement, même si on
le considère comme numériquement un, est différent par
l'antérieur et le postérieur, du fait qu'il a son être dans le
devenir[3].

Dans la suite il montre pourquoi les temps antérieur et
25 | postérieur ne sont pas les mêmes. En effet, le nombre par
lequel nous nombrons est toujours le même, qu'on le prenne
antérieurement ou postérieurement, par exemple le trois,
mais les choses mesurées ne sont pas nécessairement les
mêmes, car les chevaux sont autres que les hommes. Si
donc le temps est nombre à la manière du nombré dans le
mouvement et non comme le nombrant, et si le nombré
30 du mouvement ne demeure pas le | même mais est saisi
comme autre, il est logique que le temps antérieur soit
autre que le postérieur, et le passé autre que le futur ; car
les instants par lesquels il est nombré et délimité sont
différents. En effet, le nombré du mouvement selon
l'antérieur et postérieur est différent, et évidemment
différent par l'énoncé, tandis que par le substrat, au sens

1. 220b6-7.
2. « Parce qu'il est le temps du mouvement un par l'espèce » signifie
« parce qu'il n'est pas le temps d'un mouvement en particulier ». Rien
dans les différences entre les mouvements n'entraîne de différence dans
le temps, de sorte que le temps n'est pas individué par chaque mouvement
dont il est le nombre et on peut dire qu'il n'y en a qu'un seul pour tous
les mouvements qui se déroulent entre les mêmes instants.
3. Du fait de leur écoulement, temps et mouvement sont constamment
différents, tout en ayant une unité d'ensemble.

de par l'espèce, il est le même. C'est ainsi qu'il l'avait
montré précédemment[1].

| « En outre, comme il est possible que le mouvement soit **732.1**
le même » jusque « par exemple, une année, un printemps,
un automne » (220b12-14).

Après avoir dit que le mouvement actuel et présent est
tout entier le même par son caractère commun, et que pour
cette raison le temps présent est aussi le même partout à
la fois, | bien que le mouvement passé soit autre que le   5
futur, ainsi que les temps, il montre maintenant comment
l'antérieur et postérieur, dans le mouvement et dans le
temps, peut être le même du fait d'être « toujours répété[2] ».
Ayant déjà affirmé que l'instant est le même par le substrat
mais différent par l'énoncé, il développe maintenant, je
pense, ce qu'il voulait dire par « le même », à savoir de la
même façon que le mouvement est le même du fait d'être
« toujours répété », | c'est-à-dire du fait qu'il advient   10
toujours à nouveau en étant le même par l'espèce. En effet,
puisque les mouvements se répètent toujours (par exemple,
celui du soleil qui recommence toujours sa course à partir
du même point, la reprenant à nouveau à partir du bélier
et à partir de la balance[3]), et que le temps suit le mouvement,
il est clair que l'année recommence toujours et que le
printemps et l'automne se reproduisent toujours.

Mais pourquoi donc | n'a-t-il pas dit ci-dessus que   15
l'instant est le même par l'espèce, mais bien par le substrat,
ni maintenant que le temps est le même par l'espèce, mais

---

1. *Phys*. IV 11, 219b9-12 ; *cf*. ci-dessus la longue explication de
721.27 à 725.28.

2. 220b13-14 : *palin kai palin*.

3. Ces deux constellations marquent les équinoxes, à partir desquels
la course visible du soleil recommence à augmenter ou à diminuer.

par le recommencement, comme le mouvement ? Pourtant c'est principalement lui qui fait la distinction entre les trois sens de « le même » : par le genre, par l'espèce et numériquement. Ou bien c'est parce que non seulement les mêmes par le genre sont éloignés par une grande différence, mais
20 ceux qu'on dit les mêmes par l'espèce, s'ils | diffèrent numériquement comme Platon et Socrate, possèdent une grande diversité d'accidents. En outre, les mouvements qui recommencent toujours à l'identique, ainsi que les instants et les temps, sont presque aussi les mêmes numériquement.

De la même façon les Pythagoriciens disaient que les choses sont en quelque sorte les mêmes numériquement du fait de se répéter toujours ; et il n'est sans doute pas
25 plus mal d'écouter les paroles d'Eudème qui, | au troisième livre de sa *Physique*, paraphrasent ce qui est dit ici :

> Le même temps se reproduit-il, comme le disent certains, ou non, on pourrait se le demander. Puisque « le même » se dit de plusieurs façons, il est manifeste que se reproduit le même par l'espèce, par exemple l'été et l'hiver et les autres saisons et périodes, et de la même manière se reproduisent les mêmes mouvements par l'espèce, car
30 le soleil accomplit les mêmes solstices, | équinoxes et autres parcours. Mais si l'on en croit les Pythagoriciens, selon lesquels ils sont aussi les mêmes numériquement, moi aussi je reviendrai vous parler, la baguette à la main, et vous serez assis de la même façon, et toutes les autres choses seront pareilles, et logiquement le temps aussi sera le même. En effet, l'antérieur et postérieur d'un seul et même mouvement, et pareillement de plusieurs
35 identiques, sera un et | le même, ainsi que leur nombre ; donc toutes choses seront les mêmes, et par conséquent
733 aussi le | temps [1].

---

1. Eudème de Rhodes, fr. 51 Sp.

Remarque qu'Eudème dit un et le même le mouvement qui recommence toujours, ainsi que l'antérieur et postérieur ; et sur le fait que lui aussi affirme chaque fois autre ce qui advient toujours, tant pour le mouvement que pour le temps, écoute ce qu'il a écrit un peu après le passage que je viens de citer :

> De même que, dans le mouvement, | seul existe 5
> l'indivisible tandis que le passé s'est écoulé et le futur
> n'est pas encore, ainsi, dans le temps aussi, une partie a
> disparu, une autre n'est pas encore, et le présent est en
> surgissant toujours, chaque fois autre [1].

| « Et nous ne mesurons pas seulement le mouvement par   **733.8**
le temps » jusqu'à « et le mouvement, si le temps l'est »
(220b14-32).

| Puisque le temps est dit le nombre et la mesure du   10
mouvement, au sens où le mouvement est mesuré grâce à
lui, et puisqu'on a dit qu'est plus rapide et plus lent le
mouvement mesuré par moins et par plus de temps, il
ajoute maintenant que non seulement le temps mesure le
mouvement mais aussi le mouvement le temps. Chacun
des deux est mesuré par l'autre du fait qu'ils se délimitent
mutuellement, le mouvement par | le temps et le temps par   15
le mouvement. Car le temps dans lequel se passe un long
mouvement est dit lui-même long. Cependant, le temps
mesure essentiellement le mouvement en en étant le nombre
et en le délimitant selon l'antérieur et postérieur, et par
accident il est en quelque sorte mesuré en retour par lui.
Nous voyons qu'il se produit la même chose pour toutes

---

1. *Ibid.*, p. 74, 14. Il est donc bien clair, pour Eudème comme pour Simplicius, que la répétition des mêmes périodes ne constitue pas une identité numérique mais une identité par l'espèce : le devenir et le temps sont toujours nouveaux et ne se répètent jamais.

les autres mesures. En effet, les mesures sont mesurées en
20 retour par les | mesurés : par le médimne de blé nous
jugeons si le médimne en bois n'est pas trop grand ou trop
petit, et par le cotyle de vin nous mesurons en retour le
cotyle de bronze [1].

Après avoir dit, à propos du temps, du mouvement et
des autres mesures continues, qu'elles sont mesurées en
retour par les mesurés, il ajoute qu'on peut constater la
25 même chose pour les nombres. En effet, le | nombre aussi
est d'une certaine manière nombré par ce qui est nombré
par lui. De même que nous disons dix chevaux, parce que
nous les avons nombrés par dix unités, ainsi nous disons
que les unités sont dix, parce qu'elles sont égales à dix
chevaux ; car sans doute ne serions-nous pas arrivés à la
notion du dix si nous n'avions pas saisi qu'il y a autant de
fois un cheval et un homme. Ayant dit cela, il indique aussi
30 la cause de la mesure | en retour : « car », comme on l'a
dit, « le mouvement suit la grandeur, et le temps le

---

1. Les récipients servant de mesure sont vérifiés en y versant une
quantité déjà mesurée de la denrée concernée ; l'exemple montre ainsi
que la mesure peut être mesurée par le mesuré, mais que celui-ci a d'abord
dû être mesuré, de sorte que la relation n'est pas tout à fait réciproque
car l'unité de mesure est toujours première. Suivant l'analogie, les unités
de mesure temporelles peuvent être vérifiées par des mouvements dont
on sait qu'ils occupent ce temps, par exemple une heure par un déplacement
dont on sait qu'il prend une heure. Cependant, Simplicius confond la
relation gnoséologique de l'unité de mesure par rapport au mesuré et la
relation ontologique du nombre par rapport au nombré. Le temps est
essentiellement nombre du mouvement mais le mouvement n'est
aucunement nombre du temps, car il n'en est pas une propriété. C'est
pourquoi les unités de mesure temporelles doivent nécessairement être
fondées sur un mouvement. Voir l'Introduction (« L'unité du temps »)
et A. Stevens, « Le rôle de la mesure dans la détermination du temps »,
dans Fr. Balaudé, Fr. Wolff (éd.), *Aristote et la pensée du temps*, Nanterre,
Presses Universitaires de Nanterre, 2005, p. 63-78.

mouvement[1] ». Puisque donc le rapport du temps au
mouvement est le même que celui du mouvement à la
grandeur, et le mouvement à la fois mesure la grandeur et
est mesuré en retour par elle, « car nous disons que la route
est longue | si le voyage est long et que » le voyage « est **734**
long si la route est longue[2] », alors il doit en être de même
pour le mouvement par rapport au temps. Car de même
que le mouvement est long si le temps est long, ainsi le
temps est long si le mouvement est long. En effet, c'est en
étant égalisés l'un par rapport à l'autre qu'ils sont mesurés
l'un par l'autre, et, le | temps étant continu et divisible en 5
raison du mouvement, qu'y a-t-il d'étonnant à ce qu'il soit
aussi mesuré par lui, de même que le mouvement, qui a
ces propriétés en raison de la grandeur, est mesuré par elle ?

Il y a une version différente de la fin de cette citation.
Si elle comporte « et le temps, si le mouvement l'est, et le
mouvement, | si le temps l'est », comme dans la plupart 10
des manuscrits, le contenu est clair. En revanche, si elle
comporte « et le temps, si le mouvement l'est, et le temps
le mouvement » (car cette version est transmise aussi, et
Alexandre la néglige en disant que dans les deux cas la
signification est la même, à savoir que le temps est mesuré
par le mouvement. Cependant, comment « et le temps le
mouvement » pourrait-il signifier | que le temps aussi est 15
mesuré par le mouvement ?), dans ce cas, ayant dit « et
le temps, si le mouvement l'est » à l'appui du fait que le
mouvement mesure le temps, comme il avait cela en tête,
Aristote a ajouté trop vite « et le temps le mouvement[3] ».

1. 220b24-26.
2. 220b29-31.
3. Dans la proposition « et le temps le mouvement », le temps est
au nominatif (cas du sujet) et le mouvement à l'accusatif (cas de l'objet
direct), de sorte qu'on ne pourrait que suppléer « et le temps mesure le
mouvement », c'est-à-dire l'inverse de ce que dit Alexandre. La solution

Mais il est important de savoir qu'ici encore il dit que le mouvement est mesuré par la grandeur et le temps par
20 le mouvement. Or, l'antérieur et | postérieur transmis au mouvement à partir de la position dans la grandeur est autre que celui qui vient de l'extension de l'existence, grâce auquel est conçu le temps. C'est pourquoi il faut examiner l'analogie selon laquelle le mouvement est comme la grandeur, et le temps comme le mouvement, et se demander comment cela peut être vrai. En effet, même si
25 la route et le voyage sont longs, rien | n'empêche que le temps soit court, si le mû est rapide. Une première possibilité est de les examiner seulement pour eux-mêmes, au sens où, pour le mouvement, le temps d'un long mouvement sera long ; une autre possibilité est de considérer le long et le court dans le temps proportionnellement à la vitesse : pour le plus rapide, on considérera comme long le temps
30 d'un seul jour | pour parcourir le long chemin qui va d'Élis à Épidaure.

734.31 | « Puisque le temps est mesure du mouvement » jusqu'à « le fait que leur être soit mesuré par le temps » (220b32-221a9)

Après avoir indiqué ce qu'est le temps et montré que les propriétés qu'on lui attribue s'accordent avec sa définition et que nous disons proprement être dans le temps
735 les choses qui sont contenues | par le temps, abordant maintenant ce qui est à mon avis de la plus haute importance

de Simplicius consiste à dire que l'affirmation « et <nous disons> le temps <long > si le mouvement l'est » suppose que le mouvement mesure le temps, donc au lieu d'ajouter « et <nous disons> le mouvement <long> si le temps l'est », Aristote aurait ajouté son équivalent : « et le temps <mesure> le mouvement ».

à propos du temps, il montre en vertu de quoi chaque chose est dite être dans le temps [1] ; mais comme l'apodose se fait longuement attendre, la phrase présente une certaine obscurité. L'apodose de « Puisque le temps est mesure du mouvement et du fait de se mouvoir » est : « c'est cela être dans le temps », | pour le mouvement et pour les autres 5 choses, « le fait que leur être soit mesuré par le temps ». La conjonction, dans « et c'est cela », ne me semble pas superflue, comme le pensait Alexandre, car elle fait le lien avec ce qui vient d'être dit. Mais peut-être, comme Alexandre l'estime aussi, l'apodose commence-t-elle à « il est clair que, pour les autres choses aussi » (« les autres choses », ajoutées au | mouvement, équivalant à « toutes 10 choses »)[2]. C'est en effet par l'intermédiaire du mouvement qu'Aristote établit pour toutes choses que « c'est cela être dans le temps, le fait que leur être soit mesuré par le temps [3] » ; et il le fait logiquement. En effet, l'être de chaque étant est l'acte et le mouvement de l'étant lui-même, et

1. La question de la plus haute importance qui va maintenant être exposée est celle du rapport entre le temps et le mode d'existence de chaque étant ; elle va faire apparaître qu'est temporelle toute chose dont l'existence a une durée (voir 735.11-12).

2. Simplicius divise la longue phrase qui va de 220b32 à 221a9 en une protase indiquant la condition (« Puisque etc. ») et une apodose tirant la conclusion de cette condition. Il fait d'abord commencer l'apodose à la ligne 221a6 : « et c'est cela, pour lui, être dans le temps... », de sorte qu'il doit justifier pourquoi elle commence par une conjonction de coordination. Ensuite, il propose plutôt de la faire commencer à la ligne a7 : « il est clair que pour les autres choses aussi c'est cela... ». Cette dernière division est aussi celle que retiennent les éditeurs de la *Physique*, qui suppriment le « *de* » après « *dèlon* », suivant le témoignage d'Alexandre et de Simplicius, pour éviter le même problème d'une apodose commençant par une conjonction de coordination.

3. *Phys.* IV 12, 221a8-9. L'être, dans tout ce passage, signifie l'existence, au sens du cours de l'existence d'un étant.

donc c'est comme s'il disait que, puisque le temps est mesure du mouvement à la fois pour le mouvement et pour
15 les autres choses par | leur mouvement[1], « c'est cela être dans le temps, le fait que leur être soit mesuré par le temps ».

Par ailleurs, il montre que le mouvement est dans le temps de la manière suivante : le temps mesure le mouvement, or mesurer le mouvement qui n'existe pas d'un seul coup mais a son être dans le devenir, c'est proprement la même chose que mesurer son être, | c'est-
20 à-dire de quelle quantité est le mouvement. En effet, le mouvement est aussi mesuré d'après la distance sur laquelle se fait le mouvement, lorsque nous disons par exemple que le mouvement est d'un stade. Mais il a cette mesure-là par accident et non en tant que mouvement. Car c'est en tant que le précédent demeure qu'il possède une telle mesure, mais en tant que mouvement et en tant qu'ayant son être dans le devenir, il a pour mesure la quantité de
25 | temps passé[2]. Car c'est cela la mesure de son être, puisqu'il a son être dans le devenir.

Et vois maintenant comment, à mon avis, Aristote a expliqué clairement comment le temps est la mesure du mouvement, à savoir selon l'extension de son être, en vertu de laquelle précisément il existe ; comme le dit Alexandre : « Pour le mouvement, c'est la même chose que l'être et l'être du mouvement, de même que pour les autres choses

---

1. Ainsi, le temps, mesure directe du mouvement, est aussi mesure indirecte de toute extension d'existence. La question sera complétée par celle de la mesure du repos en 742.19.

2. La distance parcourue indique bien un type de quantité du mouvement, mais n'est pas une mesure de son être car par elle on le considère comme une totalité statique. Au contraire, la mesure par le temps est une mesure de l'être même du mouvement, c'est-à-dire de l'écoulement de son existence.

qui ont leur être dans le | devenir. Et c'est pourquoi c'est   30
la même chose que mesurer le mouvement et mesurer l'être
du mouvement. » Mais il est clair qu'il s'agit d'un autre
être que celui dont parle habituellement l'école
péripatéticienne et qui signifie la forme, car il indique ici
l'extension de l'existence et en quelque sorte l'acte de
l'être[1]. Puisque donc l'existence du mouvement est un
acte étendu | (car le mouvement était l'acte du mobile[2]),   35
il est logique que le mouvement et l'être du mouvement
soient la même chose. C'est pourquoi, Aristote lui-même,
après avoir dit que le temps est « mesure du mouvement »,
a ajouté « et du fait de se mouvoir », non comme quelque
chose en plus mais pour montrer que le mouvement est un
acte et que le temps est mesure d'un acte.

| Ensuite, que le mouvement et son être sont mesurés   **736**
par le temps, il le montre à partir du fait que tout mouvement
qui a été saisi est délimité par le temps (car le mouvement
futur n'est pas encore, c'est pourquoi il n'est pas non plus
délimité). Comme, en effet, en disant que le temps délimite
et mesure l'être de l'homme, on veut dire que le temps
délimite et mesure toutes les années que l'homme | vit, de   5
même aussi, pour le mouvement, en disant que l'être du
mouvement est mesuré par le temps on ne dit rien d'autre

---

1. Le mot « être » étant polysémique, il faut d'abord écarter sa
signification aristotélicienne de forme, c'est-à-dire d'essence d'une chose.
L'expression « acte (*energeia*) de l'être » exprime le fait même d'être,
l'activité d'être, c'est-à-dire l'existence.

2. *Cf.* 712.21 et la note. Si Simplicius précise que le mouvement est
un acte étendu (au sens de duratif : *paratetamenè*), c'est parce que le
terme *energeia* est ambigu : au sens étroit, il s'oppose au mouvement en
désignant une action instantanée (comme la vue), tandis qu'au sens large
il signifie, de même que *entelecheia*, toute effectivité par opposition à
une puissance (pour cette distinction, voir 708.35). Mais le plus souvent,
chez Simplicius, l'acte s'oppose à l'essence ou à la substance, au sens
où une activité est distinguée du sujet qui la mène.

que : le temps mesure de quelle quantité est le mouvement.
Dans le cas des autres choses, qui n'ont pas leur être dans
le devenir mais sont tout entières dans l'existence, par
exemple pour l'homme, l'être de l'homme, c'est-à-dire
10 l'étendue de son existence, | est mesurée par le temps,
tandis que l'homme lui-même, c'est-à-dire l'étendue de
l'homme, est mesuré par la coudée ou par quelque chose
du même genre [1]. En revanche, dans le cas du mouvement,
à la fois l'être du mouvement et le mouvement lui-même
sont mesurés par le temps. En effet, dans le cas du
mouvement, l'être du mouvement, qui est mesurable par
le temps, et le mouvement lui-même coïncident. Mais si
15 cela est vrai, qu'est-ce qui du mouvement serait | mesuré
par la grandeur, si du moins nous mesurons non seulement
la grandeur par le mouvement, mais aussi le mouvement
par la grandeur, comme il a été dit ? Il est clair que c'est
son étendue, qui est la même par le substrat que l'extension
de son être ; car elle est acte et ne demeure pas [2]. Cependant,
il est mesuré par la grandeur comme une étendue qui
demeure, en vertu de la comparaison avec la grandeur
20 | (car nous disons que le mouvement est d'un stade), tandis
que, comme extension de l'être, il est mesuré par le temps.

1. On distingue ici l'étendue d'un homme en tant que substance
corporelle, qui occupe un espace mesurable et dont toutes les parties
existent en même temps, et l'étendue de l'existence c'est-à-dire de la vie
d'un homme, dont les parties ne coexistent pas. Seule l'existence est
donc mesurée par le temps, pas l'homme lui-même. Au contraire, pour
le mouvement, c'est la même chose de dire que lui-même ou que son
être est mesuré par le temps, parce qu'il n'a pas d'autre existence que
son écoulement.

2. « La même par le substrat » signifie qu'il y a deux manières de
dire le même sujet ; le mouvement n'a pas d'autre étendue que l'extension
de son être, même si, comme le dit la phrase suivante, on peut le considérer
de deux manières.

Mais puisque ces deux aspects sont les mêmes par le substrat, il a été dit logiquement que le mouvement et l'être du mouvement sont la même chose.

Après avoir dit que le temps est mesure du mouvement, il ajoute comment il le mesure. En effet, tout mesuré semble être mesuré par une partie de lui-même, | puisque c'est 25 une partie qui mesure le tout, celui-ci étant constitué d'autant de parties que de répétitions de la mesure. Ce sera donc aussi le cas du mouvement, s'il est mesuré par un mouvement. Car la partie du mouvement est un mouvement, et tout continu peut être divisé en parties égales limitées. Comment donc le mouvement est-il dit mesuré par le temps ? Le temps, dit-il, délimite une partie du mouvement, | qui mesure le mouvement entier. Et ce qui délimite, c'est 30 l'instant antérieur et postérieur. Le temps mesure le mouvement de la même façon que la coudée mesure la grandeur, sans en être une partie mais en en délimitant une partie ; partie qui, étant reportée autant de fois, mesurera le tout. Puisque donc le mouvement délimité par le temps, par exemple le mouvement d'une heure, mesure le mouvement entier, | pour cette raison on dit que le 35 mouvement est mesuré par le temps.

Ayant donc montré que, pour le mouvement, c'est cela être dans le temps, et qu'il revient au même de dire que son être est mesuré par temps, de là il l'étend aussi aux autres choses qui sont dites être dans le temps, comme s'il avait dit ceci : si pour le mouvement | être dans le temps **737** c'est avoir son être mesuré par le temps, « pour les autres choses aussi » ce sera « cela être dans le temps : le fait que leur être soit mesuré par le temps [1] », parce que leur être est l'acte et le mouvement de leur être ; or la première

1. 221a8-9.

5 proposition est un fait, donc la deuxième aussi. | Mais il
n'a pas dit à propos des autres choses qu'à la fois elles-
mêmes et leur être est mesuré par le temps, parce que pour
le mouvement c'était la même chose que le mouvement
et l'être du mouvement, mais pour les autres choses qui
sont dites être dans le temps il n'en va pas de même. En
effet, leur étendue selon l'être avait son être dans le devenir,
mais pas elles-mêmes [1]. Elles sont donc dans le temps du
10 fait que | leur être est mesuré par le temps.

Tout ceci donne lieu à mon avis à certaines questions.
D'abord, si le temps est nombre et mesure du mouvement,
comment une autre chose que le mouvement est-elle
mesurée par le temps et est-elle dans le temps, si bien
qu'on dise pour les autres choses aussi que c'est cela être
dans le temps ? Car les choses autres que le mouvement,
15 qui ne sont ni par le mouvement ni mouvement, | ne seront
pas mesurées par le temps si le temps est mesure du
mouvement. Deuxièmement, comment cet homme et ce
cheval et chacun des autres particuliers, qui n'ont pas leur
être dans le devenir (pour autant qu'on puisse le dire pour
des choses en devenir [2]), seraient-ils dans le temps si le
temps a son être dans le devenir et si une correspondance
est nécessaire entre le temps et ce qui est dit dans le temps ?
20 | À la première difficulté il faut peut-être répondre que,
construisant principalement son raisonnement sur le
mouvement local (comme le montre l'affirmation que le
mouvement est mesuré par la grandeur et qu'il est long si
la route est longue), il appelle « les autres » le reste des

---

1. Rappel de 736.7-14.
2. Les corps sensibles sont en devenir, c'est-à-dire se modifient
constamment au cours d'une existence temporaire, mais ils n'ont pas
leur être dans le devenir au sens d'être définis par la succession d'états
non coexistants.

espèces du mouvement et du changement : croissance, altération et génération. Mais il vaut sans doute mieux dire que le mouvement est un acte et | a son être dans le devenir,   25 et est la même chose que son être [1]. L'être du mouvement est par soi dans le temps et mesuré par le temps, et toutes les autres choses qui sont dites dans le temps, comme l'homme ou le cheval, le sont aussi en raison de leur mouvement existentiel, ce qui signifie que leur être, qui est l'acte de l'existence et de l'étant, un acte qui n'est ni achevé ni statique mais a son être dans le devenir, | est de   30 ce fait dans le temps en étant composé de génération et de destruction. Ainsi donc, prenant les choses autres que le mouvement au sens des substances qui sont dans le temps, il dit qu'en vertu de leur propre mouvement qui est l'extension de leur être, elles aussi sont dans le temps. Par conséquent, les étants au sens propre, qui n'ont pas leur être dans le devenir, et que Platon et Aristote appellent éternels, ne sont pas dans | le temps mais dans l'éternité   35 demeurant dans l'un [2].

Et si cela est vrai, la deuxième difficulté est également résolue. En effet, les substances en devenir sont dites temporelles | selon l'écoulement et l'extension de leur être   **738** propre ; car on dit qu'elles sont aussi longtemps que leur être s'étend. C'est ainsi que le temps est la mesure de l'écoulement et de l'extension de l'être. Voilà, à ce qu'il me semble, les pensées philosophiques qu'Aristote a intelligemment et habilement fournies | à propos du temps.   5

1. La première suggestion de réponse contourne la question en limitant la mesure du temps aux mouvements. Elle ne correspond cependant pas à la théorie aristotélicienne, dont Simplicius rappelle en quoi elle répond à la question.

2. Selon l'opposition platonicienne entre ce qui est et ce qui devient, l'étant est dépourvu de tout changement, de telle sorte que son existence ne peut être mesurée par le temps.

738.6 | « En effet, être dans le temps, c'est, de deux choses l'une »
jusqu'à « comme les choses qui sont dans le lieu sont
contenues par le lieu » (221a9-18).

Après avoir exposé que le mouvement est dit être dans
le temps en tant que mesuré par le temps, il énumère ensuite
les significations de « dans le temps », pour clarifier
10 | comment sont dans le temps les attributs temporels tels
que l'instant, l'antérieur et postérieur, etc., et comment le
sont les autres choses. En effet, être dans le temps signifie
deux choses : « l'une est exister quand le temps existe,
l'autre comme nous disons que certaines choses sont dans
le nombre [1] ». Et ceci se dit de deux façons : ou bien les
choses sont dans le nombre parce qu'elles sont une partie
ou une propriété du nombre, comme le deux ou l'impair
15 sont respectivement | une partie et une propriété, ou bien
parce qu'il y en a un nombre et qu'elles sont nombrées,
comme les dix chevaux et les dix bœufs sont dans le
nombre. Ainsi donc, puisque le temps est nombre, les
choses qui sont dans le temps le sont de la même façon
que celles qui sont dans le nombre. Par conséquent, l'instant
et l'antérieur sont dans le temps de la même manière que
l'unité et l'impair sont dans le nombre arithmétique ; car
les unes sont des parties ou des attributs du nombre, et les
20 autres du temps. | Quant au mouvement et aux autres choses
qui ne sont pas des parties ou des propriétés du temps,
elles sont dans le temps de la même manière que sont dans
le nombre les dix hommes, du fait d'être nombrés par lui.
De même donc que, de ce qui est dit dans le nombre de
cette façon, il y a toujours un nombre plus grand, ainsi
pour les choses qui sont dans le temps il y a toujours un
temps plus grand. Et ce parce que le temps est un certain
nombre. Et s'il en est ainsi, les choses qui sont dans le

1. 221a10-11.

temps | sont contenues par le temps, comme celles qui sont 25
dans le nombre sont contenues par le nombre et celles qui
sont dans le lieu par le lieu, et d'une manière générale
celles qui sont dans quelque chose qui en est le réceptacle.

Et vois comment Aristote a pensé ce que le temps
partage avec le lieu et le nombre, avant ceux qui l'ont
rendu plus tard manifeste, en donnant une signification
plus appropriée à l'expression « dans le temps ». | En effet, 30
dire que « être dans le temps » c'est « être quand le temps
existe » est une façon trop imprécise de dire l'être dans le
temps. Car à ce titre on pourrait dire aussi qu'est dans le
mouvement ce qui est immobile, si cela existe lorsque le
mouvement existe. Quelle différence y aurait-il entre cela
et dire que l'univers est dans un grain de millet, et d'une
manière générale que tout est dans tout, y compris le plus
grand dans le plus petit, puisque le grain de millet existe
pendant que l'univers existe ? | Mais exister simultanément **739**
est un accident de beaucoup de choses, que l'on exprime
par « lorsque » et « à ce moment », tandis qu'être l'un dans
l'autre signifie que l'un est contenu par l'autre ; et certes
il en résulte qu'ils existent simultanément, mais du fait
d'exister simultanément il ne résulte pas d'être l'un dans
l'autre, mais c'est parce qu'ils sont l'un dans l'autre qu'ils
existent simultanément, et parce que les deux sont | dans 5
le même temps. En revanche, les choses qui ne sont pas
dans le temps, même si elles existent quand le temps existe,
on ne dira pas qu'elles sont simultanées, parce que sont
simultanées les choses qui sont dans le même temps. Mais
il ne convient pas non plus d'utiliser à leur propos les
expressions « lorsque » et « à ce moment ».

Après avoir montré que les choses qui sont dites
proprement dans le temps le sont au sens de contenues par
le temps, de même que celles qui sont dans le nombre sont

10 contenues par le nombre, | il fournit un signe de
reconnaissance de ce qui est dans le temps de cette façon,
et en même temps il indique la cause de cette expression.
En effet, pour les choses qui sont proprement dans le temps,
il est toujours possible de saisir un temps plus grand que
leur existence. Ainsi elles seront contenues par le temps
et dites proprement dans le temps comme c'est le cas dans
le lieu et dans le nombre. « C'est pourquoi, dit Alexandre,
15 les choses éternelles ne sont pas dans le temps, car | le
temps ne contient pas leur existence. » S'il appelle éternelles
les mêmes choses éternelles que Platon a nommées dans
le *Timée* en disant à propos du modèle : « la nature du
vivant se trouvait éternelle [1] », il aurait raison ; car l'éternel
n'est pas dans le temps ni contenu par le temps. Mais s'il
appelle éternel ce qui existe durant tout le temps, il n'est
20 pas vrai que cela n'est pas dans le temps, si l'on | a posé
que ceci signifie seulement avoir son être dans le temps.
Telles sont les choses qui ont leur être dans le devenir et
n'existent pas tout entières d'un seul coup comme les
éternelles. Alexandre lui-même en témoigne en écrivant
dans la même phrase :

> Le mouvement, qui est éternel, est dans le temps, parce
> qu'il n'est pas réellement ni ne demeure le même
> numériquement, mais a son être dans le devenir. Se
25 > produisant constamment et étant toujours | autre, c'est
> ainsi qu'il est dans le temps.

Cependant, si les autres choses en devenir sont dans le
temps en raison de leur mouvement (c'est-à-dire en raison
de leur être), si certaines possèdent l'être inépuisable tout

---

1. Platon, *Timée*, 37b. Les deux termes *aiônios* et *aidios* sont utilisés
au sens propre de l'éternité, mais Simplicius semble éviter d'utiliser
aiônios pour la perpétuité. Voir la note à 704.5.

en existant dans le devenir, en changeant d'acte ou de qualité ou de lieu, rien n'empêche qu'elles soient dans le temps [1]. Mais être dans le temps ressemble en tous points à être dans le nombre, | du fait que le temps est aussi un 30 nombre ; en effet pour celles qui sont dans le nombre il est toujours possible de prendre un nombre plus grand, raison pour laquelle tout ce qui est nombré est dans un nombre fini ; or pour tout nombre fini il est possible de saisir un nombre plus grand, et c'est pourquoi le nombre augmentera à l'infini, de même que la grandeur diminue à l'infini [2]. Mais pour ce qui est dans le lieu, il n'est pas possible de prendre un lieu toujours plus grand. | En effet, qu'il soit 35 la limite du contenant ou la bonne disposition des choses distinguées, le lieu est circonscrit par le lieu ; et si le lieu | est l'intervalle, les corps partiels qui sont dans le lieu ont **740** toujours un lieu qui les excède, vers lequel souvent ils se déplacent ; mais le tout n'a plus de lieu plus grand, car le tout comprend tout le lieu [3]. Par conséquent, selon la signification complète du lieu, il est vrai de dire qu'il n'est pas possible, pour tout lieu, de saisir un lieu plus grand | comme c'est le cas pour tout temps et pour tout nombre. 5 Mais il a utilisé l'exemple du lieu seulement pour montrer que les choses qui sont dans le temps sont contenues par

1. Voir une justification de cette affirmation en 741.17-21.

2. Lorsqu'elle est divisée. Cet infini vers lequel tendent les nombres et les grandeurs n'est jamais actuel, jamais atteint, c'est pourquoi Aristote le dit seulement en puissance.

3. La première définition du lieu est celle d'Aristote, la deuxième celle de Damascius (*euthetismos*). L'affirmation que l'univers fini n'est pas dans un lieu est justifiée chez Aristote du fait que le lieu ne se conçoit qu'en termes d'inclusion, ce qui ne peut s'appliquer au tout fini, tandis qu'un tout infini pourrait être dans un lieu toujours plus grand (*Phys.* IV 5, 212b14-22). La troisième thèse est celle d'un espace indépendant des corps ; mais dans ce cas aussi le tout inclut à la fois l'espace et les corps.

le temps, de même que celles dans le lieu par le lieu.
L'ensemble du raisonnement est résumé ainsi par Alexandre :
les choses qui sont dans le temps sont dans le nombre ; des
choses qui sont dans le nombre il y a un nombre ; donc des
choses qui sont dans le temps il y a un nombre ; or des
10   choses | dont il y a un nombre, il y a un nombre plus grand,
car le nombre est de choses finies et de tout fini il est
possible de prendre un plus grand ; donc des choses qui
sont dans le temps il existe un nombre plus grand selon le
temps.

740.13 | « Il y a aussi une affection due au temps » jusqu'à « et le
mouvement défait ce qui est » (221a30-b3)

15 | Après avoir montré que ce qui est dans le temps est
contenu par le temps, et ce de telle manière qu'il y a du
temps avant cela et après cela, il expose ensuite que les
choses qui sont dans le temps « sont affectées par le temps »
car « nous avons coutume de dire que le temps consume,
que tout vieillit sous l'action du temps et que le temps
apporte l'oubli[1] », exprimant ainsi ce qui détruit l'existence,
20 | la vie et la connaissance. En effet, nous ne disons pas de
la même façon que « on a appris ou on est devenu jeune
ou beau » grâce au temps, et c'est pourquoi le temps semble
plutôt une cause de destruction, car il est le nombre du
mouvement et celui-ci est sortie de ce qui est et changement.
Par suite, il est logique que le temps, étant quelque chose
du mouvement, fait sortir ce qui est en lui de l'état où il
25   est et le fait changer, puisqu'il est le nombre du | changement
et de la sortie de chacun des étants qui se trouvent en lui.
Aristote a bien fait d'ajouter « plutôt » à « il est par lui-

1. 221b31-32.

même cause de destruction[1] », parce que le temps ne lui semble pas être la cause des affections absolument et par soi, mais seulement dans la mesure où être affecté est une propriété de toutes les choses qui sont dans le temps ; mais il est clair qu'il semblait être une cause non seulement de destruction mais aussi de naissance et d'apparition | à celui 30 qui a dit :

> Le temps, dans sa longueur innombrable,
> porte au jour toutes les choses invisibles et cache les visibles[2],

et une cause non seulement d'oubli mais aussi d'apprentissage :

> car le temps me fait savoir quelque chose.

| Voilà ce qu'il est possible de lui entendre dire. Quant à 741 Simonide, il a attribué au temps la plus grande sagesse, car il a dit qu'en lui nous trouvons et apprenons toutes choses, et Événos a rassemblé les deux opinions dans l'expression « le temps le plus sage et le plus ignorant[3] ». Aristote lui-même a dit, au livre III, que le mouvement est double, | l'un allant de la forme vers la privation et l'autre 5 de la privation vers la forme, et donc le mouvement ne fait pas seulement sortir de la forme mais aussi de la privation[4]. Mais il est plutôt cause de destruction pour cette raison que les choses qui naissent, même si elles semblent naître dans le temps, ne le semblent pas en tout cas sous l'effet

---

1. 221b1-2.
2. Sophocle, *Ajax*, v. 646-647.
3. L'allusion aux deux opinions contraires peut faire soupçonner une lacune entre la référence à Simonide et la citation d'Événos, comme par exemple l'opinion de Paron mentionnée par Aristote en 222b18 selon laquelle le temps est « très ignorant ».
4. *Phys.* III 1, 201a3-9.

du temps, puisqu'il est clair que la cause productrice est autre chose que le temps, par exemple le bâtisseur pour la
10 maison. En revanche, les choses qui disparaissent | ne semblent pas seulement se détruire dans le temps mais aussi sous l'effet du temps, lorsque aucune autre cause de la destruction de la maison n'est manifeste. De même, l'enseignant produit l'apprentissage mais, pour l'oubli, le temps semble suffire.

741.13 | « Par conséquent, il est manifeste que les choses qui existent toujours, en tant qu'existant toujours » jusque « ne sont en rien affectées par le temps parce qu'elles ne sont pas dans le temps » (221b3-7)

15 | Après avoir montré que sont dans le temps les choses pour lesquelles il est possible de saisir un temps plus grand, et que les choses qui sont dans le temps sont affectées par le temps, il en déduit comme un corollaire que « les choses qui existent toujours, en tant qu'existant toujours, ne sont pas dans le temps ». En effet, elles ne sont ni contenues par le temps, au sens où il serait possible de saisir un temps plus grand que leur être, ni affectées en quoi que ce soit par le temps ; et il a précisé « en tant qu'existant toujours »
20 | parce que c'est leur existence qui est égale au temps, tandis que leurs mouvements et changements sont dans le temps, du fait qu'il est possible de saisir un temps plus grand que chacun d'eux [1]. Qu'en est-il alors du mouvement éternel ? Car il sera montré que le transport circulaire est éternel. Est-il donc dans le temps ou non ? S'il n'est pas

---

1. Ceci justifie la proposition de 739.25-29, selon laquelle les choses qui ont une existence perpétuelle tout en subissant des changements sont dans le temps, alors qu'Aristote affirme qu'elles ne le sont pas. Simplicius y revient encore ci-dessous, 742.4-15, à propos de l'éther et des astres.

dans le temps, le temps n'est pas le nombre de tout mouvement ; mais s'il est dans le temps, comment peut être dans le temps ce qui n'est pas excédé par le temps ? | Ou bien c'est parce que le mouvement est toujours autre 25 et jamais le même numériquement qu'il est possible de saisir un temps plus grand que le mouvement considéré. Thémistius, quant à lui, propose :

> Même si le temps n'excède pas le mouvement ni ne le contient de cette façon, cependant, parce qu'ils se correspondent entre eux, s'étendant parallèlement, devenant autres ensemble et ayant besoin l'un de l'autre, pour cette raison le mouvement est dans le temps [1].

Cependant, on | pourrait dire que, si c'est pour cette raison, **742** le temps aussi sera dans le mouvement. Mais les choses dites éternelles par essence, celles qui sont toujours d'un seul coup tout entières, comme les intelligibles et véritablement étants, ont aussi leur acte toujours d'un seul coup tout entier et sont totalement au-delà du temps, mesurées par l'éternité. Quant à la substance céleste, il est évident qu'elle est substantiellement | immuable ; si donc 5 elle n'admet pas non plus d'altération, il est clair que, n'ayant aucun mouvement ni extension dans son être, elle sera aussi au-delà du temps. En effet, le temps est la mesure des choses qui deviennent, non de celles qui sont. Mais s'il y a en elles un accomplissement qu'elles se donnent mutuellement selon leurs différentes configurations, comme nous le voyons avec évidence dans le cas de la lune, | qui 10 devient chaque fois différente et est capable d'achever sa substance, il est clair que, à ces égards, elles seront mesurées

---

1. Thémistius, 155.27-29. Dans les manuscrits conservés de Thémistius, il manque la partie depuis « s'étendant » jusqu'à « l'un de l'autre ».

par le temps. Car ce qui participe au devenir doit avoir quelque chose qui d'une manière ou d'une autre naît et périt, mais pas nécessairement quant à la substance. Mais Aristote et ceux qui, s'inspirant de lui, ont toujours philosophé à partir des choses évidentes se satisfont de ce que la substance des corps célestes soit sans naissance et
15 au-delà du temps, tandis que leurs | mouvements sont temporalisés. Et sans doute vaut-il mieux dire que, pour les choses extrêmes comme celles qui sont totalement immobiles et celles qui sont totalement en changement, l'éternité est la mesure des unes et le temps des autres, tandis que, pour les choses intermédiaires comme l'âme et les corps éternels, il y a d'autres mesures, intermédiaires, qui n'ont pas reçu de noms[1].

742.19 | « Puisque le temps est la mesure du mouvement » jusqu'à
20 « mais | en tant que son mouvement est d'une certaine quantité » (221b7-20).

Ayant dit jusqu'ici que le temps est la mesure du mouvement, il ajoute en bonne logique que le temps est aussi la mesure du repos, du fait même qu'il l'est du mouvement. C'est ce qu'indique la conjonction de subordination « puisque ». Si, en effet, le repos est une privation de mouvement, et si les mêmes choses sont
25 capables de distinguer et de mesurer les possessions | et les privations, comme la vue la lumière et l'obscurité, l'ouïe le son et le silence, la règle le droit et le tordu, logiquement ce qui mesure le mouvement mesurera aussi sa privation, le repos. Mais ce sera par accident, car le temps mesure par soi le mouvement (car c'est en cela que

1. Voir le développement de cette théorie propre à Simplicius ci-dessous, 783.6-24.

consiste son essence), et il mesure aussi le repos par
accident, c'est-à-dire par | référence au mouvement. Il en 30
mesure la quantité qui n'a pas été mue, comme Aristote
le dira lui-même. En effet, il y a un certain temps durant
lequel ce qui est en repos est en repos, et par rapport auquel
il est possible de saisir un plus grand. Car on dit que sont
en repos les choses qui par nature peuvent aussi être mues.

Alexandre dit que le temps est le nombre du repos
parce que la privation du mouvement est un accident du
mouvement, dont le temps est le nombre par soi ; | mais **743**
Thémistius dit que c'est parce qu'il mesure un autre
mouvement. « Car la nuit est par soi mesure du déplacement
du soleil sous la terre, et par accident celle du repos des
animaux [1]. » On pourrait encore le dire autrement. En effet,
puisque tout repos se trouve entre deux mouvements que
le temps mesure par soi, | et qu'il a un premier instant qui 5
est la limite du mouvement précédent, et un dernier instant
qui est le début du deuxième mouvement, l'intervalle entre
les deux serait un temps capable de mesurer par accident
l'intervalle du repos intermédiaire, parce que c'est un
accident qu'il y ait un repos entre deux mouvements.

Mais comment le temps, qui trouve son essence dans
le fait d'être nombre et mesure du mouvement, mesure-t-il
le repos, | qui est privation du mouvement ? Car le repos 10
sera aussi mouvement si ce qui est mesuré par le temps
est mouvement. C'est donc pour réfuter cette objection
qu'il dit que ce qui est dans le temps n'est pas nécessairement
mû « car le temps n'est pas mouvement mais nombre du
mouvement [2] » et un certain attribut. Or il n'est pas vrai

1. Thémistius, 156.8-10. Autrement dit, aucun temps ne mesure
seulement un repos mais il mesure toujours un mouvement qui se passe
en plus de ce repos.
2. 221b10-11.

que, si quelque chose se trouve dans un attribut, cela se
trouve aussi dans ce à quoi appartient l'attribut[1]. Car, si
15 | quelque chose se trouve dans le jour, cela ne se trouve
pas de ce fait aussi dans le déplacement du soleil, du fait
que le jour est telle quantité de temps qui nombre telle
quantité de mouvement du soleil. Par conséquent, il n'est
pas nécessaire que le repos soit mû, et cela ne l'empêche
pas d'être dans le nombre du mouvement qu'est le temps.
Nous disons en effet que le malade est resté autant de temps
en repos. Et la règle, qui est par elle-même le critère des
20 choses droites, | juge aussi par accident les choses tordues.

Après avoir dit que ce qui est en repos est dans le temps,
il précise que ce qui est en repos n'est pas tout ce qui est
immobile. Si c'était le cas, en effet, le temps ne serait pas
mesure de tout repos, car il n'est certes pas mesure de
l'immobilité éternelle, puisqu'il n'en contient pas l'être.
Mais sont en repos, comme on l'a dit, les choses qui, par
25 nature aptes à se mouvoir, sont privées | du mouvement ;
et ce qui est par nature apte à se mouvoir ne possède pas
l'immobilité éternelle.

Ensuite, il établit ce qui est dans le temps : de même
que « être dans le nombre signifie qu'il existe un certain
nombre de la chose et que l'être de celle-ci est mesuré par
le nombre dans lequel elle est[2] », ainsi être dans le temps
signifie que l'être de la chose est mesuré par le temps. À
quoi il ajoute que le temps mesurera ce qui est en repos
30 | en tant qu'en repos, de même que ce qui est mû en tant
que mû. Cependant, il ne mesure pas le substrat mais le
mouvement et le repos des substrats. « Par conséquent, dit

1. Si le temps est un attribut du mouvement, et que le repos soit dans
le temps, cela n'entraîne pas que le repos soit dans le mouvement.
2. 221b14-16.

Alexandre, le temps mesurera aussi les mouvements des choses éternelles, mais non l'être de ces mus. » En outre, comme certains disent, à partir de ces paroles, que la définition donnée du temps est incomplète (car il devrait, | selon eux, être défini comme le nombre non seulement 35 du mouvement mais aussi du repos), Alexandre les réfute en disant :

> | Ils comprennent « nombre du mouvement » comme si **744** c'était équivalent à « mesure du mouvement ». De ce fait, ils estiment que, puisqu'il est aussi mesure du repos et non seulement du mouvement, il faut ajouter cela à la définition. Mais ce n'est pas la même chose. En effet, le temps n'a pas son être dans le fait de mesurer le mouvement, mais c'est là pour lui un accident ; son être | et son essence se trouvent dans le fait de nombrer, dans 5 le mouvement, l'antérieur et postérieur en tant qu'antérieur et postérieur, ce qui n'est pas possible dans le repos. En effet, l'être de celui-ci ne consiste pas dans le passage de quelque chose d'antérieur à quelque chose de second et qui vient après, comme c'est le cas pour le mouvement. Et cela, Aristote l'a montré clairement en disant « dans le nombre du mouvement peut aussi se trouver ce qui est en repos ; mais être dans | le nombre signifie qu'il y a un 10 certain nombre de la chose [1] ».

Ces paroles d'Alexandre me font me demander comment il peut dire que le repos n'a pas l'antérieur et postérieur comme le mouvement. Car, s'il ne l'avait pas, mais que l'instant antérieur touche le postérieur, il n'y aurait pas de conscience d'un temps dans le repos, de la même façon que dans le mouvement. Cependant, s'il y a l'antérieur et postérieur et le passage | de ceci vers cela, et que le posté- 15 rieur apparaisse alors que l'antérieur disparaît, comment

1. 221b11-12 ; 14-15.

le repos n'a-t-il pas aussi son être dans le devenir et comment un certain mouvement ne se manifestera-t-il pas aussi en lui ? La réponse est sans doute que le mouvement est double, d'une part celui qui est opposé au repos, d'autre part celui qui appartient aussi au repos en étant l'extension de son être. De même, en effet, que, pour toutes les autres choses
20 en devenir, | nous appelions tout à l'heure leur être « écoulement de l'existence », pour le repos aussi, l'être se trouve dans l'écoulement et l'extension. C'est pourquoi Aristote, quoiqu'il ait dit au début que le repos est mesuré par le temps par accident, affirmera cependant plus loin : « le temps mesurera le mû et ce qui est en repos, l'un en tant que mû et l'autre en tant qu'en repos ; car il mesurera
25 | de quelle quantité est leur mouvement et leur repos [1] », autrement dit il mesurera l'extension de chacun des deux selon leur être, c'est-à-dire selon le devenir et l'écoulement. Et c'est peut-être pour cette raison qu'il a dit que le repos est mesuré par le temps « par accident », parce que ce n'est pas absolument en tant que repos mais selon son être en devenir, de même que le mouvement et les autres sortes de choses sont temporalisés de cette façon. La seule
30 différence est que, puisque | pour le mouvement c'est la même chose que le mouvement et l'être du mouvement, logiquement le temps semble appartenir par soi au mouvement [2].

1. 221b16-19.
2. Simplicius est donc d'accord avec Alexandre sur le fait qu'à la définition du temps comme « nombre du mouvement » on ne doit pas ajouter « et du repos », et leurs explications, à première vue différentes, se rejoignent. Pour Alexandre, le repos est dépourvu d'antérieur et postérieur au sens de repères permettant de saisir un avant et un après. Pour Simplicius, le repos doit avoir un avant et un après puisque son existence a une extension (une durée). Cependant, de même que toutes les existences étendues, la sienne est mesurée par l'intermédiaire d'un

Et il est clair qu'il n'appelle pas le repos privation de mouvement au sens où le tordu est privation du droit et en général les choses contre nature de celles par nature, mais au sens où il disait que l'absence de la disposition naturelle est elle aussi naturelle, puisque, dans sa définition de la nature, il disait qu'elle est par soi principe et cause non | seulement du mouvement mais aussi du repos. Car 35 | la nature est aussi cause du repos. Et c'est peut-être aussi **745** pourquoi il ne l'a pas appelé « arrêt », parce qu'il voulait appeler d'un nom particulier l'arrêt vers lequel et à partir duquel se produit le mouvement. Par ailleurs, les choses qui demeurent toujours immobiles, comme les pôles et l'axe du tout, sont dites être statiques et non être en repos, car être en repos | convient à ce qui est parfois en mouvement. 5

| « Par conséquent, tout ce qui n'est ni en mouvement ni **745.6** en repos n'est pas dans le temps » jusqu'à « et le temps est mesure du mouvement et du repos » (221b20-23).

Après avoir dit ce qui est dans le temps, à savoir les choses mues et en repos, qui tantôt sont et tantôt ne sont pas et que le temps excède, | il montre ici ce qui n'est pas 10 dans le temps, à savoir « tout ce qui n'est ni en mouvement ni en repos », et ensuite que ne sont pas non plus dans le temps ce qui n'est absolument pas et ce qui est éternellement, au contraire de ces choses dont il y a naissance et destruction. Voici comment il montre que « tout ce qui n'est ni en mouvement ni en repos n'est pas dans le temps » : si le temps est la mesure du mouvement et du repos, ce qui

mouvement, tandis que seule celle du mouvement est mesurée directement parce qu'elle se confond avec le mouvement lui-même. Ainsi, l'explication rejoint celle d'Alexandre, selon laquelle le temps n'est essentiellement le nombre que du mouvement.

15 n'est ni en mouvement ni en repos | n'est pas dans le temps ;
or ne sont ni mues ni en repos les choses immobiles par
leur propre nature et bien sûr celles qui sont immobiles de
tout type de mouvement. Le syllogisme est de la deuxième
figure, comme suit : les choses qui sont dans le temps sont
mesurées par le temps ; celles qui ne sont ni mues ni en
repos ne sont pas mesurées par le temps ; et la conclusion

20 est que les choses ni mues ni | en repos ne sont pas dans
le temps[1]. La prémisse majeure est exprimée par : « être
dans le temps c'est être mesuré par le temps[2] » ; la mineure,
qui dit que ce qui n'est ni mû ni en repos n'est pas mesuré
par le temps, n'a pas été exprimée elle-même mais bien
celle qui la prépare en disant « et le temps est la mesure

25 du mouvement et du repos[3] », où il faut | entendre en outre
un « seulement » implicite, comme il a déjà été démontré[4].
Et s'il est la mesure seulement de cela, il est clairement
vrai que ce qui n'est ni mû ni en repos n'est pas mesuré
par le temps ; or puisque, parmi les étants, les uns sont
immobiles, les autres toujours mus, les autres encore tantôt
mus et tantôt en repos, il est clair que les absolument
immobiles ne sont pas dans le temps, tandis que ceux qui

30 sont toujours mus ou parfois mus et parfois en repos | sont
dans le temps. Quant à tout ce qui n'est ni éternellement

1. Le moyen terme est en position de prédicat dans les deux prémisses :
la majeure est une universelle affirmative : « Toutes les choses dans le
temps sont mesurées par le temps », la mineure une universelle négative :
« Aucune chose ni mue ni en repos n'est mesurée par le temps » et la
conclusion une universelle négative : « Donc aucune chose ni mue ni en
repos n'est dans le temps ».

2. 221b21-22.

3. 221b22-23.

4. Il faut que *seules* les choses mues et les choses en repos soient
mesurées par le temps pour pouvoir dire que les choses ni mues ni en
repos ne sont pas mesurées par le temps.

ni parfois mû, cela n'est pas dans le temps. Et il est clair que ceux qui sont parfois mus sont ceux qui sont aussi parfois en repos.

Mais comment le temps est-il mesure du mouvement et du repos ? | En effet, ceux qui disent qu'il est mesure du **746** mouvement par soi mais du repos en tant que privation de mouvement, disent logiquement qu'il est mesure de ceux-là seulement. Mais ceux qui disent que le temps est mesure du seul mouvement, et du repos seulement selon son existence et en observant sa mesure dans l'écoulement, il est clair que ce n'est pas du seul | repos mais aussi de toutes **5** les autres choses en devenir, qu'ils disent, comme il l'a dit lui-même, que le temps sera mesure selon l'existence. En effet, le temps est proprement la mesure du mouvement selon l'écoulement de l'existence, celui-ci étant propre au devenir [1]. Mais sans doute, puisque tout ce qui est en devenir est soit en mouvement soit en repos, il est vrai de dire que cela seulement est dans le temps.

| « Il est donc manifeste que tout le non-étant ne sera pas **746.10** non plus dans le temps » jusqu'à « et il y en a une naissance et une destruction » (221b23-222a9).

Il s'attarde encore à expliquer ce qui est dans le temps et ce qui ne l'est pas, et montre maintenant que ni les choses qui ne sont d'aucune façon ne sont dans le temps ni celles qui sont éternellement ni, en général, celles que le temps n'excède pas, mais seulement celles dont il y a | naissance **15**

---

1. Selon le raisonnement de la section précédente, le temps devrait être la mesure non seulement du mouvement et du repos, mais aussi de toutes les choses en devenir, puisque leur existence est en écoulement. Cependant, la définition les inclut puisqu'elles sont toujours soit en mouvement soit en repos, de sorte qu'elles sont toujours mesurées par le temps.

et destruction ; et par ces précisions il rend plus claire la conception qu'il a du temps. Il dit que tous les non-étants ne sont pas dans le temps, mais certains d'entre eux. Car, parmi les non-étants, les uns sont passés comme le poète Homère, les autres vont être comme l'éclipse, les autres à la fois sont passés et vont être, comme la guerre et l'éclipse. Il montrera que tout cela est dans le temps. Mais il y a

20 certains | non-étants dont il est impossible qu'ils soient, comme il est absolument impossible que la diagonale soit commensurable au côté[1]. Ceux-là donc ne sont pas dans le temps. Et il en ajoute la cause : puisque le temps est mesure du mouvement par soi « et des autres choses par accident[2] ». Ce qu'il appelle les autres choses sont le repos

25 lui-même et les choses mues et en repos, dont | le temps mesure aussi le repos « en mesurant, dit Alexandre, sur quelle quantité ne s'est pas mue la chose en repos » – et, selon moi, aussi l'extension de l'être du repos. Et c'est pourquoi il dit « par accident », parce que c'est par référence au mouvement. Cependant, les substrats du mouvement et du repos, le temps ne les mesure pas non plus eux-mêmes originellement, mais il est dit les mesurer par accident

30 parce que, | pour les choses mesurées par le temps grâce à leur mouvement et à leur repos, être mû ou être en repos est un accident du fait d'être un homme ou un cheval. Puisque donc le temps mesure seulement le mouvement et le repos, il est clair que les choses dont il mesure l'existence auront leur être dans le fait d'être mues ou en repos. Or telles sont les choses susceptibles de naître et

1. Le fait que le rapport entre la diagonale et le côté d'un carré ne constitue pas un nombre rationnel est l'exemple le plus fréquent d'une vérité mathématique chez Aristote ; elle était déjà devenue un lieu commun scolaire dans l'Académie.

2. 221b26-27.

d'être détruites et, en général, « tout ce qui tantôt est tantôt n'est pas [1] ». | C'est pourquoi aussi elles sont contenues 35 par le temps. Car « il y a un temps plus grand » | qui excède 747 « celui qui mesure leur existence [2] ». Parmi les non-étants donc, tous ceux qui sont tels qu'ils ont existé un jour ou existeront ou encore à la fois ont existé et existeront, de ceux-là le temps excède leur temps de non-existence. Car il y a aussi un temps dans lequel ils existaient ou existeront. C'est pourquoi ce type de non-étants sera | dans le temps. 5

Par ailleurs, après avoir dit « par exemple, l'une des choses à venir », il a ajouté « selon le côté où le temps les contient [3] ». En effet, pour celles qui ont existé, c'est par le temps passé dans lequel elles se sont trouvées, qu'est entouré leur non-être ou le temps qui le mesure ; c'est pourquoi les non-étants de ce type sont dans le temps. Et pour les choses qui existeront, c'est par le temps futur, car le temps dans lequel elles existeront, pris avec celui dans lequel | elles n'existent pas, est plus grand que celui dans 10 lequel elles n'existent pas. C'est pourquoi celles-là aussi sont dans le temps. Et toutes les choses qui à la fois étaient plus tôt et seront plus tard mais ne sont pas maintenant, comme l'éclipse ou le présage céleste ou la guerre, le temps de leur non-être est contenu des deux côtés : par le temps passé, parce qu'elles existaient en lui, et par le temps futur, parce qu'elles existeront en lui. Et chacun des deux sera plus grand que celui dans lequel elles n'étaient pas, | celui 15 qui inclut le temps passé et celui qui inclut le temps à venir.

1. 221b29.
2. 221b30-31.
3. 222a1-2 : l'expression suit les deux exemples, celui du passé et celui du futur.

C'est pourquoi, le non-être de ce type de choses est dans le temps aussi bien que leur être. Car le temps excède chacun des deux, et pour cette raison leur non-être est contenu par le temps et est dans le temps. Mais pour les choses dont l'existence est impossible, leur non-être n'est pas dans le temps. Quelles sont ces choses, il l'a déjà dit

20 par un exemple : | « comme le fait que la diagonale soit commensurable au côté[1] », mais maintenant il en rend compte aussi par une règle générale. En effet, les choses dont les opposés sont éternels, il est impossible qu'elles soient. Puisque donc c'est éternellement et nécessairement que la diagonale est incommensurable au côté, sa commensurabilité est impossible. Et, à l'inverse, quelles sont celles qui peuvent être et ne pas être, il en a rendu

25 compte par une règle | en disant « toutes celles dont les contraires ne sont pas toujours[2] » (mais évidemment sont parfois). Car si leurs contraires existaient toujours, elles-mêmes n'existeraient jamais, et si leurs contraires n'existaient pas, elles-mêmes existeraient toujours ; enfin, si leurs contraires tantôt existaient tantôt non, elles aussi seraient tantôt des étants tantôt des non-étants, qui naissent et sont détruits ; en effet, quand leurs contraires sont, elles

30 ne sont pas, et quand ils ne sont pas, | elles sont.

---

1. 221b24-25. Les théorèmes mathématiques sont les exemples par excellence d'étants éternels, même si pour Aristote ils n'existent pas indépendamment de l'univers sensible mais expriment des rapports réels entre les dimensions des corps. Il devait probablement considérer que leur formulation explicite est temporelle par accident, puisqu'elle se produit à un moment particulier d'une civilisation humaine.

2. 222a7. « Les contraires » sont au singulier dans le texte d'Aristote.

| « L'instant est la continuité du temps » jusqu'à « voilà **747.31**
donc l'une des significations du mot "instant"[1] » (13,
222a10-21).

À propos de l'instant, grâce auquel surtout le temps
semble exister[2], il propose d'en parler au sens propre et
au sens large, et d'abord au sens propre, | à propos duquel **35**
il a déjà dit que le temps est continu par l'instant et divisé
| en l'instant[3]. Il exposera plus longuement maintenant **748**
que l'instant est « la continuité du temps », c'est-à-dire ce
par quoi le temps est continu. Sont continues, en effet, les
choses dont les parties sont attachées en une frontière
commune, comme il sera montré au sixième livre de ce
traité[4]. Or c'est en | l'instant que les parties du temps, celle **5**
qui est passée et celle qui est future, sont attachées, et
l'instant est leur frontière commune en tant qu'il se trouve
dans chacune des deux. Et c'est en le saisissant ainsi que
l'instant rend le temps continu. Mais lorsqu'il est saisi et
considéré en tant que fin du passé et début du futur, au

---

1. Urmson suit l'Aldine qui termine le lemme avec la phrase
précédente : « mais leur être n'est pas le même ». Il estime que la phrase
« voilà donc l'une des significations du mot "instant" » constitue plutôt
le début du passage suivant, d'autant plus que Simplicius la répète au
lemme suivant. Cependant, on peut aussi considérer que Simplicius a
délibérément inscrit cette phrase comme conclusion du présent passage.
En l'absence d'un critère décisif, je conserve la leçon éditée par Diels à
partir des manuscrits E et F.
2. Référence à l'introduction de l'enquête et à l'opinion commune
selon laquelle le temps qui semble le plus exister est le présent. La
démonstration de la continuité, aussi bien dans la *Physique* que dans le
commentaire, se fonde d'abord sur l'instant présent, avant de généraliser
la fonction de limite à tout instant saisi dans l'extension du temps.
3. *Phys.* IV 11, 220a5 ; *cf.* ci-dessus, 727.2-3.
4. *Phys.* VI 1, 231a21-b18 : tout le chapitre est consacré à justifier
la continuité de la grandeur, du mouvement et du temps ; d'une manière
générale le livre VI est un complément indispensable du livre IV.

contraire il le divise. Car la même chose tantôt unit tantôt
divise, comme c'est aussi le cas pour le point sur la
10 | longueur. Car lui aussi rend continue la longueur lorsqu'on
le considère et le saisit comme un, et la divise lorsqu'on
s'en sert comme de deux, en disant qu'il est fin d'une partie
et début de l'autre. C'est ainsi que le comprend Alexandre,
estimant que la continuité est démontrée jusqu'à « car il
unifie le temps passé et futur [1] », et que la suite concerne
15 la division, du fait | qu'Aristote y dit l'instant début d'une
partie et fin de l'autre, quoique l'instant ne relie pas de la
même façon que dans le cas du point, en demeurant, car
l'instant du temps qui s'écoule ne demeure pas [2].

Comme il y a deux versions différentes, l'une comportant
« frontière du temps » et l'autre « limite du temps », les
deux expriment la même notion (car plus loin il appellera
la frontière commune limite et unification des deux), mais
20 le terme « frontière » est plus approprié | parce que nous
disons que sont continues les choses jointes en une frontière
commune [3]. Alexandre comprend « mais il divise en
puissance » comme se rapportant à la phrase précédente,
au sens de : ce n'est pas manifeste comme pour le point
qui demeure, mais l'instant divise en puissance. Son
interprétation se fonde sur l'argument suivant : Aristote

1. 222a11.
2. Paraphrase de 222a12-13. La description de cette interprétation
d'Alexandre se trouve quelques lignes plus bas, après une digression à
propos des manuscrits.
3. La traduction de *horos* par « frontière » sert uniquement à réserver
« limite » pour *peras*, plus souvent utilisé dans le contexte aristotélicien.
Les manuscrits de la *Physique* comportent *holôs peras* : « et en général
limite », précisé ensuite par « début de l'un et fin (*teleutè*) de l'autre ».
La leçon *horos* signalée par Simplicius ainsi que par Thémistius, est
peut-être une déformation du *holôs* qui accompagnait *peras*. Dans la
définition du continu au livre VI, 1, Aristote utilise le mot « extrémité »
(*eschaton*).

dit que l'instant divise le temps en puissance, c'est-à-dire
par la pensée ; car il ne divise pas en acte comme le point,
en possédant | une position, en demeurant et en révélant 25
les parties séparées ; en effet, en raison de l'écoulement
du temps, les parties du temps ne peuvent être révélées
demeurant à part l'une de l'autre. Et lorsque l'instant est
pris comme unifiant, il est le même aussi par l'énoncé et
pas seulement par le substrat ; en effet, il n'unifie pas le
temps en étant saisi par un énoncé toujours différent, mais
lorsque pour les deux | parties il a le même énoncé, parce 30
qu'il est la frontière commune aux deux. Ainsi, dit Aristote,
il en va de même pour l'instant « que pour les mathématiques [1] » : d'une part, en ce que nous prenons le point,
qui est le même selon le substrat, comme divisant la
longueur par l'énoncé et la pensée, en étant fin d'une partie
et début de l'autre, et nous le rendons multiple par l'énoncé
alors qu'il est le même par le substrat | (car l'énoncé est 35
autre pour le point pris comme fin et pour le point pris
comme début [2]) ; et d'autre part, dans la mesure où nous
le considérons comme un non seulement par le substrat
mais aussi | par l'énoncé, en tant qu'il rend continue la **749**
ligne, ainsi considéré il est de toute façon un, c'est-à-dire
pas seulement selon le substrat (ce qui était le cas aussi
pour le point qui divise) mais aussi selon l'énoncé.

On peut aussi, dit Alexandre, rattacher « par la pensée »
non à la division mais à | « autre » : le point qui divise 5

---

1. 222a15. Il s'agit des lignes mathématiques (*grammôn*).
2. Si l'on divise une ligne en un point, on décrira de deux façons ce
point, selon qu'on le considère comme la fin du premier segment ou
comme le début du segment suivant. C'est ce qui signifie qu'il est double
« par l'énoncé ». Mais, si la ligne reste continue, le point n'est pas
réellement dédoublé, et donc il reste un « par le substrat ».

est autre par la pensée, autrement dit il ne l'est pas par
le substrat [1].

Et ce qui appartient, en mathématiques, au point de la
ligne, appartient de même, en physique, à l'instant du
temps. D'une part, en effet, il est saisi par la pensée comme
divisant le temps, en quelque sorte en puissance ; car ce
n'est pas en étant en acte et en demeurant, mais de cette
même façon, que le point capable d'une division dans la
10 ligne, | lorsqu'il est pensé deux fois, est deux en puissance,
mais il devient deux en acte lorsque les parties de la ligne
sont séparées l'une de l'autre ; et l'instant est en puissance
en quelque sorte semblable à lui, lorsque chacun des deux
est saisi deux fois par la pensée. Car il ne devient jamais
en acte, puisqu'il ne demeure pas. Ou bien, dit Alexandre,
« en puissance » signifie que, par une certaine puissance
de l'énoncé, ce qui est un par le substrat devient deux par
l'énoncé.
15 | D'une part donc, l'instant divise de cette façon, et d'autre
part il est saisi comme limite, c'est-à-dire comme frontière
et unification des deux parties, étant semblablement dans
les deux. Lorsqu'en effet il a le même énoncé pour les
deux, alors il les unifie et les rend une. Ainsi c'est au même
point et au même instant que se font la division
et la continuité dans la longueur et dans le temps. Mais
l'énoncé n'est pas le même pour ce qui unifie et pour ce

---

1. 222a16-17. Les éditeurs de la *Physique* ponctuent différemment
la phrase : « car le point n'est pas toujours le même par la pensée ; il est
autre quand les lignes sont divisées, mais en tant que la ligne est une, il
est de toute façon le même ». Les deux possibilités retenues par Alexandre
impliquent que la division de la ligne ne se fait que par la pensée, ce qui
est le cas si on considère la ligne abstraite et non une ligne tracée, qu'on
pourrait diviser réellement. Il est cependant difficile de concilier ce choix
avec l'affirmation d'Alexandre que le point divise en acte (ci-dessus,
748.24). D'après la première comparaison entre le point, l'instant et le
transporté, en 220a5-21, le point semble bien diviser en acte puisqu'il
produit un arrêt dans le mouvement.

qui | divise, puisque le premier est un et le même non 20
seulement par le substrat mais aussi par l'énoncé, tandis
que le second est pris comme deux par l'énoncé.

Pourquoi donc a-t-il utilisé la division et la continuité
des grandeurs mathématiques comme exemple et non celles
des grandeurs physiques ? Car la théorie est vraie aussi
pour elles. La réponse est qu'il a eu recours aux mathé-
matiques d'abord parce que l'instant proprement dit | est 25
sans parties, or le point mathématique est sans parties,
mais pas le point physique ; ensuite en raison du fait que
leur division se fait seulement par la pensée, comme il le
dit de celle du temps. Car dans les grandeurs physiques
une telle division est possible aussi en réalité. Et peut-être
est-elle possible aussi dans le temps, si l'on pense aux
délimitations naturelles des parties du temps telles que le
jour et | la nuit, les mois et les années, comme c'est le cas 30
aussi pour le mouvement [1]. Car, pour celui-ci aussi, je
pense qu'il existe des délimitations naturelles dont les unes
viennent des substrats, les autres de la différence même
dans le mouvement.

| « Voilà donc l'une des significations du mot "instant" » **749.33**
jusqu'à « et donc le temps ne cessera jamais, car il est
toujours au début » (222a20-b7) [2].

| Après avoir parlé de l'instant au sens propre, qui, étant 35
inétendu et indivisible, unifie et divise le temps, il expose
les autres significations | de l'instant, qu'on utilise **750**

---

1. Simplicius semble comprendre la division en acte non pas comme
un arrêt dans le temps (ce qui est de toute façon physiquement impossible),
mais comme une distinction naturelle, et non arbitraire comme le sont
toutes celles que peut établir notre pensée en n'importe quel instant.

2. Ce lemme devrait s'arrêter à « pas proches de l'instant proprement
dit mais lointains » (222a24), le lemme suivant reprenant depuis cette
ligne jusqu'en 222b7.

habituellement mais plus au sens propre. Car le temps
voisin de cet instant-là du côté du passé et du côté du futur,
du fait qu'il est proche de l'instant lui-même, est lui aussi
appelé de ce nom en raison de son voisinage avec l'instant
proprement dit. Ainsi nous disons qu'arrivera à l'instant
5 quelqu'un qui viendra aujourd'hui, et | qu'arrive à l'instant
celui qui est arrivé depuis peu ; en revanche, « ce qui s'est
passé à Troie ne s'est pas passé à l'instant, pas plus que le
déluge, et pourtant le temps est continu », mais les
événements d'alors n'étaient pas proches de l'instant
proprement dit mais lointains.

750.8 | « L'expression "à un certain moment" est un temps défini »
jusqu'à « car il est toujours au début » (222a24-b7).

10 | Ensuite il entreprendra d'enseigner à propos de
l'expression « à un certain moment » et de toutes les autres
qui ont un sens temporel. En même temps qu'il explique
les expressions en relation avec l'instant, il vise en outre
à montrer par là qu'on ne peut saisir aucun temps infini ;
il dit donc que « l'expression "à un certain moment" est
un temps défini par rapport à l'instant antérieur » et à
l'instant postérieur, « par exemple "Troie a été prise a un
15 certain moment"[1] ». | Nous disons cela pour indiquer qu'il
y a un certain écart à partir de l'instant présent jusqu'à
l'instant passé, qui est le moment auquel Troie a été prise ;

---

1. 222a24-25 et 25-26. Les mots « et à l'instant postérieur » sont
ajoutés par Simplicius, pour rendre compte symétriquement de l'exemple
du passé et de l'exemple du futur : le premier est un moment défini par
rapport au présent comme postérieur, et le second par rapport au présent
comme antérieur. Il est cependant plus probable que « l'instant antérieur »
signifie l'instant *au sens antérieur*, c'est-à-dire le présent indivisible
(*cf.* ci-dessous, 752.1). Quelle que soit la lecture qu'on choisisse, « à un
certain moment » signifie : dans un passé ou un futur éloigné du présent
par une certaine quantité limitée de temps.

et il en va de même pour le futur, car nous disons « à un certain moment il y aura un déluge [1] ».

Après quoi il lui restera à montrer que tout temps que l'on saisit est limité. En effet, tout temps peut être qualifié de « à un certain moment ». C'est ce que signifie la proposition « s'il n'existe aucun temps qui ne soit pas à un certain moment [2] », | à savoir non pas que le temps était 20 ou sera à un certain moment, mais qu'il n'existe aucun temps qui n'admette la qualification de « à un certain moment ». Si donc tout temps est à un certain moment, et si tout ce qui est à un certain moment est limité (ce qui a été montré), tout temps est limité. Mais même si le temps saisi est limité, il n'en résulte pas qu'il doive s'arrêter, mais il sera toujours, puisque c'est le cas du mouvement dont le temps est le nombre. Or, que le mouvement ne doive à aucun moment faire défaut, | il le montrera à la fin 25 du traité [3]. Cependant, si le temps est aussi mesure du repos, il semblera que, même sans mouvement, il y aura du temps. Alexandre réfute cette objection en disant : « le temps certes mesure aussi le repos, mais son être et son essence sont dans le mouvement ». C'est de celui-ci en effet qu'il est le nombre, comme il a déjà été démontré. Rappelons donc encore | qu'il ne fallait pas penser le temps comme 30 le nombre du mouvement opposé au repos, mais comme celui du mouvement qui se trouve dans le repos et dans tout ce qui a son existence dans le devenir grâce à l'extension

1. 222a26.
2. 222a29-30. Chez Aristote il s'agit non d'une affirmation mais d'une hypothèse suivie du mode potentiel : « tout temps *serait* limité », la suite montrant que ce n'est pas le cas puisque le mouvement ne s'arrête jamais. Simplicius introduit un contraste entre le temps réel de l'univers, qui est infini, et le temps que nous pouvons saisir, qui est toujours limité.
3. *Phys*. VIII 1, 251a8-252a5. La démonstration est résumée ci-dessous, 751.6-32.

de l'être mesurée par lui. On pourrait aussi dire que son être et son existence sont dans le mouvement, parce que,

751 mesurant le premier et le plus important des | mouvements, le transport circulaire, il mesure aussi les autres mouvements grâce à celui-là.

À la question de savoir si le temps, puisqu'il ne fait jamais défaut, est le même ou toujours autre, il répond ici aussi que, comme pour le mouvement, le même advient

5 encore et encore, | numériquement toujours autre mais le même par l'espèce ; car c'est ainsi qu'il l'affirme pour le mouvement. Par ailleurs, que le temps est toujours autre et ne s'arrêtera jamais, il le montre clairement grâce à l'instant. En effet, puisque le même instant présent, en tant que présent (et non simplement en tant que limite) est à la fois début et fin d'un temps, début du futur et fin du passé,

10 et que ceux-ci se trouvent | dans le même instant comme le convexe et le concave sont au même point du cercle, il est clair qu'il est fin et début de temps différents, car c'est ainsi qu'il divise le temps. Et il est impossible que le même instant soit début et fin du même temps ; car les opposés (qu'il appelle plus couramment « les contraires »[1]) seraient ensemble la même chose. (Il se pourrait cependant que le début et la fin soient d'une certaine façon des contraires

15 | et ne s'opposent pas seulement comme des relatifs, et le temps est alors ce qui possède les contraires. Si, en effet, ce dont l'instant est la fin, c'est le passé, et ce dont il est le début, c'est le futur, si on prend le même instant comme fin et début, le même temps serait à la fois passé et futur,

---

1. Parmi les espèces d'opposés, « début » et « fin » ne sont pas proprement des contraires mais des relatifs (cf. *Métaphysique* Δ 10, 1018a20) ; Simplicius suppose donc qu'Aristote parle ici d'une façon courante et non technique.

ce qui constitue une contrariété dans le temps [1].) Si donc
il n'est pas début et fin du même temps, mais fin du passé
et début | du futur, nécessairement le futur sera autre que   20
le passé. Et pour cette raison le temps ne s'arrêtera jamais,
du fait que l'instant présent, en tant même qu'il est fin, est
aussi début : fin du passé et début du futur. Il y aura donc
toujours un futur. Car, puisqu'il y a un début, il doit y avoir
ce dont il est le début, et il n'y aura pas d'interruption.
Quant au fait que rien n'empêche | le même instant d'être   25
fin et début, et en général d'être les contraires, considéré
selon l'une et l'autre relation, il l'a montré sur la périphérie
du cercle, sur laquelle tout point considéré est à la fois
concave et convexe, selon l'une et l'autre relation, et il
n'est pas possible que l'un des deux se trouve sur la ligne
du cercle et pas l'autre. Ainsi donc, à nouveau, l'instant
considéré au sens propre | est à la fois fin et début selon   30
la relation entre les différents temps ; car le temps présent,
en tant que présent, est le milieu entre le passé et le futur.

| « L'expression "tout à l'heure" est la partie proche de   **751.33**
l'instant actuel » jusqu'à « parce que c'est trop loin du
présent » (222b7-12).

| L'expression « tout à l'heure » est aussi temporelle,   35
de même que « à un certain moment ». Elle est définie
| elle aussi à partir de l'instant indivisible, mais pas de   **752**
celui entendu au sens large. En effet, nous disons « tout à
l'heure » pour ce qui est proche, des deux côtés, de l'instant
présent, car on dit qu'une chose s'est passée ou aura lieu

---

1. Le même instant pourrait être à la fois les contraires en tant qu'il
est à la fois passé et futur. Cette hypothèse se heurte cependant au fait
que la limite n'est pas une partie du limité, de sorte que l'instant n'est
lui-même ni passé ni futur.

tout à l'heure lorsqu'elle s'est passée peu de temps avant
ou aura lieu peu de temps après. Par exemple, si on nous
demande « Quand te promènes-tu ? », nous répondons
5 « tout à l'heure » et | « je me suis promené tout à l'heure »
lorsque le temps est proche de l'instant présent. En revanche,
pour les événements survenus longtemps avant, personne
ne dit « tout à l'heure » ; par exemple, personne ne dit que
« Troie a été détruite tout à l'heure [1] », puisqu'elle a été
détruite il y a longtemps, car « tout à l'heure » veut dire
« proche du présent ».

752.9 | « "Tout juste" désigne aussi ce qui est proche de l'instant
10 actuel » jusqu'à « si le | temps est proche de l'instant
présent » (222b12-14).

Il dit que « tout juste » désigne aussi une partie
temporelle du temps passé proche de l'instant présent : si
on nous demande « Quand es-tu arrivé ? », nous répondons
« tout juste », si le temps où nous sommes arrivés est
proche de cet instant. Aristote comprend « tout juste »
15 comme s'il se disait seulement du passé, comme | le montre
aussi son exemple, tandis qu'Alexandre et Aspasius
affirment qu'il se dit aussi du futur : si on nous demande
quand quelqu'un arrivera, nous répondons « tout juste »
s'il doit arriver immédiatement. « Ainsi, dit Alexandre,
"tout juste" ne diffère en rien de "tout à l'heure", si ce
n'est par le mot ». Mais selon Aristote « tout à l'heure »
se dit des deux côtés tandis que « tout juste » se dit du
20 passé, et | c'est en cela qu'ils semblent différer. « Mais
"tout à l'heure" et "tout juste" ne différeront pas non plus,
dit Alexandre, de l'instant dit à propos du temps et au sens
large, qui est proche de l'instant proprement dit ; c'est

1. 222b10-11.

pourquoi il l'a appelé ainsi, afin, dit-il, que l'instant dit au sens large, ainsi que les expressions "tout à l'heure" et "tout juste", indiquent le même temps [1] ». Quant à Aspasius, il dit que l'instant indique le plus fortement ce qui est proche. | Il est probable cependant que l'instant dit au sens 25 large ait reçu cette appellation du fait qu'il est proche de l'instant proprement dit, tandis que « tout à l'heure », outre la proximité, possède le sens d'un achèvement, même s'il se dit du temps à venir ; enfin, « tout juste » désigne manifestement ce qui est nouveau, et peut-être pourrait-il aussi se dire du futur mais il est surtout habituel de | l'utiliser 30 pour le passé.

| « Au contraire, "jadis" exprime le temps éloigné » (222b14)   **752.31**

Nous disons « jadis » pour la partie du temps éloignée de l'instant dans le passé, opposée à « tout juste », en rassemblant dans un seul mot autant de signification que dans chacune des expressions précédentes.

| « Enfin, "soudain" signifie : dans un temps insaisissable   **753.1** par sa petitesse » (222b14-15).

« Soudain » requiert les éléments suivants : ce qui, en peu de temps, se produit tout entier d'un seul coup, au sens où ce que nous disons soudain semble être atemporel ; et ce qui, en raison | du peu de temps et de l'intensité du 5 mouvement de l'événement, fait que nous n'avons pas de sensation de son extension temporelle. Ainsi donc, nous disons que l'éclair se produit soudain parce que la lumière éclatante arrive d'un seul coup, en peu de temps et de façon

---

1. L'expression propre de l'instant présent (*tou parontos nun*) se trouve en 222b12-13, selon Alexandre pour le distinguer des trois autres expressions qui seraient équivalentes entre elles.

intense, sans qu'on l'ait sentie arriver ni qu'on s'y soit
habitué. C'est pourquoi aussi même les plus courageux
sont alarmés par les événements soudains.

10   Alexandre se demande | comment il peut parler d'un
temps insensible par sa petitesse, alors que dans le traité
Sur le sens et les sensibles il affirme qu'aucun temps n'est
insensible par sa propre nature [1].

> Probablement, dit-il, puisque le temps est jugé sensible
> ou insensible par une affection sensible ou insensible,
> lorsque nous ne pouvons avoir de saisie d'un événement
15 > en raison de la rapidité de son | mouvement et du peu de
> temps pendant lequel il s'est produit ou modifié, alors le
> temps qui le concerne peut être insensible de cette façon,
> mais pas insensible absolument ; il est en effet possible
> que pendant ce temps on sente, si pas cela, quelque chose
> d'autre. Nous avons en tout cas pendant ce temps-là
> conscience de nous-mêmes qui existons et sentons ; car
> il n'est pas possible de saisir un temps dans lequel nous
> ne serons pas capables d'avoir conscience que nous
20 > existons. | Par conséquent, au sens strict ce temps court
> sera sensible, quoique insensible pour cet événement-ci
> que nous disons s'être produit soudain, au sens où, du
> fait de l'insensibilité du mouvement, le temps dans lequel
> a lieu ce mouvement est aussi dit insensible. Ou bien,
> plus familièrement, ajoute-t-il, il vient d'appeler « temps »
> la limite du temps qu'est l'instant, qui est insensible par

---

1. *De sensu et sensibilibus*, 448a24-b17. La démonstration d'Aristote
dans ce passage, que rappelle ici Alexandre, consiste à dire que, puisque
nous avons conscience de notre propre existence lorsque nous sentons
quelque chose dans un temps continu, si une partie de ce temps n'était
pas sensible, pendant ce temps nous n'aurions pas conscience d'exister,
ce qui est impossible. On trouve également dans l'*Éthique à Nicomaque*
(1170a32-b1) l'affirmation que la conscience d'exister repose sur la
conscience de sentir ou de penser (*cf.* A. Stevens, « Consciousness and
Temporality : how Sartre renews Aristotle », *Aristotle on Logic and
Nature*, éd. J.-I. Linden, Leuven, Peeters, 2019, p. 257-270.

sa propre nature ; car il a l'habitude | de l'appeler 25
également temps [1]. Les choses donc qui se passent en
l'instant (la limite des changements se trouve en lui, ainsi
que ce qui se produit non temporellement) se passent
dans un instant insensible, et elles sont dites soudaines,
car on a pris l'habitude d'appliquer le mot « soudain »
aux choses qui se passent soudain.

Dans certains manuscrits il est écrit « <ce qui est sorti d'un
état dans un temps insensible> [2] par sa petitesse », au sens
de « ce qui a été mû ».

| « Tout changement est par nature apte à faire sortir d'un 753.30
état » jusqu'à « mais par accident ce changement-là aussi
se produit dans le temps » (222b16-27).

Après l'analyse des expressions temporelles « à
l'instant », « à un certain moment », | « tout à l'heure », 754
« récemment », « jadis », « soudain », il développe
davantage ce qu'il avait signalé précédemment, que le
temps est plutôt cause de destruction que de génération, et
il ajoute que, même de destruction, il n'est pas cause par
soi. Posant comme prémisse, en effet, que tout changement
est apte à faire sortir d'un état, il l'utilise un peu plus loin
pour sa démonstration ; | mais pour le moment il dit que, 5

1. Il arrive à Aristote de citer le présent parmi les temps au même
titre que le passé et le futur, mais c'est seulement lorsqu'il évoque son
sens courant ; dès lors qu'il considère l'instant comme une limite, il exclut
qu'il soit du temps. Les deux affirmations sont donc incompatibles et
l'hypothèse d'Alexandre est tout à fait improbable.

2. Diels ajoute « ce qui est sorti d'un état » (*to ekstan*), à partir de
la plupart des manuscrits de la *Physique* ; le terme est évidemment
nécessaire, car les seuls mots « par sa petitesse » ne constituent pas une
variante par rapport au lemme, et il faut un terme équivalent à « ce qui
a été mû ». Par ailleurs, le français exige aussi d'exprimer ce qui précède :
« dans un temps insensible ».

puisque toutes les choses qui adviennent ou sont détruites
le font dans le temps, il est logique que certains aient dit
le temps très savant et d'autres très ignorant. Simonide l'a
dit très savant, parce que l'on acquiert la connaissance
grâce au temps, et le pythagoricien Paron très ignorant,
parce qu'on oublie à cause du temps [1]. Ce dernier semble
10 être celui auquel | Eudème fait allusion sans dire son nom,
lorsqu'il rapporte que, Simonide ayant fait à Olympie
l'éloge de la sagesse du temps parce qu'en lui on devient
savant et on se souvient, un sophiste présent répondit :
« Eh quoi, Simonide, est-ce que nous n'oublions pas plutôt
avec le temps ? » Peut-être que chez Aristote aussi, dans
l'expression « le pythagoricien Paron », « paron » n'est
15 pas un nom propre mais | un participe : il dit alors que le
pythagoricien présent [2] a répondu, à Simonide qui disait
le temps très sage, qu'il était très ignorant.

C'est donc lui qui semble parler le plus correctement,
car « tout changement est par nature apte à faire sortir d'un
état. » « Il est donc clair que » le temps est « davantage
cause par soi de destruction que de génération, comme il
a été dit précédemment [3] ». En effet, le mouvement et le
20 changement font par soi | sortir ce qui existait avant et,
puisque les choses qui sortent de leur propre substance se
changent en d'autres choses, c'est ainsi que le mouvement
semble être une cause de génération par accident. Si donc
le temps est le nombre du mouvement et du changement,
et que ceux-ci soient par soi causes de destruction, le temps

1. Aristote écrit « on oublie *en* lui » (222b18-19) et non « à cause
de lui ». Il nomme le pythagoricien Paron mais ne fait pas référence à
Simonide, disant simplement « les uns le disaient très savant ».

2. « *Parôn* » signifie en effet « présent ». Il y a une différence d'accent
entre le participe et le nom propre, mais les manuscrits anciens ne
contenaient pas les accents.

3. 222b16 ; b19-21.

aussi est par soi cause de destruction, puisqu'il est le
nombre du mouvement. | Il donne pour preuve de 25
l'exactitude de ces propos que, pour les choses qui
adviennent, le temps ne suffit pas à leur génération mais
il faut en outre un certain acte par lequel elles adviennent,
comme une technique ou une nature, un enseignement ou
une action, tandis que pour les choses qui sont détruites,
le temps suffit à lui seul pour leur destruction, même si
aucune cause ne s'y ajoute de l'extérieur, par exemple
pour les choses qui fondent et pourrissent | avec le temps, 30
dont nous disons habituellement qu'elles sont affectées
par le temps. Telle est donc la destruction qui a lieu sous
l'effet du temps.

Après cela cependant, il ajoute ce pour quoi il avait
repris ses propos précédents, à savoir que le temps ne
produit même pas par soi la destruction, « mais par accident
ce changement-là aussi se produit dans le temps ». Quelle
est dès lors la cause de la destruction ? | La nature de chaque 755
chose, disent les commentateurs, et la matière sous-jacente.
En effet, les mesures de chacune des choses en devenir
sont déterminées par la nature, en ce qui concerne leur
croissance, leur maturité et leur déclin. Pour la croissance
et la maturité, il est généralement reconnu que la cause est
la nature. Mais quelle est la cause de leur destruction ? Car
nous disons | qu'elles ont réellement une nature mortelle. 5
La réponse est que la nature proprement dite, productrice
et motrice, est le principe de génération pour les corps et
essentiellement la cause de leur être. C'est pourquoi, dit
Aristote au deuxième livre de ce traité, le poète a été ridicule
de dire :

Il atteint la fin pour laquelle il est né [1]

1. *Phys.* II, 2, 194a31-32. Nous ne savons pas de quel poète il s'agit
(un des manuscrits de la *Physique* mentionne Euripide).

10 | car la nature ne vise pas la destruction comme fin, mais
la génération et l'être. Cependant, la génération des choses
périssables étant telle que, pour l'une qui naît une autre
est forcément détruite, les destructions existent parallèlement
aux générations ainsi que les mouvements qui les
caractérisent à côté des mouvements créateurs. Or ce qui
est par nature périssable, nous disons que c'est naturellement
matériel et inachevé. Quant à la cause de la destruction,
15 si on la cherchait, | c'est la nature de la matière sublunaire,
qui n'est pas capable de retenir toujours les formes, et la
dispersion par relâchement des contraires d'ici, qui ne
peuvent coexister entre eux comme dans leur cause première
intellective. Si donc cela est vrai, le temps serait lui aussi
essentiellement cause de génération, et en un sens second
de destruction. Aristote, cependant, prenant ici encore
20 | pour exemples les causes qui apparaissent le plus
évidemment, rend le temps plutôt responsable de la
destruction. Car il a lui-même ajouté « plutôt », puisque
nous avons appris, vers la fin des propos sur le vide, qu'il
considérait la matière comme la cause de tout changement,
du fait qu'elle se prête le mieux aux contraires[1]. Mais
comment le temps, s'il est mesure, peut-il être dit cause
de génération et de destruction ? Peut-être parce que la

---

1. *Phys.* IV, 9, 217a21-33. Dans ce passage comme ailleurs, la matière
n'est que l'une des quatre conditions nécessaires pour que se produise
un changement. Résultant, en effet, de la séparation logique de la forme
et de la cause motrice, elle est par elle-même dépourvue de toute
dynamique. Simplicius ne peut s'empêcher ici de juger suivant la
perspective néoplatonicienne, qui considère la matière comme la cause
de tout éloignement des déterminations positives vers les négatives. Par
ailleurs, tout cet effort de justification de l'affirmation que le temps est
plutôt cause de destruction n'est pas vraiment nécessaire, puisque c'était
une référence à un jugement courant (« nous avons l'habitude ») qu'Aristote
en définitive refusait, comme Simplicius l'a déjà signalé (754.3, 33-34).

mesure est aussi quelque chose qui | achève : de même   25
qu'être de trois coudées ou de quatre coudées achève la
grandeur, ainsi arriver à telle ou telle quantité de temps
achève l'extension de la génération ou de la destruction.

| « Que donc le temps est » jusqu'à « a été dit »   **755.28**
(222b27-29)

Il semble que l'existence du temps n'a pas été démontrée,
mais qu'au contraire au | début des propos sur le temps il   30
a été défendu avec force qu'il n'existe pas. Cependant,
lors de la démonstration de l'essence du temps, en raisonnant
sur un étant dont nous avons une notion, Aristote a du
même coup démontré son existence. Il la démontrera encore
dans la suite immédiate, lorsqu'il montrera que tout
changement et tout mû sont mus dans le temps, et que
l'antérieur et postérieur est dans le temps.

| « Tout cela étant ainsi défini » jusqu'à « il est manifeste   **756.1**
que tout changement et tout mouvement sont dans le
temps » (14, 222b30-223a15).

Après avoir dit, un peu avant, que tout advient et est
détruit dans le temps, il propose maintenant de le montrer
par une démonstration plus générale, à savoir que « tout
| changement et tout mouvement » se produit « dans le   5
temps [1] » ; car cette démonstration est également propre à
l'enquête sur le temps. Il confirme aussi ce qu'il avait
démontré auparavant, que le temps est davantage cause
de destruction que de génération. L'argument est rassemblé
dans un syllogisme de la première figure : tout mouvement
possède l'antérieur et postérieur ; ce qui possède l'antérieur

1. 222b30-31 ; 223a14-15.

10 et postérieur est dans le temps ; | d'où il s'ensuit que tout
mouvement est dans le temps [1]. Mais puisque les prémisses
ne sont pas évidentes, il a prouvé chacune, et d'abord la
mineure de la manière suivante : tout mouvement possède
le plus rapide et le plus lent, car pour tout mouvement il
est possible d'être mû plus rapidement ou plus lentement ;
or tout ce qui possède le plus rapide et le plus lent possède
l'antérieur et le postérieur, car c'est par eux qu'on définit
15 le plus rapide et le plus lent : | nous disons plus rapide ce
qui change plus tôt vers où se dirige le mouvement, et plus
lent ce qui change plus tard. La conclusion sera correcte
si l'on considère la même espèce de mouvement (par
exemple celui selon le lieu), une distance égale et de même
type (par exemple une circulaire ou une droite), et un
mouvement uniforme. Car si l'un se meut de manière non
20 uniforme et l'autre de manière uniforme, il se peut | que
le mû plus rapide arrive plus tard au terme du mouvement.
La figure du substrat du mouvement fait aussi une différence,
si l'une est rectiligne et l'autre circulaire.

Quant à la prémisse majeure, qui dit que l'antérieur et
postérieur est dans le temps, il l'a montrée par le fait que
l'antérieur et le postérieur se disent selon l'écart par rapport
25 à l'instant. Est antérieur, en effet, | ce qui est plus éloigné
de l'instant présent dans le passé, et postérieur ce qui est
plus proche de l'instant, tandis que dans le futur c'est
l'inverse : est antérieur ce qui est plus proche de l'instant
et postérieur ce qui en est plus éloigné. Par conséquent,
l'antérieur et le postérieur ont leur être « selon l'écart par
rapport à l'instant ; car l'instant est la limite du passé et

---

1. Le syllogisme de la première figure est celui dont le moyen terme
est prédicat dans la majeure et sujet dans la mineure ; les trois propositions
sont ici des universelles affirmatives.

du futur, si bien que, puisque l'instant est dans le temps, | l'antérieur et postérieur aussi est dans le temps ; car là où 30 est l'instant est aussi l'écart par rapport à l'instant [1] » c'est-à-dire l'antérieur et postérieur. Si donc tout mouvement possède l'antérieur et le postérieur, et que ceux-ci soient dans le temps, tout mouvement est dans le temps, chacune des deux prémisses étant considérée comme vraie. En effet, qu'il ait posé les prémisses qui conviennent à la démonstration, celle qui dit correctement | que tout 35 mouvement possède l'antérieur et postérieur, et celle qui dit | que l'antérieur et postérieur est dans le temps, il l'a 757 montré en ajoutant après la démonstration : « Par conséquent, puisque l'antérieur est dans le temps, et qu'il accompagne tout mouvement, il est manifeste que tout changement et tout mouvement sont dans le temps [2] » (« accompagner » signifiant « suivre et être attribué à »).

| « Il est important d'examiner aussi comment se situe le 757.5 temps » jusqu'à « ensemble en puissance et en acte » (223a16-21).

Il s'est proposé d'examiner deux choses dans ce passage : d'abord, comment le temps se situe par rapport à l'âme, c'est-à-dire si le temps peut exister alors que l'âme n'existe pas, autrement dit si le nombré peut exister sans qu'existe le nombrant, | puisque l'âme est le nombrant 10 (mais, alors qu'il l'a présentée d'abord, il entreprendra son développement plus tard) ; et ensuite, pourquoi le temps semble être partout, à la fois sur la terre, sur la mer et dans le ciel. Il indique donc d'abord la cause de ceci, à savoir

1. 223a5-8 (légères variantes dans la citation par rapport au texte d'Aristote).
2. 223a13-15.

que le temps, étant le nombre du mouvement, en est une
sorte de possession ou d'affection, si bien qu'il est un
15 attribut inséparable du mouvement ; et d'ailleurs | le nombre
semble se trouver dans les nombrés et être possédé par
eux. Puisque donc toutes ces choses dans lesquelles le
temps est dit se trouver, comme la terre, la mer et le ciel,
sont des corps, que tout corps est dans un lieu, que ce qui
est dans un lieu est mobile soit en entier soit en ses parties,
que le mobile possède, avec le mouvement, l'attribut du
mouvement qu'est le temps en tant qu'affection ou
possession ; logiquement, sur la terre, sur la mer et dans
20 le ciel, | où se trouve le mouvement, se trouve aussi le
temps. Après avoir rassemblé succinctement tout cela, il
a ajouté : « le temps et le mouvement sont ensemble en
puissance et en acte ». Ayant dit, en effet, que le temps
coexiste avec le mouvement partout où se trouve le
mouvement, il ajoute que le temps est disposé de la même
façon que le mouvement à chaque fois : si le mouvement
est en puissance, le temps aussi est en puissance, et s'il est
25 | en acte, le temps aussi est en acte. Et c'est pourquoi aussi,
dans l'exposé du raisonnement, il a appelé les choses qui
sont dans le lieu « mobiles » et non « mues », pour englober
à la fois celles qui sont en puissance et celles qui sont en
acte. Car on appelle « mobile » à la fois ce qui est mû et
ce qui par nature peut être mû, par exemple ce qui est en
repos, comme le dit Alexandre. Et il appelle le temps
« affection » du mouvement au sens d'attribut, comme le
30 nombre est une affection des nombrés, | et « possession »
parce qu'il est possédé par le mouvement.

Mais s'il appelle ici « mû en puissance » ce qui est en
repos, comme l'a compris Alexandre, et si là où se trouve
le mouvement en puissance le temps y est aussi, il est clair

que dans ce qui est en repos le temps serait aussi en puissance. Or, il a été dit que non seulement les choses mues mais aussi les choses en repos étaient dans le temps en acte ; car le temps est aussi mesure du repos en | acte, 35 parce que l'être du repos, de même que celui du mouvement, | est mesuré par le temps. Peut-être donc ne faut-il pas **758** comprendre, en ce qui concerne le temps, que les choses mues en puissance sont celles en repos, mais celles qui ne sont pas encore entrées dans la génération mais peuvent être générées[1]. Car si le temps était le nombre du mouvement de génération, et que soient mues de celui-ci même les choses dites en repos, il est clair que le mouvement | serait 5 aussi en elles en acte ainsi que le temps qui mesure ce mouvement[2]. Mais puisque Alexandre a compris que le repos est par accident dans le temps[3], il pourrait dire que le mouvement est par soi dans le temps, tantôt en puissance quand on le considère dans la chose en repos, tantôt en acte, dans la chose désormais en mouvement.

Alexandre rapporte une autre version, | transformée 10 peut-être en raison de la difficulté mentionnée : « le lieu et le mouvement sont ensemble en puissance et en acte[4] », pour confirmer que sont mues les choses citées (terre, mer, ciel) en ajoutant ce qui est dit ici, que les choses qui sont

1. En effet, comme elles n'existent pas encore, elles ne sont pas encore dans le temps, mais, comme elles existent en puissance, elles sont aussi en puissance dans le temps.

2. On ne peut pas dire que sont en repos les choses en train d'être générées, car en tant que générées elles sont dans le changement et dans le temps.

3. *Cf.* ci-dessus, 744.1-10.

4. Dans cette version, à la ligne 223a20, *chronos* (le temps) est remplacé par *topos* (le lieu). On la trouve dans un seul des manuscrits de la *Physique* et elle est manifestement une erreur.

en acte dans le lieu sont mues en acte et par soi, tandis que celles qui sont dans le lieu en puissance, comme les parties
15 d'un tout, sont aussi mobiles en puissance. La preuve | donc que le mouvement appartient aux choses qui sont dans le lieu est que chaque chose participe au mouvement de la même façon qu'elle participe au lieu : si c'est en puissance, en puissance, et si c'est en acte, en acte.

Mais la difficulté surgit facilement de savoir comment le temps est dans le ciel, qui n'est pas dans le lieu, s'il est vrai que seules les choses qui sont dans le lieu sont mues et que seules les choses mues sont dans le temps. Alexandre en est conscient et la résout en disant :

20   Que le temps soit dans le ciel, | même si celui-ci n'est pas dans le lieu, c'est évident ; car il est toujours mû, et là où il y a mouvement, il y a temps. Mais pour les autres choses, qui ne sont pas toujours mues, il avait besoin du lieu pour montrer, parce qu'elles étaient dans le lieu, qu'elles étaient aussi mues, tandis que le corps divin n'avait pas besoin de démonstration de sa mobilité ; car son mouvement éternel est manifeste et évident.

25 Voilà donc selon ses propres termes ce qu'Alexandre | a écrit. Cependant, si le ciel est mû du mouvement circulaire, il est clair que ce mouvement est selon le lieu et non selon une autre sorte de mouvement, or ce qui est mû selon le lieu est aussi dans le lieu [1].

---

1. Autrement dit, la distinction d'Alexandre ne serait pas nécessaire car la démonstration de l'être en mouvement par l'être dans le lieu est valable aussi pour le ciel. Cependant cette assimilation est incompatible avec la théorie d'Aristote en *Physique* VIII, selon laquelle la sphère de l'univers est en déplacement circulaire sans être dans un lieu, car pour se mouvoir sur soi-même il n'est pas nécessaire d'être dans un lieu.

| « Sans l'existence de l'âme, le temps existerait-il ? »   **758.28**
jusqu'à « le temps est ceux-ci en tant qu'ils sont nombrables »
(223a21-29).

| Revenant à l'autre question, qu'il avait mentionnée   30
d'abord en se demandant « comment le temps se situe par
rapport à l'âme », il la reprend ici de façon plus claire. On
cherche, en effet, si, sans l'existence de l'âme, | le temps   **759**
existerait ou non. Puisqu'il semble logique que les relatifs
existent et disparaissent ensemble (par exemple, sans la
droite il n'y a pas non plus la gauche), et puisque ce qui
peut nombrer et ce qui peut être nombré sont des relatifs ;
puisque l'âme est ce qui peut nombrer, ou plutôt l'intelligence
de l'âme (car nous ne nombrons pas par la partie affective
mais | par la raison), et le temps ce qui peut être nombré,   5
si bien que, sans l'existence de l'âme, le temps semble ne
pas exister non plus ; et puisqu'il a opposé ce qui nombrera
au nombrable, et qu'il faut aussi, dit-on, lui opposer ce qui
peut nombrer (c'est la même chose que ce qui peut nombrer
et ce qui nombrera, l'un étant dit selon la puissance, et
l'autre selon le temps futur, qui indique à nouveau le temps
en puissance, comme aussi c'est la même chose que le
nombrable et ce qui sera nombré), | il a ajouté que le nombre   10
est soit le nombré soit le nombrable, car nous appelons
« nombre » soit ce qui est déjà nombré soit ce qui peut
être nombré, par exemple : la foule des soldats est nombrable
parce qu'elle peut être nombrée, et par ailleurs ce qui a été
nombré est nombrable. Si donc il n'y a pas de nombrable,
il n'y a pas non plus de nombre. Par conséquent, le
raisonnement complet se fait par le rassemblement de trois
étapes : sans | ce qui nombrera, pas de nombrable ; sans   15
nombrable, pas de nombre comme nombrable ; si donc ce
qui nombrera est l'âme grâce à son intelligence, et si le
temps est nombre, sans l'âme il n'y aura pas de temps.

Boéthos [1] objecte à ce raisonnement que rien n'empêche le nombrable d'exister même sans le nombrant, de même 20 que le sensible sans | le sentant. Quant à Alexandre, il a exposé l'objection en plusieurs étapes et en a apporté la solution en suivant Aristote.

> Il vaut la peine de chercher, dit-il, comment est valide la proposition que, sans l'existence de ce qui nombrera, le nombrable n'existera pas non plus. En effet, que le nombrable n'existe pas, ni le nombré en tant que nombré, sans l'existence du nombrant, admettons que ce soit 25 logique si l'être du nombre se trouve dans | le fait d'être nombré ; cependant, le nombrable lui-même, susceptible d'être nombré, comme des hommes ou des chevaux, ne semble pas disparaître avec le nombrant. Et en tout cas l'antérieur et postérieur qui sont nombrables dans le mouvement, Aristote lui-même montre qu'ils peuvent exister même sans l'existence de l'âme, si du moins le mouvement peut exister sans l'existence de l'âme.

Il dit donc pour résoudre la difficulté :

> Ou bien le nombrable n'existera pas, mais ce qui a pour 30 | attribut d'être nombrable existera, par exemple des chevaux ou des hommes, mais pas le nombrable en tant que nombrable ; car aussi bien pour les autres relatifs, si la droite se trouvait ne pas exister, celui qui était plus à gauche, par exemple Socrate, existera, mais il ne sera **760** pas plus à gauche. | Si donc l'antérieur et postérieur, en tant que nombrables, étaient le temps nombrable, sans l'existence de ce qui nombrera, il n'y aurait pas de temps. Mais le substrat du temps, qui était le mouvement, rien n'empêche qu'il existe.

---

1. Boéthos de Sidon, cité par Thémistius, 160.26-27.

Cette solution est fournie succinctement par Aristote dans l'expression : « à moins que ce soit ce que le temps est à un certain moment[1] » ; | car rien n'empêche qu'existe le   5 substrat du temps ou du nombrable même sans l'existence de l'âme, si d'une manière générale le mouvement peut exister sans l'âme, mais le temps n'existera pas. En effet, si les choses en acte se disent relativement aux choses en acte, et celles en puissance à celles en puissance, s'il est impossible qu'existe ce qui nombrera, il sera impossible aussi qu'existe le nombrable, si du moins le nombrable est ce qui peut être nombré. Car | si la couleur demeure   10 alors que la faculté de sentir a disparu, la couleur n'existera pas en tant que visible, mais seulement en tant que couleur.

Par ailleurs, c'est très justement qu'il a ajouté « s'il est possible que le mouvement existe sans une âme[2] ». Dans la mesure, en effet, où l'on considère l'opposition des relatifs et où l'on fait disparaître l'âme par une expérience de pensée, même si le temps n'existe pas, rien n'empêche que le mouvement existe. Mais si le mouvement ne peut exister sans | une âme, non seulement le temps mais aussi   15 le mouvement seront supprimés si l'âme n'existe pas ; car si le transport circulaire, auquel les autres mouvements et changements doivent leur existence, est causé par l'intelligence et grâce au désir, comme Alexandre le reconnaît aussi, alors, si l'on supprime l'âme, on supprime aussi tout mouvement[3]. En effet, le mouvement local vient

1. 223a26-27. Sur cette expression, *cf.* ci-dessus, 712.25, et la note.
2. 223a27-28.
3. Référence à la théorie aristotélicienne des moteurs des sphères d'éther, qui sont identifiés à des pensées toujours en acte (*noûs* ou *noèsis*) en *Métaphysique*, Λ 7-9. Il n'est pas certain, cependant, que ces pensées doivent être considérées comme des âmes, et encore moins que les sphères d'éther possèdent une âme désirante.

du transport circulaire, puisque les changements mutuels
20 entre les corps simples | viennent de lui (suivant la pesanteur
et la légèreté)[1], et le mouvement local est naturel tandis
que le mouvement contre nature est postérieur au naturel ;
enfin, le mouvement naturel des animaux a pour cause leur
propre âme et le transport circulaire, « car un homme
engendre un homme, ainsi que le soleil[2] ». Par conséquent,
même le changement selon la génération a pour cause le
25 transport circulaire ; et même ceux selon | l'altération, la
croissance et la décroissance viennent de lui, car le
rapprochement et l'éloignement du soleil constituent la
cause majeure de ces changements.

1. Aristote n'explique pas la pesanteur et la légèreté des corps simples
par l'effet des rotations célestes, mais par l'opposition entre le centre et
la périphérie de la sphère et par une propriété essentielle de tout corps
vis-à-vis de ces lieux opposés ; il en résulte que, même sans rotation de
la sphère, les corps auraient tendance à rejoindre le centre ou la périphérie.
Cependant, pour qu'ils doivent les rejoindre, il faut qu'ils en soient
d'abord écartés, et c'est pourquoi Simplicius ajoute que le mouvement
contre nature, qui les écarte de leur lieu naturel, est postérieur au
mouvement naturel, de sorte que d'autres mouvements sont nécessaires
pour contraindre les corps à s'écarter de leur lieu naturel, et ce sont ces
mouvements-là qui dépendent ultimement des rotations célestes. C'est
sans doute le cas pour les phénomènes météorologiques dus aux frottements
entre les sphères d'éther, ou pour les interventions d'animaux (car la
génération des vivants dépend du retour périodique du soleil), mais c'est
moins évident, par exemple, pour les mouvements telluriques. Aristote
n'a jamais fourni un système complet de dépendances.

2. *Phys.* II 2, 194b13. Expression récurrente pour exprimer que le
soleil est l'une des causes motrices de la reproduction des êtres vivants
dans la mesure où il commande le cycle des saisons (cf. *Métaphys.* Λ 5,
1071a13-17 : « la cause de l'homme est, d'une part, les éléments feu et
terre comme matière, la forme propre, et en outre quelque chose d'extérieur
comme le père, et à côté de cela le soleil et le cercle oblique, qui ne sont
ni matière ni forme ni privation ni de la même forme que l'homme, mais
sont moteurs » ; voir aussi *De la génération et la corruption* II 10,
336a15-b24). Chacune de ces « causes » exprime donc une condition
nécessaire mais non suffisante.

Cela étant dit, il est intéressant de savoir, je pense, que, si ce qui nombre est supprimé, le temps est supprimé en tant que nombre nombrable mais, en tant qu'antérieur et postérieur selon l'extension de l'existence du mouvement, | il n'est pas supprimé ; or c'est en cela que consiste le 30 temps. Car être nombrable est un attribut qui lui vient de l'antérieur et postérieur. Cependant, si l'âme est supprimée, elle qui est le principe de la génération et de tout le mouvement de la génération, avec lequel coexiste le temps, le temps sera également supprimé. En bonne logique, donc, Aristote dit que, si est supprimée l'âme en tant que nombrante, le temps sera supprimé en tant que nombrable, | mais si elle est supprimée en tant que principe de génération 35 et de mouvement, | il montre que le mouvement et la **761** génération seront supprimés aussi, par les mots : « s'il peut y avoir du mouvement sans âme [1] ». Et non seulement, du fait que le mouvement est supprimé, le temps est supprimé avec lui, étant quelque chose du mouvement, mais aussi, considéré en lui-même, parce qu'il a son être dans le devenir, il sera supprimé si l'âme est supprimée, elle qui | était la cause de toute génération et de tout mouvement. 5 Et vois comme ici aussi Aristote s'est exprimé en accord avec son maître, en disant « s'il est possible que le mouvement existe sans l'âme », c'est-à-dire sans ce qui

---

1. Pour Simplicius, cette restriction est une allusion au rôle, beaucoup plus crucial, de l'âme cosmique qui, selon le *Timée*, donne le mouvement à la sphère externe de l'univers et, par son intermédiaire, à l'ensemble des étants qui en font partie. Mais il est beaucoup plus probable que la conditionnelle « s'il peut y avoir du mouvement sans âme » signifie « s'il peut y avoir du mouvement non produit par les êtres animés », à quoi la réponse ne peut être que « oui » puisque de nombreux mouvements naturels sont produits par les corps inanimés. Par ailleurs, la réponse explicite d'Aristote consiste à dire que ce qui est en puissance nombrable ne doit pas nécessairement être nombré en acte.

meut, tandis que celui-là disait que l'âme est, pour toutes les autres choses mues, « la source et le principe du mouvement [1] », et que de ce principe prend naissance tout le devenir.

761.10 | « On pourrait se demander aussi de quel mouvement le temps est nombre » jusqu'à « c'est pourquoi il est nombre du mouvement continu en général, mais pas de l'un en particulier » (223a29-b1).

Après avoir montré que le temps est le nombre du mouvement et avoir jusqu'ici parlé surtout du mouvement
15 local (car c'est à celui-ci que s'appliquait | la mesure du mouvement par la grandeur et l'affirmation que « nous disons que la route est longue si le voyage est long, et que celui-ci est long si la route est longue [2] »), puisqu'il y a plusieurs espèces de mouvement (selon le lieu, selon la qualité et selon la quantité), et que la génération et la destruction sont des changements selon la substance, qui certes ne sont pas des mouvements, comme il le dira de manière manifestement plus correcte au livre suivant [3],
20 | mais dans lesquels on constate aussi l'antérieur et postérieur et la participation au temps, il est logique qu'il déclare utile de se demander duquel de ces mouvements le temps est nombre. Et il répond que ce n'est pas d'un tel en particulier, en tant que particulier, mais de n'importe quel mouvement. Car ce n'est pas en tant que destruction ou altération ou quelque autre changement que le temps en
25 est le nombre, | mais il est nombre du mouvement ou du changement en tant que tel, ce qui est commun à tous les mouvements mentionnés. Le temps est donc le nombre de

---

1. Platon, *Phèdre*, 245c9.
2. 220b29-31 ; ci-dessus 733.33-734.2.
3. *Phys.* V 2.

tout mouvement de la même façon, car en tous on constate l'antérieur et postérieur, qui, en tant que nombré, est le temps [1]. En tant donc qu'il est le nombre du mouvement en général, et non en tant que tel particulier, le mouvement est dans le temps. Mais après avoir dit avec raison que le temps est le nombre du mouvement, | il a ajouté « du 30 continu mais pas de l'un en particulier », car c'est en tant que le mouvement est continu qu'il possède l'antérieur et postérieur nombré selon le temps ; | car si on le prend **762** comme discret, il n'est pas mesuré par le temps mais par un nombre ; en effet, les mouvements sont deux, trois ou plusieurs lorsqu'on les mesure par le nombre arithmétique : si l'un est une altération, l'autre une destruction et l'autre une croissance, sans aucune continuité entre eux, cela fera trois mouvements. Mais en tant que | chacun d'eux est 5 continu, les antérieurs et postérieurs qui s'y trouvent sont mesurés non plus par le nombre arithmétique, mais par le temps.

Alexandre dit que l'antérieur et postérieur de tout mouvement fournit son être au temps, en tant que le mouvement est continu et suit la grandeur sur laquelle il se produit, dans laquelle en premier se trouve l'antérieur et postérieur. Il faut donc leur poser la question, | à lui et 10 à Aristote, que je pense avoir exprimée brièvement et que Thémistius pose plus longuement :

> Si l'antérieur et postérieur est d'abord dans la grandeur
> et la distance sur laquelle se produit le mouvement, et
> ensuite dans le mouvement et dans le temps, comment

---

1. Je ne retiens pas la mise entre parenthèses par Diels de « car en tous on constate l'antérieur et postérieur » ; il est plus probable, en effet, que « *hoper arithmoumenon* » est la suite directe de « *to proteron kai husteron* », puisque Aristote vient de dire que le temps est ceux-ci « en tant que nombrables » (223a29).

l'antérieur et postérieur se trouvent-ils dans la croissance
et l'altération ? Car celles-ci ne se produisent par sur une
15   distance | ni ne vont d'un point de départ à un point
d'arrivée, mais c'est tout entier que le corps s'échauffe
peu à peu, et tout entier qu'il grandit et se gèle. Dans ces
cas donc, d'où le temps tirera-t-il l'antérieur et postérieur,
comme il le reçoit, dans le déplacement, de la distance
et de la position ? Et comment, n'ayant pas l'antérieur et
postérieur, possédera-t-il le nombre qui leur correspond ?
On pourrait répondre que dans la croissance se trouve le
20   point de départ et d'arrivée, | car ce changement va du
lieu plus petit vers le lieu plus grand. Mais que dirons-
nous pour l'altération et la génération et la destruction ?
D'où le mouvement et le temps tireront-ils encore
l'antérieur et postérieur ? Ainsi donc, ou bien le temps
mesure essentiellement seulement le mouvement local,
ou bien, s'il mesure aussi essentiellement les autres, il
n'a pas besoin de l'antérieur et postérieur par la position
25   pour avoir lui-même | l'antérieur et postérieur [1].

Mais puisque Thémistius a manifestement mis au jour la
difficulté, en exhortant à plusieurs reprises d'examiner à
fond ces propos et de ne pas les accepter sans les avoir
mis à l'épreuve, rien ne m'empêche sans doute de formuler
maintenant ma propre conjecture après la difficulté et de
la soumettre à l'examen de ceux qui la rencontrent. Je
30 pense que l'antérieur et postérieur, | qui est indicatif d'un
ordre, se divise en, d'une part, celui selon le temps, qui
existe grâce au nombre et à l'ordre des multiples instants
qui délimitent le temps, et, d'autre part, celui qu'on observe
dans la position suivant un ordre. Ce dernier est double :

---

1. Thémistius p. 161.29-162.11. La deuxième solution suggérée est
la bonne, et c'est aussi celle que Simplicius va développer au paragraphe
suivant, à savoir que l'antérieur et postérieur du temps et du mouvement
est indépendant des repères spatiaux.

l'un est dans la grandeur (au sens où l'antérieur est la partie de la route d'où nous partons | et le postérieur celle vers **763** laquelle nous allons), l'autre est dans le nombre, et ce de deux manières, soit dans le nombrant arithmétique (au sens où nous disons que le un est antérieur au deux et le deux au trois), soit dans le nombré participé, comme nous disons que les intelligibles sont antérieurs aux sensibles et cette colonne-ci à celle-là [1] – car | il semble que même **5** les incorporels aient une position, si l'on entend la position par métaphore. Il y a encore une troisième signification de l'antérieur et postérieur, dans les actes et les mouvements, d'une part suivant le nombre des limites qui délimitent le mouvement, que nous appelons « achèvements de mouvement » par analogie avec les points de la ligne et les instants du temps, d'autre part suivant les parties mêmes du mouvement, | qui est continu par lui-même. Mais le **10** mouvement dans le lieu, recevant en lui l'antérieur et postérieur selon la position dans le lieu, fait correspondre celui-ci avec son propre antérieur et postérieur en tant que limite et en tant que partie, lorsque nous appelons « antérieur » le mouvement des coureurs du côté des préposés au départ, et postérieur celui à l'extrémité du stade [2]. Et c'est cet | antérieur et postérieur par la position **15**

1. La première division distingue la position dans une quantité continue (la grandeur) et dans une quantité discrète (le nombre); la seconde la distingue dans le nombre nombrant et dans le nombre nombré (dit ici « participé », *methektos*, c'est-à-dire possédé par des sujets).

2. L'antérieur et postérieur selon la position définit le début et la fin de la course par la partie du stade d'où elle commence et celle où elle se termine. Mais, même sans ces repères locaux, le début et la fin de la course sont définis comme des limites et des parties du mouvement total. Donc le mouvement n'a pas besoin du lieu pour avoir l'antérieur et postérieur, mais, lorsque les repères locaux s'y trouvent en plus, ils correspondent à ceux du mouvement lui-même.

qui est propre au mouvement local. Mais à celui-ci comme
aux autres mouvements qui ont leur être dans le devenir,
le temps donne l'antérieur et postérieur à partir de lui-
même, en l'adaptant à l'antérieur et postérieur du
mouvement. En effet, les instants qui délimitent le temps,
en s'appliquant aux limites du mouvement, délimitent le
mouvement par le temps. C'est ainsi que le temps est
20 mesure du mouvement. | Car c'est en adaptant l'antérieur
et postérieur du mouvement suivant le sien propre qu'il
mesure le mouvement par le temps. De cette façon, le
mouvement devient aussi mesure du temps, lorsque, les
antérieurs et postérieurs propres au mouvement s'adaptant
à ceux du temps, ils délimitent le temps par le mouvement.
25 Et ainsi la grandeur locale | ne mesure pas tout le mouvement
mais seulement le local, lorsque l'antérieur et postérieur
du lieu suivant la position s'adapte à ceux du mouvement.
Mais si Aristote utilise la mesure du mouvement par la
grandeur comme quelque chose de commun, c'est
logiquement parce qu'il est plus clair de l'utiliser. C'est
pourquoi aussi il a poursuivi la plus grande partie de son
raisonnement comme s'il portait sur le mouvement local.

763.30 | « Mais il est possible qu'une autre chose [1] soit mue
maintenant » jusqu'à « le nombre est un et le même partout
pour des mouvements égaux et simultanés » (223b1-12).

Il pose une difficulté qui résulte de ce qui vient d'être
dit sur le temps, et en même temps il juge utile de développer
davantage ce qu'il a dit souvent, à savoir que le même
temps est partout à la fois. La difficulté est celle-ci : si le
35 temps est le nombre du mouvement, | et si le mouvement

---

1. La majorité des manuscrits de la *Physique* ont ici *alla* et non *allo*,
le pluriel étant manifestement requis pour la suite de la phrase. L'Aldine
a corrigé d'après Aristote.

est dans le mû, comme nous l'avons appris, et le temps dans | le mouvement, il y aurait autant de temps que de **764** mus et de mouvements; donc plusieurs temps existeront à la fois sans être l'un contenant et l'autre contenu – car dans ce cas il n'y aurait rien d'étrange. Pour résoudre la difficulté, il dit donc qu'il n'en est pas ainsi, car plusieurs temps n'adviennent pas à la fois mais tout temps égal dans le présent | est ensemble le même et numériquement un, **5** tandis que sont les mêmes « par l'espèce ceux qui ne sont pas ensemble [1] », c'est-à-dire le passé par rapport au futur. Cela étant dit, il explique comment, alors que les mouvements sont multiples, le temps est pourtant un en étant le nombre du mouvement. De même en effet que, pour le nombre arithmétique, le nombre n'est pas divisé avec la diversité des nombrés, par exemple : si les nombrés sont des chevaux et des chiens | et qu'ils soient dans les **10** deux cas sept, eux-mêmes diffèrent entre eux mais le nombre sept est le même dans les deux cas (car ce n'est pas en tant qu'ils diffèrent qu'ils ont le même nombre, mais selon leur quantité, qui leur est commune); il en va de même aussi pour les mouvements et pour le temps qui en est le nombre. En effet, l'instant est le même pour tous et numériquement un, même si l'un des mouvements est un transport et l'autre une altération. Et | pour tous l'instant **15** est ce qui est nombré et pris comme antérieur et postérieur, de sorte que, si celui-ci est le même pour tous, logiquement le temps aussi est le même pour tous. Si le temps était d'une autre façon un attribut des mouvements, comme le blanc et le chaud, logiquement il se diviserait avec eux;

---

1. *Phys.* IV, 14, 223b4. La précision « dans le présent » n'est pas chez Aristote, et elle ne semble pas nécessaire car le raisonnement vaut aussi bien pour des temps simultanés dans le passé ou dans le futur (voir ci-dessus 731.7-9 et la note).

mais puisqu'il en est le nombre nombré et la quantité, rien
20 n'empêche que cela soit identique | lorsqu'ils sont plusieurs,
de même que, dans le nombre arithmétique, le nombre
nombré est le même, par exemple autant, même si les
choses nombrées sont plusieurs et différentes entre elles.
Ainsi donc, pour des mouvements simultanés, le temps
est le même, mais pas la vitesse ni le lieu ; car ce n'est pas
suivant la vitesse et la lenteur ni suivant les différentes
espèces de mouvements que les mouvements nombrés
25 | produisent le temps (par exemple, si l'un est une altération,
un autre un transport et un autre une croissance), mais
seulement suivant l'antérieur et le postérieur, qui sont les
mêmes pour tous les mouvements simultanés et qui, ainsi
considérés, sont des instants. Si donc les instants par
lesquels nous nombrons le temps sont les mêmes, le temps
qui est délimité et entouré par les instants sera aussi le
même. De même, en effet, que la différence entre des
30 choses mues selon le lieu, | si elle concerne autre chose,
par exemple la couleur ou le goût, et non ce qui les fait se
mouvoir, comme la légèreté ou la pesanteur, cette différence
ne crée pas de différence de mouvement, ainsi les différences
de mouvements ne créent pas de différence de temps,
puisque le temps n'est pas leur nombre en tant qu'ils
diffèrent mais suivant l'antérieur et postérieur en eux,
qu'ils ont sans différence, car le nombre de ceux-ci est
sans différence.

35 | Le nombre, dit Alexandre, ne fait pas partie des propriétés
du nombré ; par conséquent, le temps, qui est nombre,
ne se trouve pas de cette façon dans le mouvement. Pas
765   davantage, en effet, | le nom n'appartient à ce dont il est
le nom de la même façon que le blanc, et c'est pourquoi
le nom est numériquement le même à la fois pour plusieurs
choses, comme le nombre, tandis que le blanc n'est pas
numériquement le même dans plusieurs choses.

Alexandre a également ajouté ceci pour montrer que le temps, sans être dans le mouvement à la façon d'un nombre qui se diviserait | avec lui, a son être dans le fait d'être 5 nombré : puisque, s'il n'y a rien qui nombre, comme l'a montré Aristote, le temps n'existera pas comme nombre même si le mouvement existe ; or si le temps reçoit son existence de ce qui nombre et advient ainsi dans le mouvement, il n'est pas une propriété du mouvement au sens de quelque chose du mouvement ; et c'est pourquoi il ne se divise pas avec celui-ci [1]. Sur ce point, il faut demander | à Alexandre comment le nombre qui existe 10 dans le fait d'être nombré n'appartient pas au nombrable, ou comment le temps, étant nombre du mouvement en tant que nombrable, n'appartient pas au mouvement et n'est pas quelque chose du mouvement alors qu'il est dit affection et possession du mouvement. Aristote, en effet, disait « ou bien c'est parce qu'il est une certaine affection ou possession du mouvement, puisqu'il en est le nombre [2] ». Qui plus est, comment est-il logique que le nombre nombré et la possession ou | l'affection, ou en général l'attribut, se 15 trouve dans le même rapport avec son sujet que le nom,

1. Selon Alexandre, le temps n'est pas une propriété ordinaire du mouvement, parce que celles-ci existent en autant d'exemplaires que leurs substrats (par exemple, chaque surface blanche a sa propre couleur blanche, et celles-ci sont les mêmes seulement « par l'espèce » en tant qu'elles se rangent toutes dans la même espèce de couleur). Il ajoute que, si le temps n'est pas dispersé en un exemplaire différent dans chaque mouvement, c'est parce que son être consiste à être nombré, de sorte qu'il est produit par une âme qui nombre et n'appartient pas au mouvement. C'est pourquoi il lui donne le même statut que le nom, qui est unique pour plusieurs choses parce qu'il est produit par nous et n'est pas en tant que tel dans les choses. Mais Simplicius a raison de rappeler que ce n'est pas conforme à la pensée d'Aristote, pour qui le temps est une propriété réelle de chaque mouvement, même si c'est une propriété d'un type particulier.

2. 223a18-19.

au sens où le même numériquement appartient à plusieurs ?
Car le nombre nombrant, vu qu'il est séparé des choses
nombrées, appartient à plusieurs en tant qu'un et le même,
mais le nombrable, qui est intégré dans ce qui le possède
et divisé avec lui, est tel que le blanc. Quant au nom, auquel
20 fait référence | Alexandre, il est ajouté accessoirement par
position, et il est absurde de considérer comme similaires
ce qui est superficiellement posé par nous et ce qui est
intégré par la nature. C'est ce qui arrive à ceux qui disent
que le nombre advient sous l'effet du nombrant, et donc
le temps sous l'effet de l'âme, ce qu'on a soupçonné du
fait que le nombrant et le nombré sont des relatifs. Or, en
25 tant que | nombré, admettons qu'il existe en même temps
que le nombrant, comme la couleur en tant que visible,
mais selon sa propre nature il existe aussi séparément [1]. Et
d'ailleurs Aristote lui-même a blâmé précédemment ceux
qui définissent la couleur comme le sensible propre à la
vue mais ne révèlent pas sa propre nature [2]. C'est ainsi, je
pense, qu'il faudrait blâmer quiconque dit que le nombre

1. De même que la couleur n'est pas seulement du visible (par quoi
elle est relative à ce qui voit) mais est aussi quelque chose en elle-même,
ainsi le temps n'est pas seulement du nombré mais est aussi autre chose
en lui-même.

2. *De l'âme*, III 2, 426a20-25. Voir aussi la réfutation du relativisme
sensualiste dans la *Métaphysique* : « D'une manière générale, s'il est
vrai que seul est ce qui est sensible, rien ne pourrait exister sans les êtres
animés, car il n'y aurait pas de sensation. Que donc n'existent ni les
sensibles ni les sensations, c'est peut-être vrai (car c'est là une affection
de l'être sentant), mais que n'existent pas les sujets qui produisent la
sensation, y compris sans la sensation, c'est impossible. En effet, la
sensation n'est certes pas sensation d'elle-même mais il y a quelque
chose d'autre, en dehors de la sensation, qui est nécessairement antérieur
à la sensation, car ce qui meut est par nature antérieur à ce qui est mû,
et ne l'est pas moins même si elles sont dites l'une par rapport à l'autre. »
(*Met.* Γ 5, 1010b30-1011a2).

participé a son être uniquement dans le fait d'être nombré.
| Car les doigts de ma main sont cinq, même si personne 30
ne les nombre.

En revanche, Thémistius questionne avec raison les
propos d'Aristote, et il suffit d'entendre son commentaire [1] :

> Si, dit-il, le temps est généralement le nombre de tout
> mouvement, il est manifeste qu'il ne reçoit pas son être
> du mouvement ; car s'il ne le reçoit pas de celui-ci ou de
> celui-là, il ne le reçoit pas non plus du mouvement en
> général [2]. | Il est absurde en effet de dire que l'antérieur 35
> et postérieur est le même dans tous | les mouvements, **766**
> car c'est précisément ce qu'il faut chercher : comment
> l'instant est le même, si c'est par le genre ou par l'espèce
> ou numériquement. Si, en effet, c'est par le genre ou par
> l'espèce, alors il est numériquement multiple ; et s'il est
> numériquement un, comment, pour des choses numérique-
> ment différentes, une affection ou une possession peut-elle
> être une ? Or lui-même nomme ainsi le temps par rapport
> au mouvement. | Car il est impossible que la même chose 5
> numériquement une appartienne à plusieurs de cette
> façon. Car ainsi elle sera à la fois une et non une, de telle
> sorte que, s'il y a plusieurs instants pour plusieurs
> mouvements, pour des mouvements se produisant en
> même temps il y aura plusieurs instants en même temps,
> ce qui ne peut arriver même en pensée ; et s'il n'y en a
> pas plusieurs mais un seul et le même, le temps sera
> séparé et ne sera rien du mouvement. En effet, ce n'est
> pas non plus un argument de dire que, comme | le nombré 10

---

1. Thémistius, 162.11-163.7.

2. L'argument est sophistique : il suppose que « le temps n'est pas
nombre d'un mouvement particulier » signifie que le temps n'est nombre
d'*aucun* mouvement particulier, de sorte qu'il n'est pas non plus nombre
du mouvement en général ; mais la phrase signifie au contraire qu'il est
nombre de *tous* les mouvements particuliers parce qu'il l'est de tout
mouvement en tant que mouvement.

est le même pour dix chevaux et dix moutons, il en va de même pour les mouvements. Car dans le premier cas non plus le nombré n'est pas le même, si ce n'est seulement logiquement parce que les deux groupes sont dix, ce qui constitue notre pensée et observation de ce qui est semblable dans des choses différentes ; mais il n'y a là aucune existence en soi. Or, à propos du temps, comment serait-il logique qu'il soit seulement une pensée de notre

15   âme | et n'ait aucune nature propre, comme semble l'accorder Aristote lorsqu'il accepte que, sans l'existence de l'âme, le temps n'existe pas non plus ; en effet, dire que le temps est la mesure et le nombre implique que l'on accepte cette supposition, comme le dit Boéthos, parce qu'aucune mesure ne vient de la nature mais que mesurer et nombrer sont nos opérations.

20   Concernant donc ce texte de Thémistius, | je pense que les autres arguments ont été opposés correctement (car comment le temps pourrait-il être une affection ou une possession du mouvement et à la fois être le même partout comme s'il était séparé ?), mais dire que ce qui est commun aux nombres dans la participation relève de notre pensée, si cela semble convenir aux Péripatéticiens, manque cependant, à mon avis, d'une certaine distinction. En effet, une telle

25 | communauté existe (et c'est pourquoi les choses qui y participent ont une nature commune), mais elle existe avec la différence, tandis que voir la communauté en elle-même relève de notre pensée [1]. Toutefois, Aristote ne supprime pas l'existence propre du temps ni ne le place dans notre pensée, s'il dit que, sans l'existence de l'âme, le temps

---

1. Simplicius exprime correctement la conception aristotélicienne des notions générales, que nous isolons par la pensée à partir de caractères existant réellement dans les corps mais non séparés des différences individuelles de ceux-ci.

n'existe pas non plus. Considérant, en effet, que le mouvement est le substrat du temps et que | le nombre est 30 donné par l'âme comme une forme, puisque par ailleurs l'âme est la cause de toute génération et de tout mouvement, il dit que, logiquement, si l'on supprime l'âme, on supprime le temps [1]. Mais, du fait qu'il est supprimé avec sa cause, il ne résulte pas que le temps existe dans la pensée. Et comment peut-on dire qu'aucune mesure ne vient de la nature alors que toutes les espèces naturelles sont ordonnées par leurs propres mesures et nombres ? À moins | de dire 767 que rien n'advient qui soit seulement mesure et non aussi mesuré ; car il n'y a pas de coudée naturelle ni d'unités qui se mesurent elles-mêmes [2]. Et s'il en est ainsi, il faut penser que le temps aussi, même s'il est mesure du mouvement, possède une nature propre et est également mesuré par le mouvement.

| Cependant, s'il est important de chercher en quoi tout 5 cela a été dit correctement ou non par ces auteurs, ce dont il s'agit maintenant c'est de chercher comment Aristote semble dire les deux choses contraires à propos du temps : qu'il est une affection ou une possession du mouvement

---

1. De même qu'il y a dix chevaux même si personne ne les compte, mais que le nombre dix en tant que tel apparaît avec un esprit qui nombre, ainsi le temps est une propriété naturelle du mouvement mais ne devient proprement nombre qu'en étant actualisé par un esprit qui le compte. Selon cette relation, il n'y a pas de raison de dire que le temps n'existe pas du tout sans une âme, car il est déjà quelque chose avant d'être compté. Cette explication est la plus conforme à la pensée d'Aristote, mais Simplicius y ajoute une dépendance plus radicale, à partir d'une prémisse qui n'est pas aristotélicienne mais platonicienne, à savoir que tout mouvement a pour cause l'âme cosmique, de sorte que, sans celle-ci, il n'y a ni mouvement ni temps.

2. Toute unité de mesure est définie par nous à partir de données naturelles ; elle doit donc d'abord être mesurée pour pouvoir servir de mesure.

comme s'il était inséparable, et qu'il est numériquement
le même dans les mouvements différents comme s'il était
séparé. Il est donc probable qu'en posant le temps comme
10 un nombre en général, | il lui a attribué le propre du nombre,
qui se trouve aussi dans le nombre participé, à savoir que,
même si les substrats sont différents, le nombre est égal ;
par exemple, l'unité du cheval et l'unité de l'homme,
abstraites de leurs substrats par la pensée, sont absolument
sans différences. En revanche, la blancheur de la neige et
celle de la céruse, même abstraites par la pensée, diffèrent
15 l'une de l'autre par des différences de blancheur. | Il y a,
en effet, des différences de la blancheur, de la douceur et
des autres attributs par soi, même s'ils sont considérés sans
leurs substrats, mais il n'y a pas de différences des nombres
égaux. Car l'unité participée ne diffère pas de l'unité en
tant qu'unité, ni le cinq du cinq en tant que cinq, de la
même manière que dans les nombres arithmétiques il n'est
pas possible de voir une différence entre une unité et une
20 unité[1]. Il en dira d'ailleurs | lui-même quelque chose un
peu plus loin[2]. Jamblique, de son côté, pense qu'Aristote
passe ici du temps non séparé au temps séparé, et déclare
que pour cette raison le temps est numériquement le même
dans les différents mouvements. Mais il faut rappeler la
solution déjà mentionnée, que le temps est le nombre du
mouvement selon le commun du mouvement, c'est-à-dire

1. Être un est identique pour tous les individus, de même qu'être
cinq pour tous les groupes de cinq, de sorte que ces nombres nombrés
ne diffèrent pas selon les corps auxquels ils sont attribués. Certes, ils ne
sont pas numériquement uns, car ils sont individués par leurs sujets, mais
ce n'est pas une différence *en tant que un ou cinq*. De la même manière,
les temps simultanés n'ont pas de différence *en tant que temps* même
s'ils sont individués en tant qu'accompagnant différents mouvements.

2. En 224a2-15, ci-dessous 770.9.

selon la limite et l'extension de l'existence [1], | ce qui est   25
partout identique [2].

| « D'autre part, puisqu'il y a le transport, et entre autres   767.26
le circulaire » jusque « mais bien le transport »
(223b12-21).

Après avoir dit que le temps est nombre comme nombré
et mesure comme mesuré, puisque chacun des mesurés et
des nombrés est nombré et | mesuré par quelque chose du   30
même genre, par exemple les unités par une unité, les
coudées par une coudée, les chevaux par un cheval, et en
général chaque chose par la partie propre la plus simple
qu'elle contient (car autant il y a de parties, autant il y a
de mesures, comme le dit aussi Platon, car même si une
chose est mesurée par une autre, elle est mesurée par
celle-là du fait que ce qui mesure est égal à une partie de
la chose); puisque donc, comme on l'a dit, le mesuré est
mesuré par une partie de lui-même, | et que le temps, étant   35
continu, est mesuré, il en conclut que le temps | est mesuré   768
par une partie de lui-même. Il cherche donc quel est le
temps premier et simple qui mesurera tout temps. Si donc
le temps est mesure du mouvement, si l'on trouve un
mouvement qui soit mesure des autres mouvements, il est
clair que le temps de ce mouvement se révélera comme
mesure du temps. Quel est donc ce mouvement? Il est

1. « Selon la limite » (*kath'horon*) équivaut à l'habituel « selon
l'antérieur et postérieur » (*cf.* 763.19). Je conserve la leçon de E éditée
par Diels plutôt que la *lectio facilior* de aF (*kata to koinon tès kinèseôs
kai kata tèn tou einai paratasin*).

2. Il ne s'agit pas seulement d'une identité d'espèce, mais d'une
indiscernabilité des temps simultanés par le fait qu'ils ne présentent
aucune différence individuelle. La proposition de Jamblique ne peut être
exacte puisqu'Aristote ne reconnaît pas de temps séparé.

5 clair que c'est celui qui est premier, | uniforme et source
   de connaissance [1]. En effet, celui qui n'est ni premier ni
   uniforme ni source de connaissance est inadéquat pour
   servir de mesure. Or, les mouvements propres aux choses
   en devenir, à savoir : altération, croissance, décroissance,
   naissance, destruction, et, parmi les transports, le rectiligne,
   ces types de mouvements ne sont ni premiers (car les
   choses en devenir ne sont pas premières par rapport aux
   éternelles) ni uniformes, mais irréguliers de toutes sortes
10 d'irrégularités ; car les | altérations ou les croissances ou
   les naissances qui se produisent dans un temps égal ne
   sont pas égales ni sources de connaissance ; mais seul le
   transport circulaire l'est, de sorte que c'est celui-là la
   mesure du mouvement, et par là aussi celle du temps. Et
   il devient mesure du mouvement lorsqu'il est délimité par
   le temps et reçoit une quantité précise ; par exemple, l'heure
   est une partie du temps, et elle délimite une quantité précise
   de mouvement de la rotation du tout. De la même manière,
15 le jour et l'année, | délimitant le mouvement du tout et
   celui du soleil, ont produit la mesure de tous les mouvements
   et du temps tout entier [2]. Le temps premier et le plus petit
   mesure le temps, car l'heure est la mesure du jour, le jour
   celle du mois, et le mois celle de l'année ; et il mesure

1. Au début de la *Physique*, Aristote distingue ce qui est plus
connaissable pour nous, c'est-à-dire ce qui s'offre d'abord à notre
observation, et ce qui est plus connaissable en soi, c'est-à-dire ce qui
fournit la plus grande intelligibilité aux observations, à savoir les principes
et causes des phénomènes. Le terme « connaissable » (*gnôrimos*) est à
entendre ici dans ce deuxième sens ; c'est pourquoi je le traduis par
« source de connaissance ».

2. L'exposé de Simplicius révèle ici son adhésion au modèle du
Timée, selon lequel les mouvements astraux reçoivent les mesures
temporelles du dieu créateur, au lieu que ces mesures résultent des
mouvements astraux.

aussi le mouvement d'une heure et d'un jour. Or si ces mesures sont telle quantité de la rotation du soleil, il est clair | qu'elles sont mesurées réciproquement par le 20 mouvement. C'est pourquoi il a lui-même dit que « Le temps est mesuré par le mouvement et le mouvement par le temps [1] ». En effet, grâce au mouvement délimité par le temps sont mesurés à la fois le mouvement et le temps. Ainsi donc, le temps mesuré en retour par le transport circulaire, qui est premier et uniforme, mesure le temps tout entier. Si donc ce qui est premier est partout mesure des choses du même genre, | il est clair que, dans le 25 mouvement, le transport circulaire, étant premier et uniforme, est au plus haut point mesure, pour ces raisons et parce que « son nombre est le plus source de connaissance [2] ».

Alexandre a compris que le temps est le nombre du transport circulaire au sens où le temps le plus connaissable mesure le premier transport ; car les jours et les nuits sont le | nombre du transport circulaire, et ce nombre est le 30 temps le plus connaissable.

> Ou bien, dit-il, il a dit que le nombre du mouvement uniforme est le plus connaissable parce que dans ce mouvement ce qui nombre est égal à ce qui a son être dans le fait même d'être nombré, ce qui est précisément le temps ; et il n'est pas possible dans ce mouvement de saisir un plus rapide et un plus lent, dont les temps seraient égaux. Donc le mouvement uniforme et délimité par le temps le plus connaissable | est la mesure. 35

---

1. 223b15 ; *cf.* déjà 220b14-16, commenté par Simplicius en 733.8-24 et 736.25-35.
2. 223b19-20.

On peut aussi dire, je pense, que le nombre de la rotation est le plus connaissable en ne disant pas qu'il est le temps **769** mais ce par quoi la rotation | est nombrée, par exemple : le tout a fait un tour complet deux ou trois fois. C'est en effet bien visible et plus propre à montrer que le transport circulaire est mesure. Ensuite, le temps qui délimite celui-ci est le plus connu et le premier car c'est par les jours que nous mesurons le mois, par les mois l'année et par les années tout le temps[1]. Par ailleurs, que parmi les 5 | mouvements le transport circulaire soit le seul uniforme, il le montrera au dernier livre de ce traité[2].

On pourrait cependant se poser la même question que Plotin semble avoir soulevée : si le temps est le nombre ou la mesure du mouvement uniforme et continu, qu'est-ce qui sera la mesure du mouvement non uniforme et irrégulier ? Si au contraire le temps est de la même façon le nombre de tout mouvement, comment sera-t-il encore considéré 10 comme nombré et non comme | séparé, comme l'est la même dizaine d'éléphants et de fourmis, parce qu'elle est séparée en étant nombrée ? La réponse est donc que, de même que le mouvement uniforme, continu et ordonné a une existence principale, et que le non uniforme et irrégulier existe à partir de celui-là, ainsi l'uniforme est mesuré par le temps de façon principale et le non uniforme de façon 15 seconde ; car celui-ci aussi, | nous le mesurons par les heures et les jours.

1. L'alternative de Simplicius pour ne pas faire du temps directement le nombre du mouvement circulaire (ce qui risque de faire penser qu'il n'est pas le nombre de tout mouvement) consiste à proposer un raisonnement en deux étapes : d'abord, la rotation complète est le nombre des rotations multiples, au sens de l'unité répétée un certain nombre de fois, et ensuite le temps de la rotation complète, c'est-à-dire l'ensemble jour-nuit, est la mesure des autres temps.

2. *Phys.* VIII 7, 261a31-b15 ; 8, 262a12-9, 265b16.

Par ailleurs, il faut savoir qu'Alexandre écrit « la raison en est que, par le temps du mouvement délimité », affirmant que cela équivaut à « par le mouvement délimité par le temps ». De fait, certains des manuscrits possèdent la leçon « par le mouvement délimité », des copistes ayant peut-être proposé cet ajout pour plus de clarté [1].

| « C'est pourquoi aussi le temps semble être le mouvement   **769.20**
de la sphère » jusque « si ce n'est que le tout consiste en plusieurs mesures » (223b21-224a2)

Aristote a l'habitude d'aider ceux qui entreprennent l'étude de la vérité mais ne la saisissent pas exactement, en donnant une explication logique de l'erreur ; et en même temps il consolide son propre raisonnement | en montrant   25
que ceux qui se trompent s'égarent en visant quelque chose du même type. Il présente donc d'abord ceux qui disent que le temps est le transport circulaire, car cela pourrait avoir une certaine justification, puisque c'est par celui-ci que sont mesurés tous les mouvements ainsi que le temps. Ensuite, il montre que « ce qu'on a l'habitude de dire », « que les affaires humaines sont en cercle [2] » ou même les

---

1. 223b16-17. La version d'Alexandre donne : « la raison (de la réciprocité de mesure) est que, par le temps du mouvement délimité, on mesure la quantité du mouvement et du temps ». L'autre version signalée par Simplicius correspond à celle de nos manuscrits de la *Physique* (*hupo tès hôrismenès kinèseôs chronôi metreitai*…), que l'on peut traduire soit par « par le mouvement délimité par le temps, on mesure… », soit par « grâce au mouvement délimité, on mesure par le temps… ». Cette dernière traduction, de même que la version d'Alexandre, indique correctement que les mesures temporelles sont postérieures au découpage d'un certain mouvement, qui doit se faire par une distinction au sein du mouvement lui-même (par exemple, une rotation complète).
2. *Phys.* IV, 14, 223b24-25. Toute la suite du paragraphe est une paraphrase du texte d'Aristote, à quelques inversions de mots près.

30 affaires de tout ce qui est concerné par la | génération et
la destruction, résulte de ce qui a été dit du temps et du
transport circulaire, parce que tout cela est distingué grâce
au temps et possède son commencement et sa fin dans le
temps. Et on dit que le temps est un cercle, parce qu'à la
fois il est mesure du transport circulaire et il est mesuré
par lui, si bien que dire que les actions sont en cercle revient
35 à dire qu'il y a un certain | cercle du temps, et ce parce
770 qu'il « est mesuré par le transport circulaire ». Si donc | le
mesuré semble ne différer en rien du mesurant, ou seulement
par la pluralité (car le mesuré consiste en plusieurs
mesurants : ce qui est mesuré par la coudée diffère de la
coudée par le fait de valoir plusieurs coudées), le temps,
qui est mesuré par un cercle, sera lui aussi un cercle pris
5 plusieurs fois. En effet, même si | le substrat des mesures
est différent pour le mesurant et pour le mesuré, par exemple
si la coudée mesurante est de bronze et le mesuré de bois,
il n'empêche que ce par quoi l'une mesure et l'autre est
mesuré est la même coudée, c'est-à-dire une longueur de
telle quantité, de même qu'un cercle de telle quantité.

770.9 | « Et il est exact de dire » jusqu'à fin (224a2-17).

10 | L'argument, qui a déjà été exposé précédemment, est
le suivant : comme le nombre est le même dans le cas de
nombres égaux de choses différentes, par exemple le sept
de sept chevaux et de sept chiens, ainsi le temps, étant
lui-même un nombre, est un et le même pour des mouvements
différents qui se produisent ensemble. Aristote l'expose à
nouveau, non parce qu'il a l'habitude de se répéter, mais
15 parce qu'à la fois | il entreprend de développer plus
précisément ce point, qui rencontre de nombreuses
objections, et il le rapproche des arguments concordants

avancés par d'autres ; car il semble tout à fait clair que le nombre est le même pour les sept chiens, même si les deux groupes diffèrent par le substrat. Je conjecture qu'il a repris dans cette intention les mêmes arguments, à partir de la phrase « et on dit correctement que le nombre | des brebis 20 et des chiens est le même, si les deux groupes sont égaux, mais que la dizaine n'est pas la même, ni les dix choses [1] ».

> Il nous enseigne par là, dit Alexandre, par quoi il faut juger, parmi les étants qu'on rassemble sous quelque chose d'identique, lesquels sont différents entre eux et lesquels sont les mêmes ; car tous ceux qui ne diffèrent pas par une différence propre du terme qui les identifie, ceux-là sont identiques entre eux | sous ce rapport ; tandis 25 que tous ceux qui diffèrent par une différence propre de ce terme, sont différents sous ce rapport. En effet, le triangle équilatéral et l'isocèle sont d'une part des figures et d'autre part des triangles. Ils sont des figures identiques entre elles, puisqu'ils ne diffèrent pas par une différence immédiate de la figure, car les différences de la figure sont le rectiligne et le curviligne. Or, tous les triangles se rangent sous la même | différence de la figure, car ils 30 sont rectilignes et en outre circonscrits par trois droites. En revanche, ils ne sont plus les mêmes triangles, car ils diffèrent entre eux par une différence du triangle. En effet, c'est une différence du triangle en tant que triangle que l'équilatéral, l'isocèle et le scalène. De même, pour des choses numériquement égales qui ne diffèrent pas par une différence du nombre, le nombre est le même numériquement, | par exemple le sept des brebis et des 35 chiens ; car la différence du nombre est l'impair et le pair, et celle de chacun des deux est d'être composé de tant

---

1. 224a2-4. La fin du chapitre 14 développe la comparaison avec les différents triangles, qui sera reprise fidèlement par Alexandre puis par Simplicius.

771 ou tant d'unités. Or le | sept appliqué aux choses dont on dit que le nombre est le même et sans différence, est essentiellement un nombre. En revanche, les choses nombrées comme les sept brebis et les sept chiens, ainsi que le sept qui se trouvent en eux, ne sont pas les mêmes, car ce sont d'autres brebis et d'autres chiens qui sont nombrés. De la même manière, l'homme et le cheval

5 | sont les mêmes substances (car ils ne diffèrent pas entre eux par une différence de la substance, les différences de la substance étant l'animé et l'inanimé et ces exemples étant des substances en tant qu'animés), mais ils ne sont pas les mêmes animaux puisqu'ils diffèrent entre eux par une différence de l'animal (les différences de l'animal étant le rationnel et l'irrationnel). Et à leur tour Platon et Socrate sont les mêmes en tant qu'animaux, puisqu'ils ne diffèrent pas entre eux par une différence de l'animal,

10 mais | ils ne sont pas les mêmes hommes, car ils diffèrent entre eux par les aspects d'après lesquels les hommes par nature diffèrent entre eux. Il en va donc de même pour un dix par rapport à un dix : ils sont le même nombre (car un dix ne diffère pas d'un dix par une différence du nombre, car ils sont pairs, mais ils ne diffèrent pas non plus par une différence du nombre pair, qui serait d'être composés de plus ou moins d'unités), | mais leurs substrats

15 et sujets d'attribution, c'est-à-dire les nombrés, sont autres soit par le genre soit par l'espèce soit numériquement, et c'est pourquoi la dizaine n'est plus la même ni les dix choses (ces deux expressions servant à désigner les choses nombrées). Le temps présent est donc le même partout, car il ne diffère pas par des différences du temps en étant à la fois en Asie et en Europe. En effet, les seules

20 différences du temps sont le passé et le | futur. Car les différences du temps ne dépendent pas des différences des mouvements, car nous ne nombrons pas comme autres les mouvements qui se produisent ensemble. En revanche, les mouvements dont le temps est nombre ne

sont pas les mêmes si l'un est une altération et l'autre un
transport, car ce sont là des différences des mouvements [1].

Dans ces propos, il faut savoir d'abord en quoi ce critère
de l'identité et de la différence | diffère de celui dont on   25
parle habituellement, qui distingue les choses identiques
et différentes par le genre ou par l'espèce ou numériquement,
qu'elles soient une ou plusieurs. Selon celui-ci, nous disons
que sont une par le genre ou par l'espèce les choses
auxquelles s'attribue le même genre ou la même espèce,
par exemple l'homme et le cheval sont un par le genre
parce qu'ils sont tous deux des animaux, et Socrate et
Platon par l'espèce parce qu'ils sont tous deux des hommes.
Et nous disons qu'est la même et une numériquement la
chose à laquelle s'attribue | l'unité la même et une. Mais   30
selon le critère qui vient d'être fourni, si le même nom est
attribué à deux ou plusieurs choses, elles sont dites les
mêmes sous ce rapport lorsqu'elles ne diffèrent pas par
les différences de ce nom, et différentes lorsqu'elles
diffèrent. Ainsi, les triangles équilatéral et isocèle sont les
mêmes figures parce qu'ils ne diffèrent pas par les

1. Dans cette explication d'Alexandre, ce qui est clair c'est que ni
différents lieux ni différents mouvements ne produisent différents temps
mais que le temps a ses différences propres et indépendantes; c'était
bien là le sens du passage commenté de la *Physique*. En revanche, il
n'est pas clair de savoir pourquoi seuls des temps présents sont dits les
mêmes partout, alors que des mouvements peuvent aussi être simultanés
dans le temps passé ou futur. Il s'agit peut-être d'une surinterprétation
du « *nûn* » de *Phys.* 223b1 : « Il est possible qu'une autre chose ait été
mue maintenant, de sorte que le temps serait le nombre de chacun des
deux mouvements ». Ce « maintenant » est un cas particulier de « au
même moment », évidemment transposable à une autre partie du temps.
L'important est qu'il n'y ait qu'un seul temps pour des mouvements
simultanés de même durée, tandis que pour tous les autres les temps sont
seulement les mêmes par l'espèce. Il reste qu'on doit se demander par
rapport à quels repères des mouvements sont jugés simultanés.

35 différences qui divisent la figure (celles-ci | étant le rectiligne
et le curviligne, ainsi que le mixte si on le souhaite), car
les deux triangles sont rectilignes, en tant qu'ils sont
composés de trois droites ; en revanche, ils ne sont pas les
mêmes triangles mais des différents, parce qu'on les a
distingués par les différences du triangle, qui sont l'équilatéral, l'isocèle et le scalène – car c'est par elles qu'est
772 divisé le | triangle. Par conséquent, parmi les choses dites
les mêmes par le genre ou par l'espèce suivant le critère
précédent, comme parmi les triangles, on trouvera des
différences, du fait que là l'identité était affirmée suivant
la participation au genre commun ou à l'espèce commune,
et la différence suivant la participation à une autre espèce
5 ou un autre genre, tandis qu'ici | l'identité est dite suivant
l'inclusion dans la même différence de l'attribut commun.
Ainsi, nous disons que tous les équilatéraux sont les mêmes
triangles, et tous les rationnels les mêmes animaux, et
l'altérité sous un certain rapport surgit lorsqu'ils diffèrent
selon les différences de l'attribut commun. En effet,
l'équilatéral diffère du scalène comme un triangle d'un
triangle, parce qu'ils diffèrent entre eux par les différences
10 du triangle ; | par conséquent, là l'identité et l'altérité étaient
établies suivant le genre et l'espèce, ici suivant les
différences. Mais sans doute celles-ci sont-elle d'emblée
aussi suivant l'espèce, car les autres différences, ajoutées
au même genre, produisent aussi des espèces différentes.
        Par ces propos il est devenu manifeste, je pense,
15 comment Aristote | dit que l'instant au sens du temps
présent, même si sont différentes les choses qui s'y
produisent, est le même en tant qu'il ne diffère pas par les
différences de l'instant, tandis que l'antérieur et le postérieur
diffèrent par les différences de l'instant et ne sont plus les

mêmes instants, de la même manière que les équilatéraux
et les isocèles ne sont pas les mêmes triangles parce qu'ils
diffèrent par les différences du triangle, tandis que les
équilatéraux sont les mêmes parce qu'ils ne diffèrent pas
| par les différences du triangle. En revanche, eux aussi 20
diffèrent numériquement, non en tant que différant par les
différences du nombre mais en tant que distincts comme
des unités. Cependant, si les unités ne diffèrent entre elles
par aucune différence, parce qu'elles ne sont rien d'autre
que des unités, comme c'est le cas des unités du nombre
arithmétique, on ne pourrait même pas dire qu'elles diffèrent
entre elles numériquement[1]. En effet, Socrate et Platon,
| qui sont dits les mêmes par le genre et par l'espèce, parce 25
qu'ils sont tous deux des animaux et des hommes, sont
dits différer numériquement parce qu'ils sont des unités
différentes, qui diffèrent par de nombreux accidents,
puisqu'il se trouve que l'un était le fils de Sophronisque
et de Phénarète et l'autre d'Ariston et de Périctionè. En
outre, l'un était camus, ventru et aux yeux saillants, l'autre
avait un beau nez, le corps bien bâti et de beaux yeux ; l'un
était le maître | de Platon, l'autre le disciple de Socrate ; 30
et enfin toutes les différences de leurs actions. Ainsi donc,
les unités des instants pris au sens du présent, dans la

1. Rien ne permet de distinguer entre elles les unités du nombre
arithmétique, puisqu'elles ne possèdent aucun attribut particularisant.
Les triangles, en revanche, même rigoureusement identiques, peuvent
être distingués par leur position dans l'espace géométrique. Les instants
sont comparables à ceux-ci dans la mesure où ils occupent une certaine
position dans le cours du temps, c'est-à-dire lorsque plusieurs d'entre
eux sont comparés en tant qu'antérieurs et postérieurs. Mais cette
différenciation par la position disparaît si l'on ne considère que l'instant
au sens strict du présent. En effet, même si l'état du monde est différent
à chaque présent, cette différence est extérieure et n'est pas une différence
du présent en tant que tel.

mesure où ils sont pris comme instants, sont sans différences
et les mêmes, comme les unités du nombre arithmétique,
mais si, en les considérant avec leurs substrats, on leur
ajoute les différences des accidents, alors on pourra dire
35 qu'elles diffèrent numériquement ; | quant aux instants
antérieur et postérieur, ils diffèrent par les différences de
l'espèce « instant ». Par conséquent, lorsqu'Aristote dit
773 que les instants ou le temps sont les mêmes, | par exemple
ici : « et il est le même partout à la fois [1] », et ailleurs : « le
même temps est celui qui est égal et tout ensemble, tandis
que sont un par l'espèce ceux qui ne sont pas ensemble [2] »,
il est clair qu'il appelle le même et un celui qui ne diffère
pas par les différences de l'instant, et tel est le temps qui,
chaque fois présent, est égal. Mais les temps antérieur et
5 postérieur | sont un seulement par l'espèce, non parce qu'ils
diffèrent par les différences de la même espèce (car ainsi
ils ne seraient pas un et le même), mais parce qu'ils
participent à la même espèce, qui est celle de l'instant ou
du temps.

COROLLAIRE SUR LE TEMPS

773.8　　| Considérons donc que ces commentaires suffisent à
clarifier les propos d'Aristote sur le temps. En suivant, en
10 effet, du début à la fin, chacun de ses | propos, j'en ai fait
autant que possible le développement ; mais puisque, pour
l'amateur de savoir, l'étude n'a pas seulement pour but,
selon nous, d'apprendre quelle est l'opinion d'Aristote sur

---

1. 220b5-6, *cf.* 731.5.
2. 223b3-4, *cf.* 764.5. Quoique ce dernier membre soit ici au singulier
(*ho mè hama*), je le traduis par un pluriel conformément au texte de la
Physique, cité également au pluriel par Simplicius en 764.5, et qui permet
une expression plus claire en français.

le temps, mais plutôt de comprendre ce qu'est le temps (car ainsi, je pense, nous arriverons aussi plus près des pensées d'Aristote sur le temps), étudions cela soigneusement quoique brièvement. | Ensuite, examinons aussi les 15 conceptions de ceux qui ont philosophé sur le temps ; et puisqu'Aristote, au début de son exposé, a argumenté avec force en faveur de l'inexistence du temps et n'a pas réfuté ces arguments, il serait bon, pour terminer, de les résoudre autant que possible ; car l'exposé sur le temps ne pourrait recevoir autrement son achèvement.

D'abord | donc, la nature unitaire et unifiée, demeurant 20 dans la simplicité, est au-delà de toute distinction. Elle est, d'une part, l'un, et d'autre part dominée par l'un, s'étant légèrement écartée de l'un pour que soit l'un-étant. Et là l'être n'est même pas distingué de l'étant. Mais là où est apparue la distinction entre les choses totalement unifiées, là est apparue aussi la pluralité à côté de l'un et sont advenus le tout et les parties, et | une sorte d'esquisse des choses 25 qui sont ici différentes et dispersées a jailli en un éclair, et l'être est devenu autre chose à côté de l'étant[1]. Or, partout où il y avait une quelconque distinction, il fallait qu'il y ait aussitôt une mesure de la distinction, pour que les choses sorties de l'un ne tombent pas dans l'illimitation. C'est pourquoi la pluralité a été mesurée par le nombre, pour qu'elle ne soit pas dépourvue de nombre et réellement infinie et illimitée, tandis que l'extension selon le continu a été mesurée | par la limite de la grandeur, grâce à laquelle 30

---

1. L'éloignement progressif depuis l'unité absolument simple, introduisant de plus en plus de différenciation et de multiplicité, est décrit comme un processus chronologique mais il est conçu par les néoplatoniciens comme une coexistence permanente des natures dérivées et de leur principe, constamment entretenue par les relations descendante de procession et ascendante de conversion.

apparaît une quantité déterminée, et le continu, advenu comme le discret, a arrêté sa sortie vers l'infini[1]. De la même manière, la distinction des parties se trouvant chacune ailleurs avait besoin du rangement et de l'ordre local. Telles sont les mesures de la distinction suivant l'être et l'étant. Par ailleurs, puisque l'être, dans ces choses, s'est différencié

774 de l'étant et est devenu une sorte de vie | étendue de l'étant, mais est demeuré néanmoins dans l'un-étant parce que l'acte fait partie de leur essence (car par leur essence les choses de là-bas sont acte, comme Aristote aussi l'a affirmé en une observation inspirée[2]), il a reçu pour mesure l'éternité, qui ramène l'extension de l'être au repos immobile

5 dans | l'un-étant[3]. Et ainsi, la distinction intelligible s'étant produite quatre fois, sont apparues ces quatre mesures : le nombre, la grandeur, le lieu, l'éternité ; d'autre part, comme le sensible est sorti de l'intelligible et le devenant de l'étant par une sorte de détournement et d'éloignement (car il ne demeurait pas dans les mesures de l'étant qui s'étaient relâchées, mais se mélangeait au non-étant, se contentant,

10 en guise d'être quelconque, de l'altération de | l'étant dans le non-être, raison pour laquelle le devenant a subsisté comme une image de l'étant), logiquement donc sa distinction n'a pas été formelle, comme là-bas où chaque chose est non seulement unie à toutes les autres mais est cela même que sont les autres, mais le devenir a plutôt

1. Nous trouvons ici une tout autre conception de la mesure, qui devient une régulation active, empêchant la dissolution vers l'infini ou l'indéterminé des choses qui ont perdu l'unité absolue.

2. Allusion aux moteurs immobiles des sphères cosmiques, dont l'essence est acte au sens où ils n'ont aucune puissance de changement (*Métaphysique* Λ 6, 1071b12-20).

3. L'être désigne ici l'existence de chaque étant (au sens de l'étant véritable, intelligible), qui est étendue en tant que durée infinie ; l'éternité convertit cette durée en la simplicité de l'être unitaire non duratif.

reçu une distinction sensible, allant de la nature indivisible vers la division [1]. Pour cette raison, la | division de la 15 pluralité là-bas est devenue ici séparation, la totalité fusionnelle là-bas est apparue ici comme une quantité inscrite dans la matière et étendue en continu, et la distinction des parties là-bas s'est réalisée ici comme une dispersion en tous sens. De même, l'extension de l'être, qui là-bas est distinguée formellement de l'étant mais, quant à l'existence, demeure dans l'un-étant, ici a été étendue quant à l'existence | en recevant l'être dans le mouvement 20 générateur. Ainsi donc les mesures des distinctions attributives ont subi elles aussi le passage dans le devenir : le nombre éparpillé en unités, la mesure de grandeur devenue étendue, le lieu divisé avec elle et le temps s'écoulant délimité par l'antérieur et postérieur. Et elles ont à ce point participé au devenir qu'elles semblent avoir elles-mêmes | besoin de mesures. Car le nombre d'ici 25 semble être nombré, la mesure des grandeurs (par exemple la coudée) être mesurée, les parties du lieu avoir besoin d'ordre, de rangement et de localisation, et le temps être dans le temps comme nous le verrons un peu plus loin [2].

Je prie ici mon maître Damascius de me pardonner, lui qui ne reconnaît pas quatre mesures mais trois : | le nombre, 30 le lieu et le temps, disant dans son traité *Sur le nombre, le lieu et le temps* : « De même que le nombre est la mesure de la pluralité, ainsi le lieu est celle de la grandeur ». Or, je pense qu'il est clair et évident que sont des choses

1. L'éloignement se poursuivant par rapport au principe crée le devenir, mélange d'être et de non-être, et désormais est introduite la séparation locale et physique, en plus de la distinction seulement formelle de l'intelligible.

2. *Cf.* 789.9 et 800.1. L'impression de redoublement des mesures y sera corrigée.

différentes, d'une part la mesure et la limite selon laquelle
nous disons que quelque chose est de deux coudées ou de
trois coudées, et d'autre part celle qui relève du rangement,
35 selon lequel une | des parties est en haut et l'autre en bas,
une à droite et l'autre à gauche [1].

Le temps est donc la mesure de l'écoulement de l'être,
et je parle de l'être non seulement selon la substance
775 mais aussi selon l'activité [2]. Aristote | a merveilleusement
vu la nature du temps et l'a rendue claire en disant que
pour le mouvement « et pour les autres choses, c'est cela
être dans le temps : avoir son être mesuré par le temps [3] ».
Et de même que le mouvement ne se produit pas dans
les indivisibles (car il n'est pas composé d'achèvements
de mouvements, pas plus que la ligne de points, mais les
5 | limites de la ligne et du mouvement sont indivisibles
tandis que les parties dont ils sont composés, étant
continues, ne sont pas indivisibles mais divisibles), ainsi,
dans le temps, les instants comme limites sont indivisibles
tandis que les parties ne le sont pas. En effet, étant continu,
le temps possède lui aussi des parties toujours divisibles.
Par conséquent, même si le mouvement et le temps sont
10 dans un écoulement continu, | ils ne sont pas inexistants
mais ont leur être dans le devenir ; or le devenir n'est pas
absolument le non-être mais le fait de se trouver toujours

---

1. Pour Simplicius, le lieu et l'étendue spatiale sont des choses
différentes, cette dernière étant une quantité abstraite, homogène et
isotrope, tandis que le lieu implique la disposition et l'orientation de
parties distinctes. C'est aussi le cas chez Aristote, qui parle non de lieu
mais de grandeur (*megethos*) ou de distance (*diastèma*) dans ses recherches
sur la proportionnalité entre la distance, le temps et la vitesse (*Phys.* VI).

2. Le temps mesure l'existence non seulement des substances mais
aussi des activités, comme le confirme la phrase suivante. L'être et l'*ousia*
ne concernent pas ici l'hypostase de l'être, puisqu'il s'agit de l'être en
écoulement, c'est-à-dire de l'existence en devenir.

3. *Phys.* IV 12, 221a8-9.

dans une autre partie de l'être. De même, en effet, que
l'éternité est la cause du fait que ce qui a subi la distinction
intelligible à partir de son propre un-étant demeure quant
à l'être dans son propre un-étant, ainsi le temps est la
cause du fait que tourne autour de l'un intelligible | le 15
rayonnement de la forme descendu de là vers le sensible
et possédant la continuité ordonnée de sa ronde[1]. Car,
de même que grâce au lieu ne se confondent pas les
parties des corps étendus, de même grâce au temps ne
se confondent pas l'être des guerres troyennes et celui
des guerres péloponnésiennes, ni, dans chaque individu,
l'être du nouveau-né et celui du jeune homme[2]. Et il est
clair que partout le temps coexiste avec le mouvement
et | le changement, tenant ensemble dans leur devenir les 20
choses qui ont en lui leur existence, autrement dit
produisant la ronde du devenir autour de l'étant.

Damascius a bien exprimé que le temps, celui qui est
toujours et celui qui est à un certain moment, exerce sa
force sur toutes les choses en devenir et sur toute génération,
et les tient ensemble dans le devenir. En revanche, la suite
qui dit : « Par lui-même le temps serait cause d'immuabilité
pour les choses qui | sortent autant qu'elles peuvent de 25
l'être qu'elles sont, si bien qu'il serait plutôt cause de repos
que de mouvement » semble avoir été ajoutée en raison
de la ressemblance du temps avec l'éternité et de la
continuité dans le devenir (car de même que l'éternité est

1. Comme l'éternité régit la permanence dans l'intelligible, le temps
régit l'ordre de succession dans le sensible. Sur la ronde (*choreia*) du
temps et du devenir, voir aussi les notes à 705.9 et à 786.30-33.
2. On voit bien ici l'inversion de la dépendance ontologique par
rapport à la théorie d'Aristote : le lieu et le temps sont considérés comme
des conditions d'ordre antérieures au déploiement des corps et à leur
devenir, plutôt qu'ils ne sont des conséquences de l'extension et de la
transformation des corps.

cause de permanence dans l'être, ainsi le temps est cause
de permanence dans le devenir), mais sans doute la
permanence ne convient-elle pas du tout au temps ni l'être
30 au devenir, mais, | de même que le devenir s'est produit
comme un développement qui s'est détourné de l'étant,
ainsi la ronde autour de l'étant est un développement de
l'immobilité dans l'étant. Cependant, ce ne sont pas tant
ces paroles-là qui me troublent de sa part, mais plutôt celles
qu'il m'a dites à plusieurs reprises de son vivant sans me
convaincre, à savoir que le temps existe tout entier à la
fois en réalité. C'est donc cela, qui se trouve également
35 dans le traité *Sur le temps*, | que je veux exposer et examiner.

Comme Aristote, en effet, a dit qu'est dans le temps
776 | ce à l'extérieur de quoi il est possible de saisir un temps
(car c'est ainsi entouré par le temps), Damascius s'y oppose
en écrivant :

> On pourrait s'étonner encore plus d'entendre la définition
> de ce qui est dans le temps comme ce à l'extérieur de
> quoi il est possible de saisir un temps (car c'est ainsi
> 5 entouré par le temps sous le mode de | l'inclusion), ce
> qui implique que le temps mesure et nombre en étant à
> l'extérieur de ce qu'il contient, comme le lieu. Et c'est
> bien ce qu'il dit lui-même[1]. Mais s'il en est ainsi, comment
> le temps peut-il être une propriété du mouvement telle
> qu'une mesure ? Car le lieu n'est pas ce genre de chose.
> Et s'il est une mesure, une chose est mesurée et est dans
> le temps même si l'on ne peut saisir aucun temps à
> l'extérieur. Il en résulte aussi cet illogisme que le temps

---

1. La comparaison avec l'inclusion locale se trouve en 221a26-30.
Elle sert à définir les étants temporaires, comme on le voit plus explicitement
en 221b28-222a6. Dans ce passage, cependant, le temps qui mesure une
existence temporaire n'est pas le temps qui excède, mais le temps excédé,
égal à l'existence mesurée.

total n'est pas | du temps [1] – et je ne parle pas de sa forme 10
essentielle, dont il a dit lui-même qu'elle est tout le temps
d'un seul coup, comme on peut dire que Socrate est tout
l'homme d'un seul coup [2], mais du temps commun
s'écoulant toujours, dont il dit qu'il est entouré par
l'éternité. Et pourtant nous sommes d'accord que le temps
s'écoulant toujours est le même, dans lequel se produit
toujours le changement des formes et le mouvement
éternel des corps célestes. | Mais ces changements, selon 15
cette définition, ne sont pas dans le temps. En effet, par
rapport au temps qui se produit toujours, que pourrait-on
penser qui soit extérieur? Et il est paradoxal aussi de
considérer que les parties sont du temps alors que le tout
n'est pas le temps. Car si le passé, le présent et le futur
sont des parties du temps, ou si « l'année passée », « cette
année » et « l'année prochaine » sont des parties du
temps, il faudrait considérer comme le temps le tout
composé d'elles, dont le nom est | « le toujours » [3]. Il est 20
absurde aussi que ce qui est toujours le même
numériquement ne soit pas dans le temps, du fait que son
essence ne s'écoule pas ni n'est par nature apte à s'écouler;
et il dit qu'être toujours se conçoit seulement comme

1. Cette déduction n'est pas valide; il faudrait dire : « le temps total
n'est pas *dans* le temps », ce qui est nécessaire pour éviter un deuxième
temps entourant le temps. Rappelons que la totalité du temps est toujours
inachevée, puisqu'il est dans une progression infinie (en quoi d'ailleurs
il diffère du lieu selon Aristote); c'est ce qui est exprimé par « on atteindra
toujours un temps plus grand que tout ce qui est dans le temps » (221a27).
C'est pourquoi aussi les choses infinies mais en devenir ne sont pas dans
le temps en tant qu'infinies, mais elles le sont en tant que le temps mesure
leurs mouvements périodiques (221b3-5).

2. La « forme essentielle » traduit « *to eidos hoion tèn morphèn* ».
Il s'agit de la forme de l'espèce, qui se trouve tout entière dans chaque
individu et ne se transforme pas au cours de son existence. Ainsi tout
laps de temps possède la forme essentielle du temps dans son intégralité.

3. Que le tout ne soit pas du temps vient toujours de la fausse
déduction de 776.9-10.

l'incommensurabilité de la diagonale par rapport au côté.
Mais si ce qui dure le plus longtemps est dans le temps,
pourquoi pas ce qui dure tout le temps, si on peut le
nommer ainsi [1] ? Pourquoi disons-nous que ce qui est
partout, comme l'univers ou, si l'on veut, l'univers
25 subcéleste, | est dans le lieu en comprenant tout le lieu
(car où se trouve le partout tout entier ?), mais ne pensons-
nous pas de la même manière, pour le temps, qu'est dans
le temps entier ce qui est toujours le même numériquement
et dans le même état ? Car ce qu'est le partout pour le
lieu, le toujours l'est pour le temps. Et pourquoi y a-t-il
un lieu éternel, comme l'enveloppe concave du ciel et
30 le milieu du monde, et pareillement | un nombre toujours
le même, comme celui des astres, mais seulement un
temps périssable et générable, à l'extérieur duquel il y
en a toujours plus ? Car si on l'exprime aussi selon le
nombre, cependant, à l'extérieur du nombre éternel il
n'y a pas encore un nombre éternel, mais il est lui-même
tout le nombre [2].

Comme sur ces points Aristote admet la ressemblance du
777 temps avec le lieu, | dans la mesure où le temps délimite
et inclut ce qui est dans le temps, de même que le lieu
inclut ce qui est dans le lieu et le nombre ce qui est dit
dans le nombre, Damascius considère que, s'il n'est pas

1. Pourquoi les propriétés immuables comme les mathématiques ne
sont-elles pas dites dans le temps total ? Parce que le premier critère pour
être dans le temps est d'être soumis au moins à un changement. C'est ce
que répond Simplicius en 777.34-778.15.
2. Une double objection consiste à dire que, s'il est possible d'occuper
tout le lieu, et si les nombres ainsi que certains lieux sont atemporels
parce qu'immuables, ce devrait être aussi le cas du temps. Cependant,
c'est en vertu de son être qu'un temps ne peut ni être total ni rester
toujours le même. Il n'y a de contradiction que si l'on s'attend *a priori*
à une correspondance complète entre le temps et les autres grandeurs.
C'est aussi la réponse de Simplicius en 778.15-19.

possible de saisir un lieu au-delà de tout le lieu, il n'est
pas possible non plus de saisir un temps au-delà de tout le
temps. Et pourtant il est clair qu'Aristote aussi | pense que 5
le lieu diffère du temps, dans la mesure où rien n'empêche
le lieu d'être tout entier d'un seul coup, tandis que le temps
a son être dans le devenir comme le mouvement, et donc
n'existe pas tout entier d'un seul coup[1]. Si donc le temps
a son être dans le devenir comme le mouvement, qu'y
a-t-il de paradoxal à ce que le temps total n'existe pas d'un
seul coup ? C'est le contraire qui serait paradoxal, à savoir
qu'existe d'un seul coup tout entier ce qui | a son être dans 10
le devenir. Si donc il n'est pas paradoxal que le mouvement
total n'existe pas d'un seul coup, du fait de son écoulement,
il n'est pas paradoxal non plus que le temps s'écoulant
n'existe pas d'un seul coup, même si sa forme commune
demeure du fait qu'il est sans cesse répété, comme c'est
le cas pour le mouvement. Et si nous disons que le temps
s'écoule toujours, nous ne disons pas « toujours » au sens
d'un infini existant d'un seul coup, mais au sens de ce qui
va vers l'infini. Car c'est ainsi que nous disons que le temps
| et le mouvement sont toujours, au sens où ils ne s'épuisent 15
jamais, et non au sens où ils possèdent le toujours qui est
d'un seul coup tout entier. En effet, le toujours est double :
d'une part, celui qui est d'un seul coup tout entier comme
l'éternel, d'autre part celui qui a son être dans le devenir
selon le temps inépuisable. C'est donc dans celui-ci que
se produit le changement perpétuel des formes, qui lui-

---

1. La première réponse de Simplicius consiste à rappeler le type
d'infini que possèdent le mouvement et le temps. L'expression « tout
entier d'un seul coup » ne se trouve pas dans le passage cité de Damascius
mais on la trouvera dans la citation suivante. Elle exprime ce que ce
dernier oppose à l'infini aristotélicien, à savoir une totalité infinie coexistant
tout entière, autrement dit un infini en acte.

même s'écoule en son existence, mais qui demeure quant
à sa forme, du fait d'être sans cesse répété, ainsi que le
20 mouvement perpétuel des corps célestes. | Et de même que
le mouvement des corps célestes n'est pas d'un seul coup
tout entier, de même non plus le temps tout entier qui le
mesure. Pour cette raison, il n'est pas possible de saisir
quelque chose à l'extérieur du temps d'un seul coup tout
entier, puisqu'il n'existe pas, mais il est possible de saisir
quelque chose à l'extérieur de celui qui est toujours dans
l'existence grâce à l'écoulement inépuisable de ce toujours [1].

Il n'est pas non plus paradoxal, je pense, de considérer
comme des temps les parties du temps qui n'est pas d'un
25 seul coup tout entier, | comme le passé, le présent et le
futur. En effet, si nous disions que ces parties existent d'un
seul coup, il serait absurde que, les parties existant d'un
seul coup, le tout n'existe pas aussi d'un seul coup. Mais
si les parties sont telles que l'une n'existe plus et l'autre
pas encore, comment le tout pourrait-il exister d'un seul
coup ? Si on l'écrivait de façon plus évidente, je pourrais
sans doute faire apparaître le paradoxe [2] : si le temps existe
30 tout entier d'un seul coup, | il est paradoxal que ses parties
n'existent pas d'un seul coup ; et si ses parties n'existent
pas d'un seul coup, il est paradoxal que le tout existe d'un

---

1. En comprenant donc le « toujours » au sens de l'écoulement
perpétuel, on peut dire que le temps qui s'écoule toujours peut toujours
être dépassé par lui-même. La distinction entre le « toujours » au sens
propre, qu'il faut réserver à l'éternité, et le « toujours » au sens dérivé
qui s'applique au devenir, devait être un lieu commun depuis Plotin
(*Enn.* III 7, 6, 21-36).

2. En raison du changement de sujet entre la principale et la
subordonnée, Diels suggère que le texte est corrompu et devait comporter
plutôt « on pourrait montrer » (*houtô deixoi* au lieu de *egô deixô*). La
traduction anglaise suit cette suggestion. Je préfère suivre la *lectio
difficilior*, compréhensible malgré la tournure un peu étrange.

seul coup. Mais le « toujours » est le nom du temps non au sens où le toujours est d'un seul coup, comme je l'ai dit, mais au sens où il possède le toujours selon l'inépuisabilité.

Damascius déclare aussi absurde l'affirmation d'Aristote que les choses éternelles ne sont pas | dans le temps, comme 35 l'incommensurabilité de la diagonale au côté. Et pourtant, si celle-ci fait partie des choses présentes d'un seul coup tout entières, il est clair qu'elle fait partie des étants et non des choses en devenir, comme le fait que le deux soit pair et que les idées soient incorporelles, | et tout cela ne pourrait 778 être dans le temps mais plutôt dans l'éternité. Si c'était dans le temps, il est clair que ce serait aussi dans le mouvement, et alors cela n'existerait plus d'un seul coup tout entier. En effet, ce n'est pas parce que nous connaissons dans le temps les choses qui sont au-delà du temps, que pour cette raison nous les ferons être dans le temps. « Et si, ajoute-t-il, ce qui dure longtemps est dans le temps, pourquoi pas ce qui | dure tout le temps ? » Cela doit 5 précisément aussi être dans le temps, puisque c'est dans le mouvement. Et cela n'existe pas d'un seul coup tout entier. Ainsi nous disons que le transport circulaire est éternel au sens où il est inépuisable et mesuré par un temps inépuisable. Mais il n'est pas non plus nécessaire, si ce que nous disons « partout » est d'un seul coup dans le lieu entier, par exemple le monde corporel entier, que soit également dans le temps d'un seul coup entier ce qui est toujours | le même 10 numériquement et dans le même état. En effet, que le lieu entier existe d'un seul coup n'a rien d'absurde, car le lieu n'a pas son être dans le devenir comme le mouvement ; mais comment serait-ce possible pour le temps, puisqu'il est la mesure du mouvement ? Aussi, même si le partout est analogue au toujours, il n'empêche que l'un demeure

et que l'autre s'écoule. Et même si le partout se trouvait
être infini, l'un serait un infini qui demeure et l'autre
15 | quelque chose qui avance à l'infini.

« Pourquoi, dit-il encore, y a-t-il un lieu et un nombre
éternels avant le périssable, mais pas un temps [1] ? » En fait
il y a aussi un temps éternel (car Aristote démontre que le
temps est en tout cas inépuisable), mais au sens où il a son
être dans le devenir comme le mouvement, et le toujours
leur appartient non comme d'un seul coup tout entier mais
comme progressant à l'infini.

20 | Pour exprimer en conclusion mon propre jugement,
s'il existe un devenir et un mouvement qui n'ait pas son
être dans le devenir et dont les parties ne se succèdent pas
sans cesse mais qui existe d'un seul coup tout entier (comme
on pourrait dire que la substance du psychique ou, si pas
elle, du moins celle du corps céleste, est générée au sens
où elle existe à partir d'une seule cause, et est mue selon
25 le mouvement de génération | par lequel elle est sortie de
l'étant véritable vers le devenir et du modèle vers la copie [2]) ;
si donc on considère ce type de devenir et de mouvement,
comme me l'a soutenu obstinément à plusieurs reprises
mon maître Damascius, logiquement on imposera aussi
de considérer qu'est d'un seul coup tout entier le temps
qui mesure ce type de mouvement et l'être d'un seul coup.
Cependant, si Platon définit le devenir comme ce qui naît

---

1. Simplicius ajoute « avant le périssable » à propos du nombre,
selon la perspective platonicienne d'une existence des nombres
indépendante des corps physiques. Cela ne change rien au raisonnement,
qui oppose l'immuabilité à l'écoulement perpétuel.

2. Une substance qui existe perpétuellement pourrait être considérée
comme ayant une génération perpétuelle (au sens d'une dépendance par
rapport à sa cause), qui ne serait pas durative mais tout entière d'un seul
coup. Cet usage métaphorique de la naissance et de la mort par Damascius
est clairement exprimé aux lignes 35-36. En 779.1, Simplicius l'oppose
au sens propre du devenir (*kuriôs*).

et disparaît et | n'est jamais véritablement, et si tout 30
mouvement est un changement et consiste de toute façon
en une succession, il ne faut pas appeler en devenir ou
mobiles les choses qui sont d'un seul coup tout entières,
à moins que l'on puisse d'une manière ou d'une autre voir
en elles le changement. Je sais bien que, expliquant ce qui
naît et meurt dans les choses éternelles en devenir mais
immuables substantiellement, Damascius disait que cette
nature est intermédiaire entre l'étant et le non-étant, | et 35
que cela naît en tant qu'en tension vers l'étant et meurt en
tant qu'en transition vers le non-étant. Mais sans doute
l'intermédiaire | comme celui de la substance psychique 779
n'est-il pas en devenir au sens propre mais intermédiaire
entre l'indivisible et le divisible, autrement dit entre l'étant
et le devenir, et pour cette raison il est mesuré par une
mesure intermédiaire entre l'éternité et le temps, que les
philosophes, du fait qu'elle n'a pas de nom propre, appellent
tantôt éternité et tantôt temps. En revanche, | la substance 5
des corps célestes est tout entière en devenir (puisqu'elle
est visible et tangible et possède un corps), et, étant en
devenir et ne demeurant pas dans l'un, elle possède le
mouvement et le changement, même si ce n'est pas le
mouvement substantiel au sens de tantôt être et tantôt ne
pas être, mais une sorte d'altération selon laquelle, au cours
de leurs différentes configurations, ces corps reçoivent une
vie et un achèvement différent dans | leurs substances, à 10
partir de leurs propres modèles, et les communiquent entre
eux ainsi qu'aux choses sublunaires[1].

---

1. Ces configurations sont les figures changeantes que dessinent les
astres en se rapprochant ou s'éloignant périodiquement les uns des autres,
ainsi que les différentes phases de leur apparence, tout cela étant censé
exercer des influences réciproques selon une sympathie universelle
(*cf.* 742.8-11).

Mais puisque, en introduisant aussi une division dans l'existence du temps, Damascius dit beaucoup de choses du temps qui existe d'un seul coup tout entier, examinons certaines d'entre elles. Les voici :

15 Qu'est-ce que le temps total ? | Celui au-dehors duquel il n'est pas possible d'en saisir. Mais au-dehors du toujours, quelle manifestation d'un temps pourrions-nous affirmer ? Pour Aristote en tout cas cela semblait être au-delà du temps et convenir à l'éternité. Il apparaît clairement, en effet, dans ses propos sur le temps, qu'il est possible de saisir quelque chose en dehors de tout temps [1]. Le toujours est donc le plus grand temps. Ce plus grand temps est-il dès lors ce qui est toujours en devenir et le temps qui

20 s'écoule ? Mais celui-là | ne s'avance jamais dans sa totalité vers l'être ni n'advient tout entier d'un seul coup, et le toujours n'est pas toujours mais bien plutôt jamais. Car comment le toujours pourrait-il être dans le momentané, il est difficile même de l'imaginer, car le momentané et le toujours seront la même chose et en même temps. Mais il n'est même pas dans le toujours, car nous disons que le toujours lui-même n'est pas d'un seul coup mais s'écoule une partie après l'autre. Il est donc absurde que le temps partiel, même le plus petit,

25 existe, | et le temps total jamais. Et pourtant, si le mot « toujours » signifie quelque chose et n'est pas un nom vide, il est impossible que la chose « toujours » ne soit pas toujours ; car il signifie l'éternel et l'éternel est ce qui ne peut pas ne pas être à un certain moment ou ne jamais être ; et ce qui ne peut pas ne pas être est nécessairement. En outre, si le toujours n'est pas ou n'est pas toujours, aucune des choses en devenir ne sera

30 éternelle ; par conséquent, ni le ciel | ni le monde ne sera toujours le même numériquement, mais tout s'écoulera, puisque le toujours, étant en écoulement, ne sera ni étant

---

1. Reprise de la même mésinterprétation qu'en 776.12-13 : au-delà de tout temps il y a toujours du temps, et non l'éternité.

ni devenant. Car le momentané adviendra à chaque fois
et non le toujours.

Par ces arguments il veut montrer que le toujours du ciel
et du monde total est d'un seul coup tout entier, non pas
au sens de ce qui se poursuit à l'infini, est toujours en
devenir et comme le temps qui s'écoule, mais au sens du
temps qui existe d'un seul coup tout entier.

Dans la suite, | en l'examinant plus exactement, je pense,   35
il situe ce temps-là ailleurs en un sens premier. Et à partir
de celui-là il dit qu'un tel temps existe aussi dans la
substance du ciel [1]. Mais il est nécessaire d'en citer
davantage. Cherchant en effet ce qui produit toujours le
momentané qui se renouvelle et ne cesse jamais de se
renouveler, | il poursuit :   **780**

> En fait, puisqu'il est quelque chose de naturel, c'est la
> nature qui le produira, et l'âme avant la nature, car c'est
> elle qui commande tout changement. Et comment, puisque
> la nature est créatrice des corps éternels et répand à partir
> d'elle-même le temps qui s'écoule toujours, comment
> ne sera-t-elle pas éternelle et pleine de raisons éternelles ?
> Dès lors, la raison éternelle du temps, | substantialisée   5
> en elle, serait ce temps toujours actuel tout entier et en
> totalité [2]. De la même manière, la raison du temps dans
> l'âme, préexistant toujours, sera le temps numériquement

1. Dans le passage qui vient d'être cité, Damascius semble situer
dans l'univers sensible le temps qui existe entier d'un seul coup. L'exposé
plus exact distingue ce premier temps, antérieur à l'univers, et celui qui
est en extension dans l'univers. Simplicius reviendra à ce passage pour
répondre aux critiques adressées au temps aristotélicien, à partir de
781.31.

2. L'âme contient les raisons (*logoi*) éternelles des réalités sensibles,
c'est-à-dire les principes d'unification et de conservation de leur essence.
Ce temps est dit « être là » (*parôn*) non au sens du présent limitant le
passé et le futur (*enestôs*, 780.10), ni d'ailleurs au sens spatial, mais au
sens d'une actualité, d'une effectivité indépendante d'un lieu et d'un
temps déterminés.

le même. Et si, dans l'âme immuable et dans cette nature,
le temps est concentré en un tout qui est la forme du
temps, ce temps total est aussi celui qui demeure dans le
10   toujours et n'est jamais dans l'écoulement, | tenant en
un l'antérieur et postérieur ainsi que l'instant que nous
appelons le temps présent ; à partir donc de l'indivisible
statique, le temps qui s'écoule est divisé en trois, quelle
que soit la manière dont il est divisé (car ne parlons pas
encore de cela).

Il dit plus loin que celui-ci se trouve, d'une part, dans les
actes changeants des natures immuables, qu'elles soient
psychiques ou corporelles, ces actes conservant le toujours
seulement selon la forme [1] ; qu'on le voit, d'autre part, dans
15   les | substances changeantes à l'infini, toujours conservé
selon la forme dans les totalités de ces substances [2] ; et enfin
qu'on l'observe limité dans les choses qui naissent et
disparaissent, soit en cercle comme la rotation du tout
engendré ou celle du soleil (si une seule rotation se produit
du même point au même point), soit en ligne droite comme
dans les corps individuels et périssables [3]. Voilà comment
20   il a divisé le temps qui s'écoule ; | et à ces propos il a ajouté
ceci :

S'il en est ainsi, le producteur est éternel et est dans le
temps qui est toujours, et il produira par son être les
premières des choses en devenir. Car s'il les produit par

1. Les natures immuables possèdent le « toujours » au sens strict
mais, si elles ont des activités variables, celles-ci ont un « toujours » en
écoulement, unifié seulement par sa forme (*cf.* l'identité d'espèce chez
Aristote).
2. Le temps en écoulement a une unité formelle dans les suites
ininterrompues de substances périssables.
3. Enfin, le temps est divisé en portions limitées dans les mouvements
et les corps temporaires (les rotations des astres étant considérées ici
comme des mouvements finis, se terminant et recommençant).

ses actes, il le fait bien plus par son être ; car l'essence
est créatrice avant les actes et l'éternel avant ce qui ne
l'est pas, de sorte que, dans les choses éternelles parmi
celles qui deviennent, il implantera par son essence le
temps qui est toujours et ne s'écoule jamais, | et par lui   25
il les reliera davantage à l'éternel[1]. C'est en effet en
participant au toujours que la substance du ciel est devenue
éternelle selon le toujours en soi, autrement dit en étant
substantialisée dans la totalité du temps. Ainsi donc le
temps conaturel et cogénéré avec l'entier éternel, qu'il
ait commencé à partir de l'âme ou à partir de sa propre
nature...[2] C'est cela le temps total véritable, qui ne
s'écoule pas vers le suivant ni ne | s'attache à ce qui   30
s'écoule, à partir duquel celui qui s'écoule se détache
par parties ; et grâce à lui celui-ci ne cesse pas de devenir,
même si s'arrête chaque fois celui qui est chaque fois
présent, parce que celui qui est toujours le même
numériquement continue d'activer celui qui est toujours
le même par la forme. De même, en effet, que l'acte du
ciel est le transport circulaire toujours répété sans
interruption, ainsi | le temps du transport circulaire est   **781**
l'acte du temps qui là-bas est concentré en un. Mais alors,
pourrait-on dire, en quoi le temps concentré en un, tel
que nous le disons, différera-t-il de l'éternité ? Car Aristote
dirait qu'être une éternité consiste à contenir chaque
temps qui naît à chaque moment. Et sans doute Alexandre
suivrait-il mieux Aristote en disant cela. | En fait, on   5
pourrait dire contre Alexandre qu'il faudrait examiner si

---

1. Les corps immuables qui n'ont que le mouvement local sont
produits par l'essence de l'âme, ce qui les rend plus proches de l'éternité
que s'ils étaient produits par les activités de l'âme. En tant que substances
immuables, ils sont mesurés par le temps sans écoulement, tandis que
leurs rotations sont mesurées par le temps en écoulement.

2. L'éditeur signale ici un hiatus, qui semble indiquer des mots
manquants. La continuité est cependant assurée pour le sens, car les deux
propositions concernent le temps premier, entier d'un seul coup.

Aristote considérait comme la même chose l'être et le toujours de la substance du cinquième corps et ceux de la substance du désirable immobile[1]. En effet, si cette dernière est une cause tandis que l'autre est issue d'une cause, comme lui-même le reconnaît même s'il n'accepte pas d'attribuer une naissance à l'éternité corporelle (car
10   il dit que ce nom exclut précisément cela) ; si | donc ces substances diffèrent, il concéderait aussi que le toujours se dit de deux façons, l'une comme cause, l'autre comme issu d'une cause. Mais nous, qui reconnaissons que ce qui existe grâce à autre chose est généré et en devenir, logiquement nous ne pourrions appeler cela éternité mais temps, posant qu'il est la première image de l'éternité[2].

Dans ce passage, pour commencer par la fin, si ce temps
15   est une chose en devenir, | c'est de toute façon parce qu'il est aussi mû ; car là où il y a devenir, il y a de toute façon mouvement et changement. En effet, Platon dit qu'est en devenir ce qui naît et périt mais n'est jamais réellement étant. Et le tout premier temps, qu'il dit avoir été généré avec le ciel, il l'a appelé « une image, avançant selon le nombre, de l'éternité qui demeure dans l'un[3] », pensant
20   de toute façon le mouvement avec le temps. | Mais à Alexandre, ou même à Aristote avant lui, Damascius a raison de demander ce qui différencie l'être et le toujours

1. Ces expressions désignent respectivement les sphères d'éther, corps mobiles par transport circulaire, et leur moteur incorporel immobile, considéré par la tradition comme mouvant en tant qu'il est désiré.

2. Le temps tout entier d'un seul coup n'est pas l'éternité, parce qu'il est causé tandis qu'elle est cause. Damascius rajoute donc à la définition platonicienne qu'il est la « première » image de l'éternité, la seconde étant le temps en écoulement.

3. *Timée*, 37d. Simplicius se place sous l'autorité de Platon pour refuser d'appeler « devenir » une relation de causalité statique, et rappelle que, dans l'expression complète, l'image de l'éternité « avance ».

de la cinquième substance et ceux de la première cause qu'ils conçoivent. Il pourrait répondre, je pense, que l'être et le toujours de celle-ci sont éternels au sens où leur infini est concentré dans l'identité et tel que, quoi qu'on en saisisse, on le saisit tout entier ; tandis que ceux de la cinquième | substance sont certes éternels, mais pas comme 25 étant d'un seul coup tout entiers, mais comme avançant à l'infini ; et c'est pourquoi ils sont intratemporels. En effet, quelque partie de son être que l'on saisisse, il y en a une en dehors puisqu'il s'étend à l'infini. Et si quelqu'un appelait ce genre de chose l'éternité, voulant que tout ce qui est toujours soit éternel, et divisant celui-ci en ce qui est tout entier d'un seul coup et en ce qui a son être dans le devenir, verbalement il sera en désaccord | avec Platon, 30 mais dans les faits il divisera correctement et en accord avec lui [1].

À propos du début du passage cité [2], je pense qu'il faut objecter qu'il prend le toujours en un seul sens, celui qui rassemble l'infini tout ensemble en un. Il sait pourtant que le toujours en devenir s'applique au temps qui s'écoule, puisqu'il comprend évidemment ce toujours comme autre dans le cas du temps qui va vers l'infini. Et en tout cas cette sorte de | toujours ne semble pas à Aristote convenir 35 à l'éternité, comme le dit Damascius. Aristote dit en effet au troisième livre du présent traité [3] :

> Il est clair que l'infini se trouve d'une autre façon | dans **782**
> le temps que dans la suite des hommes et dans la division

1. Le désaccord entre Platon et Aristote porterait donc seulement sur les termes, ce dernier donnant deux significations au mot « éternel » (immuable et perpétuel), tandis que le premier ne reconnaît que la signification d'immuable et appelle temporel le perpétuel.
2. Ici commence la réponse au passage cité en 779.14-32.
3. *Phys.* III, 6, 206a25-b3.

des grandeurs. D'une manière générale, en effet, l'infini consiste dans le fait qu'est toujours atteinte une chose après une autre, et que la chose atteinte est limitée mais qu'il y en a toujours une autre. En outre, l'être se dit de plusieurs façons, de sorte qu'il ne faut pas comprendre

5   ce qui | va vers l'infini [1] à la manière d'une chose déterminée comme un homme ou une maison, mais au sens où l'on dit le jour ou la date, dont l'être n'est pas advenu comme une substance mais est toujours dans la génération et la destruction, limité mais toujours l'un après l'autre. Cependant, dans les grandeurs cela se fait de telle manière que ce qui a été atteint demeure, tandis que dans le temps et dans la succession des décès humains, c'est de telle manière que ce qui est atteint ne reste pas.

10 Et | il a soutenu plus clairement encore ce qui va ainsi toujours vers l'infini, en disant [2] :

> Il en résulte que l'infini est le contraire de ce qu'on dit : non pas ce au-delà de quoi il n'y a rien, mais ce au-delà de quoi il y a toujours quelque chose, voilà ce qui est infini.

Il semble à Damascius qu'Aristote induit absurdement par ce raisonnement que ce type de toujours n'est jamais tout entier, ou que le toujours n'est pas toujours. Or, en quoi serait-ce absurde pour ce type de toujours qui a son être

15 dans le devenir ? | Une autre chose absurde selon lui est qu'un certain temps, même le plus petit, existe, mais jamais le temps tout entier. Or, il serait plus absurde et plus impossible que les choses qui ont leur être dans le devenir

---

1. Simplicius écrit « *to ep'apeiron* » au lieu du simple « *to apeiron* » du texte d'Aristote. Il s'agit certainement d'une précision volontaire, visant à distinguer de l'infini réalisé ce qui *va* indéfiniment *vers* l'infini.
2. *Phys.* III, 6, 206b33-207a1.

existent en un coup tout entières. D'une manière générale, il dit que si le toujours

> n'est pas un nom vide, il est impossible que la chose
> « toujours » ne soit pas toujours ; car le nom signifie
> l'éternel et l'éternel est ce qui ne peut pas à un certain
> moment ne pas être ou ne jamais | être ; et ce qui ne peut   20
> pas ne pas être est nécessairement.

Ce raisonnement me semble substituer de manière sophistique ce qui est toujours à ce qui devient toujours. En effet, ce qui est toujours au sens de devenir toujours n'est pas non plus un nom vide, mais il est dans l'existence au sens de ce qui devient toujours. Car c'est là aussi un sens de l'être, dans la mesure où il participe à l'étant en quelque sorte par le devenir. En effet, la | danse aussi est   25
lorsqu'elle devient, et nous disons que le danseur danse, non pas au sens où la danse serait d'un seul coup tout entière, mais au sens où elle a son être dans le devenir. Ensuite, Damascius semble vouloir que se trouve aussi dans les choses en devenir ce toujours qui est statique et le même numériquement, ce dont on pourrait s'étonner.

> Car, si le toujours, dit-il, n'est pas ou n'est pas toujours,
> aucune des choses en devenir ne sera éternelle ; par
> conséquent, ni | le ciel ni le monde ne sera toujours le   30
> même numériquement, mais tout s'écoulera, puisque le
> toujours, étant en écoulement, ne sera ni étant ni devenant.
> Car le momentané adviendra à chaque fois et non le
> toujours.

Si donc il juge bon de considérer le toujours du ciel et du monde générés comme statique et comme étant d'un seul coup tout entier, qu'il dise en quoi le généré différera de l'étant véritable et éternel.

783 | Il semble cependant que la procession, qui se fait
partout par l'intermédiaire de la médiété, soit la cause du
fait qu'il se demande avec raison comment le ciel et le
monde seront les mêmes numériquement s'ils ont leur être
dans la naissance et le périssement, et du fait que moi je
lui demande en retour, si ce ciel engendré et ce monde
5   corporel possèdent le toujours statique | et existant d'un
seul coup tout entier, comment cet engendré différera de
l'étant éternel et véritable. En effet, puisqu'il y a, je pense,
deux significations extrêmes du toujours, l'une désignant
l'éternel au sens propre, c'est-à-dire l'étant véritable qui
existe d'un seul coup tout entier, et l'autre ce qui par
essence s'écoule et possède par essence le devenir à chaque
moment numériquement autre, comme apparaît clairement
le mouvement des corps célestes et toutes les espèces
10 | sublunaires (car l'espèce humaine s'observe toujours
dans d'autres individus qui naissent et périssent), entre ces
extrêmes donc il y a deux médiétés, la psychique et la
naturelle corporelle : la psychique du côté de l'étant
véritable, et l'organisation naturelle des corps éternels du
côté de ce qui seulement devient. Parmi elles, la psychique,
15   même si elle est sortie de la contraction éternelle | et de
l'être complètement indivisible, n'est pas cependant
descendue jusqu'au totalement divisible, ni quant à la
substance ni quant à l'extension de l'existence. C'est
précisément pour cela que, Platon et Aristote ayant divisé
en deux les mesures de l'extension de l'existence, à savoir
en l'éternité et le temps, Platon semble avoir placé les deux
médiétés dans le temps, en disant à propos de l'âme qu'« elle
20   a commencé une vie incessante | et raisonnable pour la
totalité du temps [1] » et, à propos du ciel entier ou de
l'univers, que le temps est né avec le ciel, tandis qu'Aristote

1. *Timée*, 36e.

a plutôt placé les deux dans l'éternité, réservant le temps
aux choses qui sont clairement toujours en train de naître
et périr [1]. Pour parler exactement, les mesures des choses
intermédiaires devraient être intermédiaires et correspondre
à d'autres noms. En outre, le toujours de la substance
psychique | et de la totalité céleste et cosmique ne doit être   25
pensé ni tout entier d'un seul coup comme l'éternel au
sens strict, ni naissant et périssant comme celui des choses
sublunaires, mais, de même que leurs substances ont une
nature intermédiaire, ainsi aussi l'extension de leur existence
et les mesures de cette extension. Et si quelqu'un veut
appeler cela du temps, ne lui cherchons pas querelle sur
les mots, pourvu qu'il ne transpose pas dans ces domaines
la | signification courante du temps comme divisé en présent,   30
passé et futur, à laquelle aussi bien Aristote que Platon
accordent le nom, et qu'il ne reconnaisse pas comme seul
toujours celui qui existe en un coup tout entier en demeurant
dans l'un, mais voie aussi le toujours qui va vers l'infini
en ayant son être dans le devenir, ainsi que les variations
du toujours rangées entre celles-là, | que, si l'on veut être   35
exact, on n'estimera convenir ni à l'éternité au sens strict
ni | au temps car le temps semble exister de toute façon   **784**
avec le mouvement et être quelque chose du mouvement [2].

Par ailleurs, si ce temps qui s'écoule et mesure le
mouvement corporel (tant le changement selon la substance

1. Aristote utilise effectivement le terme *aidios* pour les corps éthérés
et pour leurs moteurs immobiles. Pour concilier Platon et Aristote,
Simplicius leur attribue à tous les deux la conception implicite de deux
mesures intermédiaires entre le temps et l'éternité, pour lesquelles ils
n'auraient pas forgé de noms spécifiques. *Cf.* déjà 742.4-15.

2. Les mesures des durées des substances intermédiaires pourraient
être appelées temps du fait qu'elles mesurent une existence en extension,
quoiqu'il vaille mieux marquer leur différence avec les substances
temporaires. La seule opposition à Damascius reste que, si une mesure
doit être d'un seul coup tout entière, alors il ne faut pas l'appeler temps.

que les autres changements) est mené par la raison éternelle
du temps dans la nature, qui s'est substantialisée dans la
5 nature ; | si cette raison est, comme Damascius le dit, le
temps toujours actuel, entier et en totalité, et si la raison
du temps dans l'âme, préexistant toujours numériquement
la même, est aussi bien le temps entier qu'il dit exister
d'un seul coup tout entier, alors la doctrine ne me semble
plus trop rude. En effet, que la raison du temps, comme
aussi celle du mouvement, soit d'un seul coup tout entière
et dans l'âme et dans la nature, comme l'est le « d'un seul
10 coup » dans ces domaines-là, | cela n'a rien d'étonnant.
Car la raison du corps préexiste aussi, incorporelle et
inétendue, et c'est à partir d'elle qu'existe le corps en
extension, qui ne peut être inétendu. Considérons donc
que, de la même manière, le temps et le mouvement, dans
les modèles et les raisons formelles sont tout entiers d'un
seul coup, tandis que dans les copies et les existences en
devenir ce n'est à mon avis pas possible[1]. Sans doute,
15 cependant, les raisons naturelles et psychiques, | si elles
sont descendues de l'étant véritable et de l'immobilité dans
l'un, ne peuvent-elles avoir l'entier d'un seul coup au sens
strict, mais à la manière qui convient aux intermédiaires.
Pour le dire en résumé, dans la participation je considère
comme impossible de concevoir un temps tout entier d'un
seul coup, mais à partir de l'analogie avec l'éternité, je

---

1. Une manière de rendre acceptable la théorie de Damascius serait
de considérer que le temps tout entier d'un seul coup est la raison, au
sens du modèle un et immuable, du temps sensible. Cependant, il ne
s'agit pas du modèle intelligible (la notion générale de temps, *cf.* 776.10-
13), mais d'une réalité psychique. Simplicius va dès lors répéter que,
dans l'âme, il ne peut être question d'un « entier d'un seul coup » au
sens strict, mais admettre qu'on puisse étendre l'expression au temps
par analogie avec l'éternité qui la possède au sens strict.

suis moi aussi arrivé à la pensée du temps premier, qui se trouve au-dessus de toutes les choses intratemporelles et | les temporalise par leurs participations à lui, c'est-à-dire 20 qui régularise et mesure l'extension de leur existence, et fait en sorte qu'il y ait un ordre entre les parties de cette extension. De même, en effet, que l'éternité qui existe avant les choses éternelles est un intermédiaire entre la transcendance unifiée de l'étant et la descente différenciée de l'intelligence, existant elle-même relativement au différencié (et c'est pourquoi l'éternité est au même niveau que la vie, | puisque celle-ci, étant elle aussi intermédiaire 25 entre l'étant et l'intelligence, autrement dit entre l'unifié et le différencié, existe relativement au différencié) ; de la même manière donc, étant un intermédiaire entre l'étant véritable et le devenant, autrement dit entre l'immobile et le mû, ou entre ce qui possède d'un seul coup tout entier l'être de sa substance, de sa puissance et de son activité… [1], il faut forcément qu'existe ce | qui échappe tout juste au 30 devenir, ce qui est descendu de l'étant et grâce à lui mesure, tient ensemble et ordonne l'extension du devenir par la participation de celui-ci à lui [2]. En effet, le temps participé n'est pas l'extension mais la mesure et l'ordre de l'extension.

1. L'éditeur constate un hiatus dans la phrase ; il manque un deuxième terme tel que « et ce qui a son être dans le devenir ».
2. L'analogie est fondée sur les trois niveaux de l'intelligible distingués par le néoplatonisme tardif : l'être, puis la vie et l'éternité, et enfin l'intelligence. La médiation qu'exerce le terme du milieu est présentée ici comme une utilité pour le terme le plus bas. L'usage de la préposition *kata* est subtil : la traduire par « en vue de » serait trop fort, car l'éloignement de l'être ne peut être un but ; à l'inverse, « suivant » ou « conformément à » suggérerait une antériorité du terme inférieur ; il faut plutôt comprendre que, puisqu'il y a eu éloignement (différenciation dans le premier cas, devenir dans l'autre), l'intermédiaire sert à en éviter l'excès, à le maintenir sous l'influence du premier terme. Son existence est donc relative au terme inférieur, justifiée par la nécessité de le contrôler.

Et si ce que je dis est vrai, ce premier temps a le même
rapport avec l'âme que l'éternité imparticipée avec la vie.
35 | Or, la vie n'est pas éternelle (car est éternel ce qui est
785 mesuré par l'éternité), | mais elle est la même essence que
l'éternité, considérée selon une autre particularité, et l'âme
n'est pas intratemporelle mais elle est elle-même temps
– si ce n'est qu'elle est âme en tant que ce qui anime les
êtres vivants, et temps en tant que ce qui mesure l'extension
de l'être, à moins toutefois que la procession ait séparé les
5 essences de telle sorte que l'âme soit une chose | et le temps
une autre. En effet, là-bas aussi se trouvait cette triple
médiété, conçue d'une façon comme la vie, d'une autre
comme l'éternité, et d'une autre comme la totalité, non
qu'elles soient elles-mêmes distinguées mais que nous les
distinguions dans leur totalité unifiée [1]. Et il est clair que
ce serait là le temps qui est adoré comme un dieu par les
Chaldéens et par d'autres dévotions religieuses [2], mais ce
10 n'est pas sur | lui que porte le discours des physiciens mais
sur celui qu'on observe dans la participation. Par conséquent,
considérons que ces propos suffisent.

Examinons, par ailleurs, les opinions des philosophes
précédents sur le temps. Peut-être, en effet, certains d'entre
eux se révéleront-ils avoir approché le temps dont nous
avons parlé.
Le pythagoricien Archytas, qui semble être le premier,
parmi ceux que nous connaissons par tradition, à avoir

---

1. Suivant la même analogie, comme l'éternité se confond avec la
vie sauf dans notre pensée qui les distingue, ainsi l'âme doit se confondre
avec le temps au sens premier.
2. *Cf.* Proclus, *in Tim.* 244 : « Les théurges disent que [le temps] est
un dieu et le célèbrent comme plus vieux et plus jeune, comme un dieu
éternel qui se meut circulairement, qui pense le nombre total de tout ce
qui se meut dans le monde ; et en outre qu'il est illimité par sa puissance. »

défini | l'essence du temps, a écrit ceci à son propos dans 15
son traité *Sur le tout*[1] :

> Le « quand » et le temps en général ont comme propres
> l'indivisibilité et l'inexistence. En effet, l'instant étant
> indivisible, au moment où on le dit ou le pense, il est
> passé et ne demeure pas. Comme il devient continuellement,
> il n'est jamais conservé numériquement le même, quoiqu'il
> soit le même par l'espèce. Car le | temps maintenant 20
> présent et le futur ne sont pas les mêmes que celui qui
> est passé : l'un est passé et n'est plus, et l'autre, au
> moment même où il est pensé et présent, a disparu. Et
> ainsi l'instant est relié en continu, un autre toujours
> apparaissant et disparaissant, quoique par l'espèce il soit
> le même. En effet, tout instant sans parties et indivisible
> est la fin du passé et le début du futur, | de même que, 25
> sur une ligne droite coupée, le point où est faite la coupure
> devient début de l'une des lignes et fin de l'autre. Par
> ailleurs, le temps est continu et non discret comme le
> nombre, le langage et l'harmonie. En effet, du langage
> les syllabes sont les parties et elles sont discrètes, et de
> même les sons pour l'harmonie et les unités pour le
> nombre ; mais la ligne, l'aire et le lieu sont | continus, 30
> car leurs parties font des coupures communes quand elles
> sont divisées : la ligne se divise en un point, la surface
> en une ligne et le volume | en une surface. Le temps aussi **786**
> existe en étant continu. Sinon, il n'y aurait pas de nature
> pendant qu'il n'y a pas de temps, ni de mouvement quand
> il n'y a pas d'instant ; mais il y en avait et il y en aura

1. Le titre indiqué, *Peri tou pantos* (*Sur le tout*), vient des premiers
mots du traité : « *peri tou pantos logou* » : « sur tout le langage ». Il est
mentionné de la même façon au début du commentaire sur les
Catégories (2.17). L'extrait cité ici concerne la catégorie « quand »
(*pote*) ; il figure également dans le *in Cat.* (352.24-353.15), sans variantes
notables. Sur le Pseudo-Archytas et son interprétation par Jamblique,
voir l'Introduction.

toujours, et jamais l'instant ne fera défaut, se renouvelant
toujours. Et il est autre numériquement, mais le même
5   par l'espèce. Le temps diffère des | autres continus en ce
que, pour les lignes, les aires et le lieu, les parties
demeurent, tandis que pour le temps celles qui sont
apparues ont été détruites et celles qui apparaîtront seront
détruites. C'est pourquoi ou bien le temps n'existe pas
du tout ou bien il existe obscurément et à peine. Car ce
dont le passé n'est plus, le futur n'est pas encore et
l'instant est sans parties et indivisible, comment cela
10   pourrait-il exister | véritablement ?

Cependant, le divin Jamblique, au premier livre de son
commentaire sur les *Catégories*, dit qu'Archytas définit
le temps comme « un certain nombre du mouvement ou
l'étendue générale de la nature du tout[1] ». Lui-même
explique la définition comme s'appliquant à un certain
mouvement qui n'est pas l'un des multiples mouvements
15 (sinon les | autres seraient privés de temps) ni la communauté
de tous (car celle-ci n'est pas une), mais à celui qui est
réellement un, antérieur à tous les autres en tant que monade
des mouvements[2], celui qui est à juste titre premier et

---

1. La leçon « un certain nombre du mouvement » est probablement
erronée. Les interprétations de Jamblique, de Damascius (ci-dessous,
787.30) et de Simplicius montrent qu'ils lisaient « le nombre d'un certain
mouvement », et c'est aussi ce que Simplicius écrit dans son commentaire
aux *Catégories* (350.11-12). Comme l'explique Ph. Hoffmann dans
« Jamblique exégète du pythagoricien Archytas : trois originalités d'une
doctrine du temps », *op. cit.*, p. 312 : « L'auteur du faux est donc parti
d'une version abrégée de la définition aristotélicienne du temps et il a
transformé κινήσεως en κινήσεως τινός » puis il a « modifié la définition
de Chrysippe et remplacé κόσμου par παντός pour faire plus
pythagoricien. ». En effet, la deuxième partie de la définition est
manifestement d'origine stoïcienne, *cf.* la note à 700.22.
2. Dans une perspective néopythagoricienne, le mot désignant l'un
arithmétique (*monas*), principe producteur des nombres, est étendu à tout
principe producteur unitaire. Cf. *in Cat.* 350.18-24 : « Car il ne dit pas
que le temps est le nombre de tout mouvement, comme l'a défini Aristote,

cause de tous, à savoir le changement premier de l'âme qui se déploie suivant la projection des raisons. Le nombre de ce mouvement n'est donc pas apparu en plus ni de l'extérieur, comme le pense Aristote, | mais il est rangé 20 avant le mouvement dans l'ordre causal et, le faisant procéder suivant les mesures proportionnées, étant une essence, il donne en quelque sorte naissance à son acte essentiel, qui consiste en les projections automotrices des raisons essentielles de l'âme.

Quant à « l'étendue générale de la nature du tout », il faut supposer, dit-il, que les anciens appelaient ainsi ce qui est conçu comme continu dans les raisons et étendu dans le morcellement. | Ce continu, en effet, que l'on 25 montre dans les changements du devenir, du fait que cet instant-ci vient de l'instant précédent et ce mouvement-ci du mouvement précédent, on le conçoit préexistant bien avant et de manière plus principielle dans l'essence des raisons entières naturelles, et en cela consiste principiellement l'étendue du temps le plus ancien de tous, qui tient ensemble les raisons de la nature [1]. | L'opinion des 30 plus anciens encore, dit-il, est en accord avec cela. Les uns, en effet, ont défini le temps par la ronde de l'instant (comme son nom l'indique [2]), d'autres par les rotations de l'âme, d'autres par la région naturelle de celles-ci,

mais d'un certain mouvement, non pas au sens d'un mouvement particulier, comme celui du ciel ou du soleil ou d'un autre qui soit délimité dans les corps particuliers, puisqu'ainsi le temps ne serait ni principiel ni étendu en commun sur toutes choses ni digne d'être rangé parmi les genres premiers, mais c'est le mouvement qui apparaîtrait comme principiel et cause de l'être pour les autres mouvements. »

1. En tant que principe des étendues continues de la nature, le temps peut être lui-même dit continu et étendu, mais en un sens convenant à l'unité d'une raison.

2. Le rapprochement étymologique entre *chronos* (le temps) et *choros* ou *choreia* (la ronde) se trouve aussi chez Proclus, *in Remp.*, 2, 17.17-18.1.

d'autres enfin par les rotations d'un tour complet, tout
cela étant compris dans la conception pythagoricienne [1].

787 | Jusqu'ici, dit-il, nous avons développé notre interprétation
comme s'il y avait deux définitions, mais il faut rassembler
ces deux énoncés en un et concevoir le temps à la fois
comme continu et comme discret, même s'il est
principalement continu [2].

Voilà donc comment Jamblique dit que le temps psychique
5   et le temps naturel | ont été présentés par Archytas. Il dit
aussi qu'au long du passage d'Archytas que j'ai cité
précédemment se révèle l'acte du temps tel qu'il apparaît
vers l'extérieur, mais qu'Archytas n'estime pas que ce
temps seul existe mais qu'il y a aussi un temps primordial
parmi les étants, bien disposé selon son propre ordre auquel
10   remonte le premier et le second dans nos | actions, ce qui
n'existerait pas si le temps ne préexistait pas.

---

1. La même énumération est transmise en *in Cat.* 351.33-352.2, sans
être signalée comme une citation littérale de Jamblique : « Les uns en
effet ont défini le temps, comme son nom l'indique, par une sorte de
ronde de l'âme autour de l'intellect, les autres par les rotations de l'âme
et de son intellect, d'autres par la ronde de la nature autour de l'intellect,
d'autres enfin par les rotations d'un tour complet… ». On retrouve chez
Proclus, surtout dans les commentaires sur le *Parménide* et le *Timée*, de
très nombreuses mentions du temps premier qui mesure, ou se confond
avec, « la ronde de l'âme autour de l'intelligible » (voir aussi ci-dessus
775.14-31). L'attribution de ces définitions du temps à des « plus anciens
encore » renvoie probablement aux mystères orphiques, auxquels, d'après
Jamblique, Pythagore aurait été initié et que Platon aurait connus par
l'intermédiaire d'écrits pythagoriciens. On ne trouve nulle part ailleurs,
en revanche, l'expression « la ronde de l'instant », qui pourrait être une
erreur de copie (par exemple, de « *noû* » à « *nûn* »).

2. Jamblique interprète la première partie de la définition « le nombre
d'un certain mouvement » comme s'il s'agissait d'un nombre mathématique,
c'est-à-dire discret, et la deuxième partie comme une affirmation de sa
continuité.

En ce qui concerne l'indivisibilité et l'inexistence, Jamblique considère qu'il faut les appliquer à des temps différents, définissant l'indivisibilité dans les formes des raisons statiques en elles-mêmes, et l'inexistence dans les mouvements qui en dérivent, puisque ceux-ci ne conservent pas l'essence indivisible et immobile ; ou encore, | l'indivisibilité dans l'acte et la perfection qui demeure 15 dans les essences, et l'inexistence dans l'impulsion sortant de l'être vers le devenir, parce qu'elle n'a pas conservé la pureté de la première essence [1].

> Et où, dit-il, faut-il penser qu'a lieu l'écoulement et la sortie du temps ? Nous dirons : dans les choses qui participent de lui [2]. En effet, étant toujours en devenir, elles ne peuvent recevoir sans mouvement l'essence stable qui est la sienne, | mais, atteignant celle-ci à tout 20 moment par d'autres parties d'elles-mêmes, elles font attribuer faussement leur propriété à cette essence [3]. En outre, le surgissement de l'instant appartiendra aux choses qui participent toujours |à l'instant, tandis que l'identité, dans les choses qui se trouvent toujours autres dans un continu [4], est propre à l'instant indivisible et est transférée

1. Le passage est plus développé en *in Cat.* 353.19-354.9, indiquant notamment que l'inexistence signifie un intermédiaire entre être et ne pas être, pour « toutes les choses qui ont leur être dans le devenir ».

2. La version du *in Cat.* est plus explicite ici aussi : « Et même s'il dit, dit-il, que l'instant, à peine pensé et dit, est passé, il faut supposer que cette sortie se trouve dans les choses qui participent au temps » (354.19-21).

3. Ainsi, le temps est une essence immobile mais les choses en devenir ne peuvent y participer que partie par partie, et c'est cela qui crée la succession dite à tort temporelle.

4. Cette partie de phrase, absente dans les manuscrits, est restituée par l'éditeur à partir de la citation du même passage en 792.33-793.3 (il s'agit probablement d'une erreur de copie par saut du même au même). La phrase ne se trouve pas dans le passage parallèle du *in Cat.*, 354.19-26.

à partir de lui aux choses qui deviennent toujours autres.
25 C'est pourquoi aussi, l'altérité | toujours renouvelée est
la marque de la variation des choses participantes, tandis
que la forme demeurant la même révèle l'identité de
l'instant indivisible [1].

Voilà donc comment Jamblique a interprété Archytas,
résolvant encore beaucoup d'autres difficultés par son
explication.

Quant à Damascius, il comprend, de manière sans doute
30 plus humble mais à mon avis plus proche | du texte
d'Archytas, « le nombre d'un certain mouvement » non
au sens du mouvement comme forme et immobile, mais
au sens du mouvement changeant, et donc non seulement
du psychique mais aussi bien de tout changement (c'est
probablement aussi parce que le changement concerne
toujours des choses individuelles et est individuel, que
pour cette raison Archytas a dit « un certain », car le général
est immuable [2]) ; et il explique « l'extension en général de
la nature du tout » par le fait qu'il n'est pas le nombre du
35 seul mouvement mais aussi du repos, | ce qu'Aristote a
pensé correctement lorsqu'il dit : « C'est cela » pour le
mouvement « être dans le temps : avoir son existence
mesurée ; et il est clair que pour les autres choses aussi
788 | c'est cela être dans le temps : avoir leur existence mesurée
par le temps [3] ». Il en résulte que l'extension de l'existence
du repos est également mesurée par le temps, de même

1. De même que le temps, l'instant comme forme est numériquement
un mais il est participé par des parties toujours différentes des choses en
devenir.

2. Damascius restitue ainsi l'inspiration aristotélicienne de la
définition, qui convient à tout changement quel qu'il soit mais pas à la
forme du changement.

3. *Phys.* IV 12, 221a6-9.

que, si le temps est dit du mouvement, il est dit le temps de cette extension de l'existence qui se trouve dans le devenir. Et il semble bien qu'Aristote a converti « l'étendue de la nature » en « l'extension de l'existence de chaque 5 chose [1] ». Après avoir dit donc « nombre du mouvement », Archytas a ajouté plus généralement « l'extension de la nature, propre aux choses en devenir », puisqu'on l'observe aussi dans le repos et en général dans toute substance générée et naturelle. C'est pourquoi aussi il a dit « et en général l'extension de la nature du tout », parce qu'il voulait dire que c'est surtout dans les choses naturelles qu'on observe le temps. En effet l'âme aussi participe au temps 10 dans la mesure où elle est en relation avec la nature et le devenir, comme avec l'éternité lorsqu'elle retourne vers l'étant véritable. En outre, l'extension est plus appropriée au temps que le nombre, car les instants ne sont pas séparés les uns des autres de la même manière que les unités, car aucun intermédiaire ne s'insère entre les instants qui ne soit un instant. C'est la raison pour laquelle le temps est continu et non discret, comme l'est le langage composé 15 des noms, verbes, syllabes et lettres, et la mélodie des sons. Mais, puisqu'il y avait aussi une autre extension, celle des grandeurs, il a ajouté « de la nature du tout », appelant « nature » l'excroissance du devenir à partir de l'être, elle-même toujours en devenir et s'écoulant. Un peu plus loin il a rendu plus clair encore qu'il n'avait pas défini l'extension selon la grandeur, mais selon la continuité du 20 toujours.

---

1. Interprétation ingénieuse de la deuxième partie de la définition, pour justifier son utilité tout en la rendant compatible avec la théorie aristotélicienne.

Par ailleurs, il qualifie le temps d'indivisible et
d'inexistant parce qu'il le considère dans l'instant inétendu,
et inexistant parce qu'il ne demeure pas le même numériquement ; telle est, en effet, la nature des choses qui ont leur
être dans le devenir. C'est pourquoi aussi se trouvent en
elles le mouvement et l'antérieur et postérieur. Vois aussi
que, lorsqu'il dit que le temps est indivisible et inexistant,
25 | et lorsqu'il dit que le temps dans l'instant diffère du passé,
il dit que l'instant est la même chose que le temps ; en
revanche, lorsqu'il dit que l'instant est la fin du temps passé
et le début du futur, alors il les dit différents, de même que
lorsqu'il dit l'instant indivisible et le temps continu, et
lorsqu'il définit le temps comme un nombre ; car on ne
pourrait dire que l'instant est un nombre puisqu'il est
30 indivisible [1]. Archytas semble donc, | comme Aristote, poser
le temps comme l'écoulement continu et ininterrompu des
instants, et présenter surtout ce temps lié au devenir et
entendu au sens propre comme une image véritable de
l'éternité.

Quant à Platon et Aristote, on a dit précédemment
quelle était leur opinion sur le temps. Théophraste et
35 Eudème, les compagnons d'Aristote, | ont manifestement
pensé et enseigné les mêmes choses que lui sur le temps.
En revanche, Straton de Lampsaque a mis en question la
définition du temps fournie par Aristote et par ses
789 compagnons, | bien qu'il soit lui-même l'élève de
Théophraste qui suit Aristote à peu près en tout, et il a pris
une nouvelle voie [2]. D'une part, en effet, il n'admet pas

1. Dès lors, l'indivisibilité et l'inexistence ne devraient s'appliquer
qu'à l'instant.
2. La nouveauté sera cependant modérée à partir de 789.18, Simplicius
montrant que le texte de la *Physique* réfutait par avance les arguments
de Straton et que la définition de celui-ci n'est qu'une variante moins
précise de celle d'Aristote.

que le temps soit le nombre du mouvement, du fait que le
nombre est une quantité discrète tandis que le mouvement
et le temps sont continus, or le continu n'est pas nombrable.
D'autre part, si c'est parce que | les parties du mouvement   5
sont toujours autres et l'une antérieure l'autre postérieure,
qu'il y a un nombre du mouvement, alors la longueur aussi
devrait être nombrable (car elle est aussi une quantité
toujours autre), ainsi que les autres choses qui progressent
de manière continue avec de l'antérieur et du postérieur,
de sorte que même pour le temps il y aurait un temps du
temps. En outre, | il n'y a pas de venue à l'être et de   10
destruction du nombre, même si les choses nombrées sont
détruites, tandis que le temps vient à l'être et est détruit
continuellement. Par ailleurs, du nombre il est nécessaire
que toutes les parties existent (car, s'il n'y a pas trois unités
il n'y a pas non plus le trois), mais pour le temps c'est
impossible, car le temps antérieur et le temps postérieur
seraient simultanés. En outre, l'unité et l'instant seraient
la même chose, si le temps était un nombre, car le | temps   15
est composé des instants et le nombre des unités. Il avance
également cette difficulté : en quoi le temps est-il davantage
nombre de l'antérieur et postérieur dans le mouvement que
dans le repos ? car dans celui-ci l'antérieur et postérieur se
trouve de la même façon.

Mais il est facile de résoudre tout cela d'après ce qui
a déjà été dit. En effet, Aristote disait que le temps est la
mesure de l'écoulement dans le devenir, qui est commun
au mouvement et à son opposé le | repos, et la mesure de   20
l'existence dans toutes les choses en devenir. Et il disait
que le temps est nombre non au sens strict du nombre (car
il montre que le temps est continu comme la grandeur et
le mouvement), mais en tant qu'il est connu par la détermination de l'antérieur et postérieur dans la continuité, par
les êtres qui sont capables de sentir le temps. C'est pourquoi

25 rien | dans la conception d'Aristote n'est ébranlé par les
objections fondées sur le nombre.

Cependant, concernant ce qui est dit être dans le temps,
Straton semble objecter avec raison : « Si être dans le
temps, dit-il, c'est être entouré par le temps, il est clair
qu'aucune des choses éternelles ne serait dans le temps ».
Or Aristote semble dire que ce qui existe dans le temps
entier est éternel et non intratemporel, parce que ce n'est
30 pas | entouré par le temps. Mais en fait, si le temps qui est
toujours a son être dans le fait de devenir toujours, et si
l'éternel dans le temps est tel que le mouvement de l'univers,
comme ce qui possède le toujours au sens de ce qui va
vers l'infini, il est vrai de dire que tout temps considéré
est entouré par un autre temps[1]. Straton oppose encore
beaucoup d'autres arguments à l'héritage d'Aristote, et
35 pose lui-même | que le temps est la quantité dans les
actions :

> car, dit-il, nous disons chevaucher, naviguer, déplacer
> l'armée et combattre pendant beaucoup ou peu de temps,
> et de la même manière être assis, dormir et ne rien faire
> **790** pendant beaucoup ou peu de temps : | ce dont la quantité
> est grande, en beaucoup de temps, et ce dont elle est
> petite, en peu de temps ; car le temps est dans chacun de
> ces cas la quantité. C'est pourquoi aussi, la même personne
> est dite aller lentement par les uns, rapidement par les
> autres, selon ce que paraît à chacun la quantité en question.
> En effet, nous appelons rapide l'action dans laquelle la
> quantité entre le moment où elle a commencé et le moment
> **5** où | elle s'est arrêtée est petite tandis que ce qui s'est
> passé en elle est grand ; et nous appelons lent le contraire,

---

1. La réponse est donc qu'il faut distinguer le perpétuel, qui s'étend
infiniment dans le temps et est temporel, et l'éternel au sens propre, qui
est immuable et n'est donc pas dans le temps, comme Aristote l'illustrait
par les vérités mathématiques.

lorsque la quantité est grande et ce qui a été fait est petit.
C'est pourquoi, dit-il, le rapide et le lent n'existent pas
dans le repos, car tout repos est égal par sa propre quantité
et il n'est pas long dans une petite quantité ni court dans
une grande. Et pour cette raison, dit-il, nous disons qu'il
y a plus et moins de temps, | mais nous ne disons pas que   10
le temps est plus rapide et plus lent. Car l'action et le
mouvement sont plus rapides et plus lents, mais la quantité
dans laquelle se produit l'action n'est pas plus rapide et
plus lente mais il y en a plus ou moins, comme pour le
temps. Par ailleurs, le jour et la nuit, dit-il, ainsi que le
mois et l'année, ne sont pas du temps ni des parties du
temps, mais les premiers sont la luminosité et l'obscurité,
les seconds le retour périodique de la lune et | du soleil,   15
tandis que le temps est la quantité dans laquelle tout cela
se produit.

Cependant, si une chose est l'action accomplie, une autre
la quantité dans laquelle elle s'est produite et que celle-ci
soit le temps, il a bien dit que c'était une quantité, mais il
n'est pas clair de savoir quelle sorte de quantité. C'est
pourquoi à partir de là non plus il n'est pas possible de
saisir une conception du temps que l'on n'ait pas déjà
saisie. Qu'il existe une autre quantité à côté de celle qui
est propre aux mouvements et aux repos, | c'est clair,   20
puisque nous disons que beaucoup de mouvement se passe
en peu de temps, lorsqu'il est rapide, et peu de mouvement
en beaucoup de temps, quand il est lent ; mais qu'est-ce
que cela, le raisonnement de Straton ne l'a pas rendu clair.

> Pour cette raison, dit-il, nous disons que tout est dans le
> temps, parce que la quantité accompagne toutes choses,
> celles qui deviennent et celles qui sont.

Mais pour beaucoup de choses nous parlons en sens inverse :
la cité est dans les troubles et l'homme dans la crainte ou

25 | le plaisir, parce que ceux-ci sont en eux. Voilà donc, pour le rappeler brièvement, les opinions et difficultés de Straton à propos du temps.

Tous les philosophes mentionnés ont traité du temps physique, même si certains d'entre eux ont donné des indications sur le temps indépendant et séparé et préexistant dans l'ordre causal.

30 | Parmi les plus récents, Plotin est manifestement le premier à avoir fait porter ses recherches sur ce temps premier [1] ; il dit qu'il est la vie de l'âme dans le mouvement qui la fait passer d'un genre de vie à l'autre, en le révélant, de façon appropriée, par ses propos sur l'éternité. Il dit, en effet, que l'éternité est la vie propre à ce qui est dans l'être, ensemble tout entière et pleine, inétendue de toutes les manières. Mais il vaut sans doute mieux écouter les propres

35 | paroles pleines d'intelligence de Plotin [2] :

> Si l'on disait donc que le temps est la vie de l'âme dans son mouvement de passage d'un genre de vie à l'autre,
>
> **791** semblerait-on | dire quelque chose de sensé ? Si, en effet, l'éternité appartient à la vie [3] dans la stabilité et l'identité, immuable et d'emblée infinie, et si le temps doit être l'image de l'éternité, comme l'est aussi cet univers par rapport à celui-là, il faut dire qu'au lieu de la vie de là-bas il est une autre vie, celle de cette puissance-ci de l'âme,
>
> 5 comme un homonyme ; | qu'au lieu du mouvement

---

1. Ce temps n'est pas premier au sens où il y en aurait un second, mais, comme on va le lire dans le passage cité, il est premier par rapport au mouvement et dans l'ordre causal.

2. Plotin, *Ennéades*, III, 7, 11, 43-62.

3. Le texte de Plotin comporte : « l'éternité est la vie… », ce qui correspond mieux à la phrase précédente : « le temps est la vie de l'âme… ». Comme la même expression est correctement citée en 790.33, on peut penser ici à une erreur de copie transformant le nominatif en génitif.

intellectif, il est le mouvement d'une certaine partie de l'âme ; qu'au lieu de l'identité et de ce qui demeure immuable, il est ce qui ne demeure pas dans le même mais est toujours en un autre acte ; qu'au lieu de l'inétendu et de l'un, il est l'image de l'un qui est l'un dans la continuité ; qu'au lieu de ce qui est d'emblée infini et entier, il est ce qui va toujours vers l'infini par la succession ; et qu'au lieu de l'entier d'un seul coup, il est l'entier qui se fera partie par partie et sera toujours à venir. Ainsi | il imitera ce qui est d'emblée tout entier   10
d'un seul coup et d'emblée infini, s'il veut être dans l'être en s'augmentant toujours, car c'est ainsi que son être imitera celui de l'éternité. Et il ne faut pas considérer le temps comme extérieur à l'âme, pas plus que l'éternité là-bas comme extérieure à l'étant, ni comme un accompagnement et quelque chose de postérieur, de même que ne l'est pas l'éternité là-bas, mais comme ce qui se manifeste en étant dans et avec elle, comme là-bas aussi | l'éternité.   15

Et il ajoute que le temps ne mesure pas le mouvement mais le mouvement le temps, puisque le temps est invisible tandis que le mouvement est visible, et que l'on connaît et mesure l'invisible grâce au visible. Il dit donc que « ce qui est mesuré par le transport circulaire (c'est-à-dire ce qui est révélé par lui), ce sera cela le temps, non pas généré par le transport circulaire mais révélé par lui[1]. » « C'est pourquoi, | dit-il, ils furent portés à dire qu'il est la mesure   20
du mouvement, au lieu de dire qu'il est mesuré par le mouvement et d'ajouter ensuite ce qu'il est, lui qui est mesuré par le mouvement[2]. » Et il ajoute encore ceci : « Le temps est-il donc aussi en nous ? Ou n'est-ce pas

1. III, 7, 12, 49-51.
2. III, 7, 13, 9-12.

plutôt qu'il est dans toute âme de cette sorte et de la même façon en chacune, toutes les âmes ne faisant qu'une ? C'est pourquoi le temps ne sera pas dispersé, pas plus que l'éternité qui, d'une autre façon, est dans toutes les choses de même espèce[1]. »

25   Dans ce passage donc, | Plotin considère le temps comme la vie changeante de l'âme, puisque l'éternité est « la vie autour de l'étant et dans l'être, toute ensemble, pleine, absolument inétendue », comme il l'a dit plus haut[2], et il semble avoir cette conception en raison de l'analogie. De même, en effet, que, dans l'intelligible, après ce qui apparaît en premier (qu'il appelle l'intelligence elle-même), se trouve la vie intellective qui avance de la même façon
30   que l'éternité (et c'est pourquoi ce qui | vient après elle est à la fois vie et éternel), ainsi, au sommet du devenir, après l'essence indivisible, la vie psychique avance de la même façon que le temps.

Cependant, Damascius lui reproche d'avoir présenté l'intelligence éternelle au lieu de l'éternité. On peut répondre que la vie autour de l'étant et dans l'être, si elle est celle
792   qui est | immédiatement après l'étant, n'est pas celle de l'intelligence éternelle, qui est la troisième, mais celle de l'intermédiaire, que Plotin appelle aussi l'intelligence elle-même, comme la première[3]. Mais ceci, je pense, mérite un examen, de savoir si la vie et l'éternité sont unifiées

---

1. III, 7, 13, 66-69.
2. III, 7, 3, 36-38.
3. Il semble bien que, dans l'intelligible, Plotin distingue seulement le « substrat », qui est l'être, et sa pensée ou sa vie, qui se confond avec l'éternité, mais qu'il ne considère pas la pensée ou l'intelligence comme un troisième terme. D'où le reproche de Damascius et la réponse, seulement hypothétique, de Simplicius.

dans les intelligibles, et si c'est nous qui, divisant l'unité
de là-bas, appelons l'intermédiaire | tantôt vie, tantôt 5
éternité, tantôt tout et parties, comme nous l'avons appris
dans le *Parménide*[1], tandis que, dans ce qui participe du
devenir, l'unité dans la vie ne demeure plus car elle s'est
avancée vers la nature de l'image, même si elle a encore
quelque chose qui échappe à l'image et au devenir. Mais
la vie psychique est l'image de la vie intellective, et le
temps l'image de l'éternité, comme le dit aussi Platon. | La 10
vie changeante de l'âme ne serait donc pas exactement le
temps, mais temporelle, de même qu'est éternelle la vie
immuable de l'intelligence[2]. Et c'est ce temps premier qui
mesure le changement de l'âme, puisque le changement
psychique est le tout premier et que les autres viennent de
lui. Et c'est peut-être en faisant allusion à cela qu'Aristote
disait qu'il n'y aurait pas de temps s'il n'y avait pas d'âme,
parce qu'il | n'y aurait pas ce qui nombre[3]. Admettons 15
donc que le temps commence à partir de l'âme, en étant
autre qu'elle et en mesurant ses actes changeants. Quant
à son être et à ses actes essentiels, qui se trouvent dans
l'intermédiaire entre la nature indivisible et la nature divisée
dans les corps, c'est une mesure intermédiaire entre l'éternité

1. L'unité et la distinction entre vie, éternité et totalité est longuement
discutée par Damascius dans la section de son commentaire du *Parménide*
portant sur la description de l'un-étant (*to hen on*) comme tout et parties
(142c7-143a3).
2. Il faudrait donc être plus précis que Plotin et distinguer, d'une
part, la vie éternelle et son principe l'éternité, d'autre part, la vie temporelle
et le temps d'où elle procède.
3. *Cf.* ci-dessus 758.28-761.9. On voit par ce rapprochement aussi
que, pour Simplicius, le temps qui mesure les changements de l'âme
n'est pas un autre que celui qui mesure le devenir. S'il est dit premier,
c'est parce qu'il est antérieur à tous les changements, conformément à
l'antériorité ontologique de la mesure sur le mesuré.

et le temps qui les tiendra ensemble et les mesurera au plus juste [1].

20 | Après Plotin, convoquons aussi Jamblique pour jeter une lumière sur nos pensées. Il parle lui aussi du temps premier et imparticipé [2], dans son commentaire aux *Catégories*, en expliquant le texte d'Archytas. Car l'acte de l'indivisible n'est pas comme la flamme de la lampe, qui devient toujours ; n'étant ni sensible ni en écoulement,
25   il demeure | dans la procession, est toujours, agit toujours et ne devient jamais, mais il se tient dans l'immobile, inengendré, dans une forme numériquement la même, et impérissable. Cependant, il dit que l'instant naît toujours. Or je pense qu'il est manifeste, par cette description même, que ce qui naît a commencé à naître à un certain moment et ne naît pas toujours, tandis que l'instant est et ne naît pas. Et si une chose naît en ayant son mouvement en
30   extension, elle ne naît pas | dans l'instant [3]. Car c'est plutôt le repos que l'on observe dans l'instant et non le mouvement. Mais il dit qu'il faut concevoir l'indivisible comme quelque chose de continu et mesure du mouvement continu, et comme la cause génératrice du temps. Où sera donc le temps s'écoulant et devenant ? Dans les choses participantes.

---

1. L'être de l'âme et les actes qui en résultent nécessairement sont antérieurs au temps qui mesure ses mouvements et ce n'est pas un temps qui convient à leur ordonnance, mais pas non plus l'éternité, réservée à l'être intelligible, de sorte qu'il faudrait ajouter aux distinctions de Plotin une troisième mesure, intermédiaire entre le temps et l'éternité.

2. « Imparticipé », c'est-à-dire non possédé par des sujets, par opposition au temps physique qui est dit « participé » au sens d'un attribut du mouvement (*cf.* 763.3 et la note).

3. Si l'instant est indivisible, il ne peut pas naître, car la naissance est un développement progressif à partir d'une première partie et non le surgissement instantané d'une totalité. Pour la même raison, rien ne peut naître dans l'instant.

En effet, dit-il, étant toujours en devenir, elles ne peuvent recevoir sans mouvement l'essence stable qui est la sienne, mais, atteignant celle-ci à tout moment par d'autres | parties d'elles-mêmes, elles font attribuer faussement 35 leur propriété à cette essence. | En outre, le surgissement **793** de l'instant appartiendra aux choses qui participent toujours à l'instant, tandis que l'identité, dans les choses qui se trouvent toujours autres dans un continu, est propre à l'instant indivisible [1].

Jamblique semble donc ici concevoir, d'une part, un instant inengendré avant les choses participantes, et d'autre part, à partir de lui, ceux qui sont reçus par les choses participantes. En outre, de même que pour | l'instant, il y a aussi un seul 5 temps avant les choses temporalisées, et plusieurs temps qui adviennent dans les choses participantes, dans lesquelles on trouve donc le passé, le présent et le futur.

Non pas, dit-il, comme certains le croient, grâce à l'organisation de nos actions, mais grâce à l'existence du temps qui dispose convenablement nos actions. Car le premier et le second, dit-il, ne pourraient | être reconnus 10 dans nos actions si le temps n'existait pas par soi, auquel remonte ce qui est ordonné dans les actions [2].

1. Même citation p. 787.19-26. A la ligne 793.1, j'ai interprété le « *oûn* » comme une erreur de copie du « *nûn* » qu'on lit dans la première citation et qui est nécessaire au sens.

2. Jamblique semble ainsi contredire la définition de Straton, selon laquelle le temps est la quantité de nos actions, en inversant la dépendance : ce n'est pas parce que certaines choses ont un ordre que le temps existe, mais c'est parce que le temps existe déjà comme ordre que l'ordre peut se trouver dans les autres choses.

Que, par ailleurs, le temps contient par soi l'âme [1], la phrase
suivante le montre :

> Logiquement donc le temps est défini comme une image
> mobile de l'éternité, l'âme étant faite à l'image de l'intelli-
> gence et ses raisons à la ressemblance des intellections,
> et l'instant indivisible en | elle à la ressemblance de celui
> qui demeure dans l'un ; en outre, ce qui peut contenir
> toutes choses ici a été fait à l'image de ce qui là-bas
> contient les étants en lui d'un seul coup et toujours, ce
> qui est ici en mouvement à l'image de ce qui est là-bas
> statique, et la mesure du devenir a été façonnée sur le
> modèle de la mesure des essences.

15

Il est donc clair qu'il pose l'éternité comme la mesure
contenante des étants véritables, ensuite le temps qui est
20 lui-même une substance | mais qui mesure le devenir,
d'abord le devenir psychique puis celui qui en provient,
et enfin le temps suivant le mouvement et inexistant au
sens où il a son être dans le devenir [2]. Par ailleurs, il veut
que non seulement l'instant soit présent, mais aussi le
temps intermédiaire entre deux limites [3]. Il faut ajouter
aussi ce qu'il dit dans son commentaire au *Timée*. Au
25 huitième livre, | suivant au plus près Platon, il expose la
connexion du temps à l'éternité. C'est pourquoi, il consacre

1. Au sens où l'âme est elle-même temporelle, c'est-à-dire est dans
le temps premier comme les choses en devenir sont dans le temps en
écoulement.

2. On voit désormais comment le temps psychique est intermédiaire
entre l'éternité, qui ne mesure que les intelligibles, et le temps physique
qui ne mesure que les mouvements de l'univers sensible : l'intermédiaire
est une substance (*ousia*), c'est-à-dire possède une existence indépendante,
contrairement au temps en écoulement qui est seulement un attribut des
mouvements.

3. Cette conception d'un temps présent étendu n'est pas développée
ici, mais elle le sera lors de sa présentation chez Damascius.

surtout son propos au temps séparé du monde mais qui contient et fournit les mesures de tout le mouvement qui s'y produit, et qui serait un autre temps à côté de celui que cherchent les physiciens. Voici ce qu'il dit au chapitre 6 [1] :

| Nous coordonnons son essence en acte avec la mise en 30 ordre qui progresse en coordination avec les choses créées, et qui est elle-même inséparable des choses qu'elle accomplit. Que « l'ordonnance crée en même temps le ciel » [2] montre que l'existence du temps est coordonnée à la mise en ordre qui provient du démiurge ; et assurément cette existence précède | la rotation du ciel, de même que 35 la mise en ordre qui organise celle-ci a été rangée immédiatement avant elle, de la même façon suivant les directives du temps [3] ; | et elle a rassemblé celle-ci tout **794** entière d'un seul coup dans des limites déterminées, parce qu'elle conserve la raison de la cause d'où elle provient. Ainsi donc, nous admettons nous aussi qu'il y a un ordre du temps, quoiqu'il ne soit pas ordonné mais ordonnant, ni une conséquence de ce qui précède mais ce qui commande les | choses accomplies en étant plus ancien ; 5 il n'est pas non plus l'ordre divisé en parties suivant des raisons ou des mouvements ou d'autres puissances délimitantes, mais celui qui est complètement achevé suivant les engendrements créateurs entiers. Quant à l'antérieur et au postérieur dans cet ordre, nous ne les

1. Jamblique, fr. 63 dans l'édition de Dillon. Dillon pense qu'il ne peut s'agir du livre VIII, mais probablement du livre III, car il serait étonnant que le commentaire de *Timée* 37d attende jusqu'au huitième livre. Il reconnaît cependant lui-même que le commentaire peut avoir été particulièrement long.

2. Citation non littérale de *Timée* 37d5-6 : « *diakosmôn hama ouranon poiei* » : « en mettant en ordre, il (le démiurge) produit en même temps le ciel. »

3. Je considère le « *ekeinès* » comme renvoyant à « *hè tou chronou hupostasis* ».

situons pas dans les déroulements des mouvements ni
dans les développements de la vie ni dans les dérives des
10   devenirs cosmiques ni dans rien de tel, | mais nous le
définissons suivant l'antériorité des causes, l'enchaînement
continu des engendrements, l'acte originel et la puissance
d'accomplissement des mouvements, et tout ce genre de
choses. En outre, nous disons qu'à la fois le temps et
l'univers ont été engendrés non pas avec le mouvement
ou la vie provenant de l'âme, mais à partir de la mise en
15   ordre intellective issue du démiurge ; | car c'est avec elle
que le temps s'est mis à exister, ainsi que le monde.
L'ancien discours lui-même révèle en termes précis que
le dieu, en disposant et en dirigeant, a créé à la fois le
temps et l'univers [1]. Et on pourrait le considérer comme
une mesure, non certes au sens de ce qui mesure le
déplacement ou est mesuré par le mouvement, ni de ce
qui manifeste la rotation circulaire ou est manifesté par
20   elle, mais au sens de la cause | et de l'unité de toutes ces
choses ensemble.

Voilà donc ce qu'a écrit Jamblique sur le temps séparé du
devenir et existant par soi. En outre, à la fois à son propos
et à propos de celui qui a été donné au monde à partir de
lui, il a écrit ceci au chapitre 10 [2] :

Grâce à cela, et suivant le modèle de la nature éternelle,
le temps aussi est le plus possible semblable à lui-même.

1. On peut sous-entendre « discours » après « l'ancien » (l'Aldine
ajoute *logos*) ou penser qu'il s'agit de l'auteur ancien, c'est-à-dire Platon ;
en tout cas la référence est clairement au *Timée*. Plotin avait évité
l'intervention plus ou moins mythique d'un démiurge, en faisant apparaître
le temps par la sortie spontanée de l'âme hors de l'être. Mais Jamblique
lui donne une dignité supérieure en le faisant produire directement par
le démiurge, qu'il identifie à l'intellect. Par rapport à Platon, la différence
importante réside dans le dédoublement du temps en une essence
ordonnatrice, d'une part, et un dérivé du mouvement d'autre part.
2. Fr. 67 Dillon.

Il ressemble | à l'éternité et est le plus possible semblable 25
à lui-même en raison de sa nature sans parties[1]; il est
présent au travers d'un seul acte, avance conformément
à lui et définit toutes les choses en devenir d'une façon
uniforme même si elles sont différentes.

Il donne encore sur ce point cette autre démonstration[2] :

Le modèle est de toute éternité, tandis que l'autre[3] devient
constamment durant le temps tout entier, de sorte qu'il
est et | sera. Ce qui donc se trouve comme modèle dans 30
l'intelligible, se trouve comme image dans le devenir. Et
ce qui là existe selon l'éternité, ici existe temporellement.
Et ce qui dans l'intelligible est maintenant déjà actuel
selon l'être, dans les choses d'ici survient constamment
selon la continuité. Et l'étant immuable se manifeste dans
les lieux d'ici comme ce qui est né dans le temps, ce qui
est et ce qui sera. | Et l'inétendu là-bas se montre ici 35
étendu. À présent apparaît clairement la double nature
intermédiaire du temps : intermédiaire entre l'éternité et
l'univers, double dans la mesure où elle existe avec le
monde mais est coordonnée | avec l'éternité, et où elle **795**
dirige celui-là et s'assimile à celle-ci.

Telle est donc la clarification des passages cités du *Timée*
selon le divin Jamblique.
Cependant, Proclus, le philosophe de Lycie, chef de file
de nos enseignants, | pense à peu près les mêmes choses 5

---

1. Dillon retient la leçon de F et de l'Aldine : *homoiomerè* : « its
uniform nature », invoquant la fréquente attribution de cet adjectif à
l'âme par Proclus, tandis que seule l'éternité serait indivisible. Mais
l'indivisibilité du temps premier est précisément ce que défend Jamblique
(*cf.* 793.4-7) et ce qui se traduit, dans le sensible, par la continuité.

2. Fr. 68 Dillon.

3. L'article masculin rappelle sans doute un *kosmos* ou un *ouranos*,
le monde ou l'univers, toutes les comparaisons qui suivent étant établies
entre l'ensemble de l'intelligible et l'ensemble du sensible.

que Jamblique sur le temps séparé, et tente de montrer qu'il est non seulement intelligence mais aussi dieu, au point d'être appelé à apparaître par les théurges. Il dit que ses actes intérieurs sont immuables tandis que ceux tendus vers l'extérieur sont changeants. Par ailleurs, à propos du
10 temps participé et inséparable | du devenir, il expose les mêmes choses qu'Aristote, considérant que selon Aristote le temps existe seulement dans l'instant. Quant à ceux qui viennent après Proclus jusqu'à nous, ils suivent presque tous Proclus non seulement sur ce point mais aussi sur tous les autres. J'excepte Asclépiodote, le meilleur des disciples de Proclus, ainsi que mon maître Damascius :
15 | le premier, par ses dons naturels exceptionnels, a formé de nouvelles théories, tandis que Damascius, par rivalité [1] et par affinité avec les propos de Jamblique, n'a pas craint de s'opposer aux théories de Proclus. En ce qui me concerne, par rapport aux opinions des deux philosophes, je dirai seulement que, si en cherchant la cause du temps dans les intelligences et les dieux, ils disaient qu'elle est également
20 intelligence et dieu, il faut | l'accepter ; car si l'on cherche les premières causes du mouvement et du devenir, on trouvera de toute façon l'intelligence et le dieu. Et il n'y a rien d'étonnant à ce qu'on appelle le temps par ces noms, puisqu'en beaucoup d'endroits cela a plu aux théologiens, et peut-être aussi aux dieux eux-mêmes [2]. Si toutefois on

1. La leçon des manuscrits *philophonia* n'a pas de sens connu. Sambursky et Sonderegger ont proposé *philoponia*, mais on ne voit pas en quoi le goût du travail entraînerait un désaccord avec Proclus. Urmson retient *philophthonia*, « rivalry », qui me semble aussi le plus probable, l'opposition de Damascius par rapport à son prédécesseur étant évidente notamment dans son commentaire du *Parménide*.

2. Jugement prudent de Simplicius, qui semble bien masquer son désaccord sur les articulations du raisonnement : en retenant seulement que le dieu et l'intelligence sont les causes du temps comme du devenir,

cherche le temps qui est communément reconnu et existe
avec le mouvement, | je pense qu'il n'est possible de le   25
dire ni immobile, ni existant d'un seul coup tout entier, ni
intelligence, de même qu'il n'est pas possible de penser
que le mouvement est immobile et existant d'un seul coup
tout entier.

Mais c'est celui-là même qui nous reste parmi les
problèmes concernant le temps, et il faut maintenant
entreprendre de résoudre les difficultés signalées par
Aristote au début de son enquête à propos de l'existence
du temps. Il est clair, en effet, que, | si on ne les résout pas,   30
personne ne sera fermement persuadé que le temps existe.
La résolution des apories est d'autant plus digne d'attention
que, dans ses recherches sur le lieu, Aristote a résolu à la
fin les difficultés signalées au départ, tandis qu'il a laissé
celles-ci sans solution. Et parmi ses commentateurs, aucun,
je pense, n'a transmis les solutions, pas même le plus zélé
| de ses commentateurs, Alexandre d'Aphrodise.   35

Pour faciliter le rappel des difficultés, exposons les
paroles d'Aristote[1] :

> | Que donc il n'existe pas du tout ou à peine et obscurément,   **796**
> on peut le supposer d'après ceci : une partie de lui est
> passée et n'est pas, l'autre est future et n'est pas encore.
> Or c'est de celles-ci qu'est composé le temps infini et
> toujours repris. Et ce qui est composé de non-étants, il
> semblerait impossible que cela | participe à l'être. En   5
> outre, de toute chose divisible, si du moins elle est, il est
> nécessaire que, lorsqu'elle est, ou bien toutes les parties

il se trouve en accord non seulement avec ses deux prédécesseurs
néoplatoniciens, mais aussi avec Platon et Aristote, même si chez ces
derniers la relation de causalité et les entités en présence sont tout à fait
différentes.

1. *Phys*. IV 10, 217b32-218a30.

soient, ou bien quelques-unes. Or, du temps, les unes
sont passées, les autres sont futures, mais aucune n'est,
alors qu'il est divisible. Quant à l'instant, il n'est pas une
partie, car la partie mesure[1] et il faut que le tout soit
composé des parties ; or le temps ne semble pas composé
des instants. En outre, l'instant, qui paraît délimiter le
10   passé | et le futur, demeure-t-il toujours un et le même
ou est-il toujours autre, ce n'est pas facile à voir. Si, d'une
part, il est toujours différent et qu'aucune des parties
toujours autres du temps ne coexiste avec une autre (sans
que l'une contienne et que l'autre soit contenue, comme
le temps plus court est contenu dans le temps plus long),
si l'instant qui n'est pas mais était précédemment a
nécessairement été détruit à un certain moment, alors les
instants ne coexisteront pas les uns avec les autres mais
15   le précédent a | nécessairement toujours été détruit.
Pendant lui-même l'instant ne peut avoir été détruit,
puisqu'alors il était, mais pendant un autre instant l'instant
précédent ne peut pas non plus avoir été détruit. Rappelons,
en effet, l'impossibilité que les instants soient contigus
entre eux, de même que le point au point. Si donc il n'a
pas été détruit dans l'instant consécutif mais dans un
autre, il existerait en même temps dans les instants
intermédiaires, qui sont infinis, mais c'est impossible.
Cependant, il ne peut non plus demeurer toujours le
20   même, | car aucun divisible limité ne possède une limite
unique, qu'il soit continu dans une seule direction ou
dans plusieurs, or l'instant est une limite et on peut saisir
un temps limité. En outre, si le fait d'être ensemble selon

1. Les deux seuls manuscrits dont disposait Diels ont *metreitai* (« est
mesuré »), leçon présente aussi dans certains manuscrits d'Aristote à
côté de *metrei te* ; cette dernière est clairement meilleure car, en tant
qu'elle compose le tout, la partie le mesure mais n'est pas mesurée, et
le raisonnement consiste à dire que les instants ne sont pas des parties
du temps parce qu'ils ne le composent pas, et de ce fait ne peuvent le
mesurer. Voir 697.20-23, où Simplicius recommande *metrei*.

le temps et de n'être ni antérieur ni postérieur, c'est être
dans le même et dans l'instant, et si les choses antérieures
et les choses postérieures se trouvent dans cet instant-ci,
alors les | événements qui auront lieu dans dix mille ans 25
et ceux d'aujourd'hui seraient ensemble, et rien ne serait
ni antérieur ni postérieur à rien d'autre.

Voilà donc les difficultés que le philosophe Damascius
entreprend de résoudre en estimant qu'il ne faut pas prendre
le temps présent au sens de l'instant indivisible. En effet,
cet instant-là est une limite du temps et n'est pas du temps.
Or, si le limité n'existe pas, | la limite n'existera pas non 30
plus ; et certes aucun mouvement ni changement n'apparaîtra
dans un tel instant. Comment, en effet, une chose divisible
pourrait-elle se trouver dans une indivisible ? Mais cela,
l'exposé de la difficulté l'exprime bien lui-même :

> Moi en tout cas je me demande, dit-il dans ses propres
> termes, comment, d'un côté, on résout le raisonnement
> de Zénon en disant que le mouvement ne s'accomplit
> pas sur un indivisible mais avance par l'enjambée entière
> | en une fois et ne franchit pas toujours la moitié au lieu 797
> du tout mais à un certain moment, comme d'un seul bond,
> à la fois le tout et la partie [1], mais, de l'autre côté, ceux
> qui disent que seul existe l'instant indivisible n'ont pas

---

1. Par ses arguments dits « de la dichotomie » et « Achille et la
tortue », Zénon d'Élée cherchait à montrer l'impossibilité générale du
mouvement, du fait que, toute distance étant divisible à l'infini, il est
impossible de la parcourir en un temps fini, car il faudrait d'abord en
parcourir la moitié, et avant cela la moitié de cette moitié, et, en divisant
toujours ainsi, on ne parcourrait jamais aucune partie. Aristote répondait
que, le continu n'étant infiniment divisible qu'en puissance, une grandeur
continue finie peut être parcourue en un temps continu fini (*Phys.* VI 2 ;
cf. aussi l'étude de l'infini en *Phys.* III, chap. 4-8, et la solution plus
complète, fondée sur les notions de puissance et d'acte, ajoutée au
livre VIII, 8).

pensé que la même chose s'appliquait au temps, puisqu'il existe toujours avec le mouvement et comme courant à côté de lui, de sorte qu'il avance lui aussi | par un bond entier continu et ne passe pas par chaque instant à l'infini [1] – et ce puisque le mouvement est évident dans les choses et qu'Aristote montre ainsi clairement que rien n'est mû ni changé dans l'instant mais qu'en lui le mouvement et le changement sont achevés [2], tandis que les choses sont mues et changent toujours dans le temps. Ainsi donc, le saut du mouvement, étant une partie du mouvement qui se trouve dans | le mouvement en train de se faire, ne sera pas mû dans l'instant, ni dans un temps non présent puisqu'il est lui-même présent. Par conséquent, là où se trouve le mouvement présent, c'est cela le temps présent, qui est infini par la division, puisque c'est le cas du mouvement ; car chacun des deux est continu et tout continu est divisible à l'infini.

Ensuite, il ajoute le passage d'Aristote dans lequel est résolue l'aporie de Zénon, que voici [3] :

Car les | mêmes divisions vaudront pour le temps et pour la grandeur, et si n'importe lequel des deux est infini, l'autre aussi, et de la manière dont l'un est infini, l'autre le sera aussi ; par exemple, si le temps est infini par les extrémités, la longueur le sera aussi par les extrémités ; s'il l'est par la division, la longueur le sera aussi par la division ; si le temps l'est des deux manières, la grandeur

---

1. Pour résoudre l'argument de Zénon, il faut admettre que le mouvement et le temps sont des continus. Comme ceci est incompatible avec la thèse que le seul temps existant est l'instant indivisible, ceux qui soutiennent à la fois les deux thèses sont dans la contradiction. Il vaut donc mieux concevoir, comme l'indique la suite, que le temps présent, de même que le mouvement en train de se faire, est un continu d'une certaine extension.

2. Les parfaits *kekinètai* et *metabeblètai* renvoient aux achèvements de mouvement dans une limite de temps, *cf.* 728.17 et la note.

3. *Phys.* VI 2, 233a16-31.

le sera également des deux manières[1]. C'est pourquoi l'argument de Zénon admet à tort l'impossibilité de parcourir les infinis | ou d'atteindre les infinis un par un 20 en un temps fini. En effet, la longueur et le temps, et tout continu en général, sont dits infinis de deux façons : selon la division ou par les extrémités. Les infinis selon la quantité, il n'est donc pas possible de les saisir en un temps fini, mais ceux selon la division c'est possible, car le temps lui-même est infini de cette façon. C'est, par conséquent, dans le temps | infini et non dans le temps 25 fini qu'il se trouve que l'on parcourt l'infini et que l'on atteint les infinis par les infinis, non par les finis.

De ces paroles il résulte clairement qu'Aristote ne fait pas exister l'infini en acte dans les continus, mais il ne me semble pas non plus qu'il y ait un sens à parler d'« enjambée entière en une fois » ni de « saut sur la partie entière » à propos du mouvement ou du temps. Dans le cas du | lieu, 30 dont les parties demeurent, je pense qu'il est possible d'observer un tel rassemblement, mais dans les choses qui ont leur être dans le devenir on ne pourrait rien saisir en une fois, si ce n'est par notre pensée. Car cela nous force à saisir le rassemblé non en tant que s'écoulant mais en tant que statique et non en tant que devenant mais en tant qu'étant. Or qu'est-ce qui serait tel dans les choses qui ont leur être dans le devenir[2] ?

1. Diels inscrit entre crochets obliques cette dernière proposition, de même que les lignes 21-23, parce qu'elles manquent dans le manuscrit F et ont été « restituées » dans l'Aldine à partir de la *Physique*. Ce sont manifestement des erreurs du F, qui en contient beaucoup, plutôt que des omissions de Simplicius.

2. Dans le raisonnement de Damascius, Simplicius met seulement en question les expressions qui donnent l'impression de ramener une durée à un instantané, puisque ce sont les mêmes qui sont utilisées à propos du temps « tout entier d'un seul coup ». Il est probable que, malgré cet usage ambigu, Damascius ne concevait pas le saut au-dessus de l'infini comme un instantané, puisqu'il revendique précisément un présent étendu.

35 | Mais il faut plutôt prêter attention à ces paroles-ci du
philosophe Damascius, citées selon ses propres termes :

Quant au toujours qui n'est jamais concentré en un mais
qui a son être dans le devenir, c'est le temps pris au

798   sens du jour et de la nuit, | du mois et de l'année. En
effet, rien de tout cela n'est en une fois, pas plus que
le concours (qui certes est actuel, mais qui s'accomplit
par parties) ni la danse (car celle-ci aussi se produit par
parties, et pourtant on dit que quelqu'un danse d'une
danse présente). De la même façon donc, le temps tout

5   entier est dit exister en devenant et non en étant. | Car
nous disons aussi que les traits communs des espèces
sont éternels en tant que genres existant toujours,
s'écoulant certes individuellement mais demeurant les
mêmes par l'espèce [1]. Nous préservons grâce à cela la
continuité du temps, en la divisant en trois par rapport à
nous et au temps présent pour nous. Le présent est donc
autre pour chacun, tandis que par lui-même le temps
est un et continu [2]. Tout cela étant bien dit, il faut dire

10 | que la division du temps est seulement en puissance.
L'instant indivisible est cette division en puissance
mais c'est notre pensée qui divise ; et l'instant existe en

1. Le genre a ici le sens de la suite des générations au sein d'une
espèce, comme par exemple : « On parle de genre si se produit en continu
la génération des êtres de même espèce » (*Métaphysique*, Δ 28, 1024a29) ;
ou encore : « tant que se poursuit le même genre des habitants, la cité
est la même, quoique toujours les uns meurent et les autres naissent,
comme nous avons coutume de dire que les fleuves sont les mêmes ainsi
que les sources, quoique toujours un flot surgit et l'autre disparaît »
(*Polit.* III, 3, 1276a35-39). Damascius reprend quelques lignes plus bas
la comparaison avec le fleuve.

2. En considérant que le temps physique est un tout sans repères
intrinsèques, on résout le problème de l'inexistence des parties passées
et futures, puisque cette division n'est faite que par nous et relativement
à nous, et d'autre part on justifie qu'il ait une existence globale malgré
son écoulement parce que c'est précisément là son mode d'être.

tant que cette limite indivisible. Nous saisissons comme
statiques certaines mesures du temps, comme les jours,
les mois et les années, en les définissant par une forme[1].
Or l'écoulement de ces formes retient une grande partie
de l'être, mais | il a son être dans le devenir. Et si l'on 15
voulait que la forme demeure en une fois, on ne saisirait
plus cette même forme dans le devenir, mais celle qui
est ici indépendante et séparée, non dans la participation
qui s'écoule, de la même manière qu'existe le fleuve.
En effet chaque forme des fleuves est statique, à partir
de laquelle le fleuve qui s'écoule existe dans l'écoulement en recevant la forme. Et si tu arrêtais le fleuve,
il ne serait plus le fleuve[2]. | De cette façon donc le 20
présent, le passé et le futur sont rassemblés par l'espèce
dans la forme unique du temps, mais se déroulent
dans le devenir, et celui qui surgit toujours vers l'être
est dit existant[3], celui qui a été détruit passé, et celui
qui n'est pas encore futur. Quant au temps total, il
s'écoule continuellement comme le mouvement, et
si, en saisissant le présent comme | limité en acte de 25
chaque côté par les instants, tu le fixais en un seul
coup, tu détruirais la forme du temps car elle a son être
dans le devenir, comme le mouvement. Je pense donc
que la difficulté vient du fait que l'âme cherche à tout
connaître selon les formes statiques qui sont en elle. Or

1. Comme Samdursky, je supprime la négation *ou*, conformément
à 799.6-8, qui donne un sens beaucoup plus probable.

2. La forme du fleuve est son unité qui demeure indépendamment
de l'écoulement des eaux, quoique dans cette identité même se trouve
la caractéristique d'être un flux. Il en va de même pour le temps, qui est
globalement (formellement) un et le même, tout en ayant l'écoulement
comme mode d'être.

3. Urmson propose de lire *enestôs* (« présent ») au lieu du *huphestôs*
(« existant ») des manuscrits. Le texte donne cependant un sens satisfaisant,
puisqu'il s'agit du langage courant, dans lequel seul le présent est considéré
comme existant, le passé et le futur n'étant plus ou pas encore.

ainsi elle arrête même le mouvement, en cherchant à
le connaître formellement et non selon son écoulement
naturel. Et de même | elle divise l'unité intelligible,
incapable qu'elle est de saisir d'un coup sa totalité mais
observant à part la justice, à part la sagesse, à part la
science, quoique chacune là-bas soit le tout[1]. De même
l'âme conclut qu'elle est immortelle en posant trois
termes : âme, automotrice, immortelle, alors que l'âme
en tant qu'âme possède en elle-même l'automotricité et
l'immortalité[2] ; | de même donc qu'elle a cette attitude
par rapport aux étants intelligibles unifiés, divisant en
elle leur unité et considérant qu'ils sont tels qu'elle
en a la connaissance en elle, ainsi, me semble-t-il, par
l'immobilité des formes en elle, | elle cherche à arrêter
le fleuve du devenir et, en circonscrivant trois parties
distinctes du temps, elle l'arrête dans le présent, le
saisissant comme un tout rassemblé déterminé. Étant
en effet intermédiaire par son essence entre les choses
en devenir et les choses qui sont, elle cherche à penser
les deux selon sa propre nature, divisant ces dernières
suivant | ce qu'il y a de plus mauvais en elles et de plus
familier pour elle-même, rassemblant les premières
suivant ce qu'il y a de meilleur dans le devenir et de plus
connaissable pour elle. C'est donc ainsi qu'elle connaît
le jour, le mois et l'année, en rassemblant chacun en
une seule forme et en les circonscrivant après les avoir
détachés du temps entier en écoulement.

1. Sur l'unité de l'intelligible, *cf.* aussi 792.3. Je ne retiens pas
l'addition par Diels d'un *tôn* : « chacune des choses de là-bas ». Le *tèn*
de F était peut-être une inscription supralinéaire pour rappeler le féminin
des trois exemples, mais la seule construction correcte en l'état, au neutre,
peut se comprendre comme une généralisation à tout étant intelligible.

2. L'âme n'a pas la connaissance directe d'elle-même mais l'atteint
par un syllogisme dont le moyen terme est « automotrice » : « l'âme est
automotrice ; ce qui est automoteur est immortel ; donc l'âme est
immortelle ».

Si donc ma pensée ne se meut pas complètement dans le vide en disant cela, j'estime pouvoir à partir d'elle | résoudre les difficultés concernant le temps. La 10 première d'entre elles dit ceci : puisque ni le passé ni le futur n'existe, et que c'est d'eux qu'est composé, même s'il est infini, le temps toujours repris, il semblerait impossible que ce qui est composé de non-étants participe à l'être[1]. Il est clair que celui qui éprouve cette difficulté ne prend pas en compte l'écoulement du devenir ni ne définit, parmi les choses qui existent tout entières à la fois, celles qui | ont leur être dans le 15 devenir, dont on peut dire au contraire que quelques-unes ou toutes les parties existent, à moins que l'une ait fini d'être et que l'autre ne soit pas encore. D'une manière générale, en effet, ce n'est pas l'être qui leur convient, mais le devenir. Et c'est là leur mode d'existence, leur forme étant perpétuellement tout entière en écoulement[2]. Mais puisque le temps statique dans l'instant semble exister et être, et qu'il soit possible par là de résoudre | la difficulté en disant qu'il est une 20 partie du divisible, ils[3] montrent que l'instant n'est pas une partie du temps, à partir de deux arguments : toute partie mesure le tout, donc aussi la partie du temps ; si donc l'instant, étant indivisible, ne mesure pas le temps qui est un continu, il est clair que l'instant n'est pas une partie toujours existante du temps. En outre, il[4] le

1. Paraphrase de *Phys.* IV 10, 217b33-218a3 (voir la note à 696.27).

2. La solution de Damascius apparaît clairement dans la synthèse des deux statuts qui sont habituellement jugés incompatibles : l'être tout entier et l'écoulement.

3. « Ils », c'est-à-dire ceux qui soutiennent les « arguments exotériques » selon lesquels le temps n'existe pas : si on leur objecte que le présent instantané du moins existe, ils répondent que ce n'est pas une partie du temps.

4. « Il » désigne cette fois Aristote, qui démontre aussi que l'instant n'est pas une partie du temps, quoiqu'il n'en tire pas la conclusion que le temps n'existe pas.

montre aussi comme suit : la partie du temps compose
25 | le temps entier, car la partie est ce dont est composé
le tout ; or l'instant ne compose pas le temps (car il
n'est pas composé des instants, comme il le montre
dans les propos sur le mouvement[1]) ; donc l'instant
n'est pas une partie du temps. Et considérons qu'il le
dit correctement. En effet, le temps n'est pas arrêté en
cet instant. Car cet instant n'existe pas séparé en acte,
vu que, si l'on concède que l'instant existe en étant la
30 limite du temps, | on concède de toute façon qu'existe
aussi le limité[2].

Les difficultés suivantes tentent de démontrer que
l'instant n'est pas une limite inexistante du temps, mais
ne peut non plus avoir une existence telle que celle du
temps, puisqu'il est nécessaire, s'il est là, ou bien qu'il
demeure le même ou bien qu'il devienne toujours autre ;
et Aristote montre que les deux sont impossibles[3]. Tout
cela est présenté comme si l'instant était supposé en
35 acte et considéré comme une partie du temps, | alors
qu'aucune des deux affirmations n'est vraie. Ensuite il
estime que, si l'instant est détruit, il doit être détruit ou
bien en lui-même ou bien en un autre instant, puisque
ce qui est détruit est détruit dans le temps, de même que
ce qui est généré est généré dans le temps. Et il est clair
800 que ce | raisonnement demande un temps du temps[4].
Or il a nié lui-même qu'il y ait un mouvement du

1. *Phys.* VI, 1.
2. L'instant limite n'existe pas indépendamment du limité, donc il
ne sert à rien de l'évoquer pour garantir l'existence du temps.
3. Deuxième difficulté exotérique, exposée en 218a8-30.
4. Il s'agit toujours du développement de la deuxième difficulté,
dont on divise la branche de l'alternative « si l'instant devient toujours
autre » (218a14-21). L'objection qu'il en résulterait un temps du temps
(l'instant étant détruit dans un temps) n'est pas envisagée par Aristote,
qui écarte seulement la possibilité que l'instant soit détruit dans un autre
instant (ou dans une autre partie) du même temps (*cf.* 698.17-699.8).

mouvement. D'une manière générale, si nous cherchons à saisir des mesures de mesures, nous irons à l'infini en considérant comme mesurable l'autre coudée mesurant la coudée mesurante et en posant des nombres avant les nombres. Si ces exemples sont absurdes, | puisqu'il 5 suffit que chaque mesure apporte sa particularité aux autres choses qui en ont besoin sans qu'elle-même ait besoin de recevoir ce qu'elle est, ce cas-ci aussi est absurde. Et si quelqu'un disait que ce besoin existe, il le dirait à mon avis de force, alors qu'il suffit que la mesure s'applique à elle-même[1]. Par conséquent, il n'est pas nécessaire que le temps soit détruit dans le temps ni l'instant dans l'instant. Cependant, il n'est pas possible non plus que plusieurs instants existent à la fois. | Car dans l'écoulement du temps on observe 10 l'existence de l'instant grâce à l'arrêt qui est pensé en un point quelconque. Mais comment, si le temps a son être dans le devenir et est lui-même mû, ne faudra-t-il pas un temps qui mesure et ordonne les parties du temps, de telle sorte qu'elles ne se confondent pas l'une avec l'autre ? La réponse est que le temps se meut seulement au sens où il accompagne le mouvement en étant la mesure | du mouvement. Car la coudée aussi s'étend 15 avec le mesuré, tout en conservant la particularité de la mesure et sans avoir besoin d'un mesurant[2].

Dans la suite, Damascius écarte également l'hypothèse d'un temps du temps en refusant d'une manière générale qu'il faille poser des mesures des mesures.

    1. Même raisonnement de Damascius dans son commentaire du *Parménide*, 17-20 : à la question de savoir si le temps doit être lui-même intratemporel puisqu'il est en devenir, il répond que ce n'est pas le cas puisque, comme toute mesure, le temps se mesure d'abord lui-même.

    2. Le temps ordonne donc la succession dans le mouvement, mais il n'a pas besoin d'être ordonné à son tour par autre chose car il est ordonné par sa propre nature. On comprend aussi pourquoi Simplicius a recours à ce passage pour répondre à la question qu'il pose au bas de

Grâce à ces solutions, il est possible de résoudre à la fois les difficultés soulevées par Straton à propos du non-être du temps, et celles qui ont été transmises par Aristote et qui considèrent l'instant comme en acte. Mais si pour quelqu'un cela ne suffit pas à la résolution des difficultés
20 mentionnées, | qu'il consulte l'ouvrage du philosophe Damascius *Sur le temps*. Pourquoi dès lors Aristote n'a-t-il pas résolu les difficultés qu'il a exposées ? Peut-être parce que l'argument avait besoin de l'indivisibilité de l'instant et du fait que l'instant n'est pas en acte, ce qu'il démontre seulement au sixième livre de cet ouvrage, dans les exposés sur le mouvement, au cours desquels il enseigne de
25 nombreuses et belles observations sur la | relation réciproque entre le temps et le mouvement.

la p. 797 : certes, le temps est d'une certaine manière une totalité en dépit de son écoulement infini, car il a une certaine forme, mais ce n'est pas de la même manière que la totalité d'une grandeur étendue dont les parties sont coexistantes.

INDEX DES AUTEURS ANCIENS

ALEXANDRE D'APHRODISE (fin II⁰-début III⁰ siècle de notre ère) : commentateur péripatéticien d'Aristote, il fut intégré au cursus scolaire néoplatonicien dès l'époque de Porphyre. Plusieurs de ces commentaires sont perdus, notamment celui à la *Physique*, dont Simplicius cite d'importants extraits. Il est également l'auteur de traités thématiques, dont nous avons conservé : *De l'âme, Sur le destin, Sur le mélange*, et *Questions et réponses*.
696.4 ; 697.17, 23 ; 700.19 ; 702.25, 33 ; 703.2 ; 705.5, 7, 14, 20 ; 707.33 ; 710.4, 7 ; 713.14, 26 ; 715.10 ; 717.21 ; 718.4 ; 727.35 ; 728.5, 18 ; 729.8 ; 730.13 ; 734.12 ; 735.7, 8, 28 ; 739.14, 22 ; 740.8 ; 742.33 ; 743.32, 36 ; 744.11 ; 746.25 ; 748.12, 21 ; 749.3, 13 ; 750.27 ; 752.15, 17, 20 ; 753.9 ; 757.28, 31 ; 758.7, 9, 19, 24 ; 759.20 ; 760.18 ; 762.7 ; 764.35 ; 765.4, 10, 20 ; 768.28 ; 769.15 ; 770.22 ; 781.4, 5, 20 ; 795.35.

ARCHYTAS (PSEUDO-) : auteur d'un traité *Sur le langage en général*, attribué à Archytas de Tarente (philosophe pythagoricien contemporain de Platon), rédigé au plus tôt au I⁰ʳ siècle de notre ère et largement inspiré des *Catégories* d'Aristote.
700.20 ; 785.14 ; 786.12 ; 787.4, 6, 7, 27, 30 ; 788.29 ; 792.22

ARISTOTE (de Stagire, 384-322) 700.30 ; 701.15 ; 702.30 ; 703.9 ; 705.28 ; 707.29 ; 708.28, 34 ; 709.27 ; 710.7, 10 ; 711.26, 35 ; 715.11, 23, 25 ; 717.22, 24, 28 ; 718.2, 7, 23 ; 721.12, 16 ; 722.11 ; 728.17 ; 735.26 ; 737.34 ; 738.4, 27 ; 741.4 ; 742.13 ; 744.21 ; 752.13, 18 ; 754.13 ; 755.19 ; 759.21 ; 760.4, 33 ; 761.6 ; 762.10 ; 763.26 ; 765.6, 26, 31 ; 766.15, 28 ; 767.6 ; 769.22 ; 770.14 ; 772.14, 36 ; 773.8, 12, 13, 16 ; 774.3, 37 ;

775.35 ; 776.34 ; 777.4, 34 ; 778.17 ; 779.16 ; 781.2, 4, 5, 20,
35, 36 ; 783.17, 21, 31 ; 786.19 ; 787.35 ; 788.4, 30, 33, 34,
36, 37 ; 789.21, 25, 28, 34 ; 792.14 ; 795.10, 11, 28, 31, 36 ;
797.6, 13 ; 800.18, 22.

ASPASIUS (de Pergame, fin I er-début II e siècle dnè) : l'un des plus
anciens commentateurs d'Aristote, dont nous avons quelques
extraits notamment chez Simplicius, transmis par
l'intermédiaire d'Alexandre d'Aphrodise qui semble souvent
en accord avec lui.

714.33, 37 ; 727.35 ; 728.5 ; 752.15, 24.

BOÉTHOS DE SIDON (I er siècle de notre ère) : philosophe
péripatéticien, disciple d'Andronicos de Rhodes, auteur de
commentaires sur les *Catégories*, la *Physique*, les *Premiers
Analytiques*, que Simplicius possédait encore mais qui ont
disparu depuis.

759.18 ; 766.18.

DAMASCIUS (env. 462-538) : philosophe néoplatonicien, dernier
maître de l'École d'Athènes. Nous possédons son *Traité des
premiers principes*, ainsi que des cours consacrés au *Philèbe*
et au *Phédon* de Platon, et une étude critique du commentaire
de Proclus sur le *Parménide*. Simplicius cite des extraits de
son traité *Sur le nombre, le lieu et le temps*. Sa philosophie
se caractérise par une remontée, au-delà de l'Un, jusqu'à un
principe ultime ineffable. Bon connaisseur d'Aristote, et en
particulier de sa physique, il en adopte certaines conceptions,
tout en les conciliant avec celles de Platon.

774.29 ; 775.23 ; 778.27, 34 ; 779.13 ; 781.35 ; 787.29 ; 791.32 ;
795.14, 15 ; 796.27 ; 797.35 ; 800.20.

EUDÈME DE RHODES (IV e siècle avant notre ère) : élève d'Aristote,
fondateur d'une école péripatéticienne à Rhodes. Auteur de
plusieurs traités proches des doctrines d'Aristote, notamment
des ouvrages de logique, de mathématiques et une *Physique*

dont Simplicius cite des extraits. Nous n'avons conservé de lui que des fragments.

700.18 ; 702.1, 26, 34 ; 708.9 ; 710.33 ; 717.6, 15 ; 723.36 ; 725.23 ; 732.24 ; 754.10 ; 788.34.

GALIEN (de Pergame, environ 129-210), médecin et philosophe éclectique et souvent polémique. De son œuvre immense, nous avons conservé plusieurs traités en grec et en latin, où s'allient médecine, philosophie naturelle et psychologie, ainsi que quelques fragments de nombreux ouvrages perdus. Simplicius cite notamment son traité *Sur la démonstration*, qui comportait 15 livres.

708.27 ; 718.14, 26 ; 719.8.

JAMBLIQUE (de Chalcis, Syrie, env. 265-325) : étudia à Rome auprès de Porphyre puis fonda sa propre école dans sa ville natale. Il s'éloigne du néoplatonisme plotinien notamment par l'adhésion aux rites théurgiques et par une influence très marquée du pythagorisme, sur lequel il a écrit une dizaine d'ouvrages. Il est l'auteur également de plusieurs traités thématiques, de nombreux commentaires aux dialogues de Platon ainsi qu'aux œuvres logiques d'Aristote et aux *Oracles Chaldaïques*. De tout cela il ne nous reste que des fragments cités par ses successeurs.

702.19 ; 767.20 ; 786.11 ; 787.4, 11, 27 ; 792.20 ; 795.3, 5, 16.

PLATON (d'Athènes, 430-348) 700.18 ; 702.25, 27, 30 ; 703.1, 2, 7, 10, 22, 27 ; 704.14 ; 705.5, 6 ; 715.4 ; 717.23, 25, 28 ; 718.7 ; 725.13 ; 732.20 ; 737.34 ; 739.15 ; 767.32 ; 771.8, 29 ; 772.24, 30 ; 778.29 ; 781.16, 30 ; 783.17, 18, 31 ; 788.33 ; 792.9 ; 793.25.

PLOTIN (205-270) : élève du platonicien Ammonius à Alexandrie, il s'établit à Rome et ouvre un enseignement, protégé par des empereurs successifs. Il est considéré comme le fondateur du néoplatonisme, principalement par sa transformation du

Parménide de Platon en un système de trois hypostases, l'Un, l'Être ou Intelligible-Intellect, et l'Âme, reliées entre elles par un mouvement descendant du principe (la procession) et un mouvement retournant vers le principe (la conversion). 706.25 ; 769.6 ; 790.30, 35 ; 791.28 ; 792.2, 20.

PORPHYRE (233-305) : élève de Plotin et éditeur de ses traités après sa mort. Parmi ses nombreux commentaires aux œuvres d'Aristote, il nous reste seulement le *Commentaire aux Catégories par questions et réponses* (abrégé d'un commentaire plus long, perdu), ainsi qu'une introduction à cette thématique (*Isagôgè*). En considérant les écrits logiques d'Aristote comme une introduction scolaire à toute philosophie et en laissant de côté leurs thèses ontologiques, Porphyre initie la recherche d'un accord entre Platon et Aristote, qui sera aussi celle de Simplicius.
728.11.

PROCLUS (412-485) : élève de Plutarque d'Athènes puis de son successeur Syrianus, Proclus théologise Platon en interprétant les principaux éléments de sa philosophie à partir des généalogies mythologiques de la Grèce archaïque et des religions médio-orientales. Il pratiquait également la théurgie, ensemble de rituels de communication avec les dieux. La plupart de ses commentaires aux dialogues de Platon, ainsi que sa *Théologie platonicienne* sont conservés et traduits en français.
795.4, 12, 13, 14, 17.

STRATON DE LAMPSAQUE (III e siècle avt) : élève de Théophraste et deuxième scholarque de l'école péripatéticienne (de 287 à 269 environ). Toutes ses œuvres, portant surtout sur des questions physiques, sont perdues, y compris le traité *Sur le temps* que cite Simplicius.
711.9, 36 ; 788.36 ; 789.34 ; 790.25 ; 800.17.

INDEX ANALYTIQUE DES TERMES GRECS

ἀδιαίρετος : indivisible 726.5 ; 730.1, 7 ; 780.11 ; 785.24 ; 786.9
(cit. Ps-Archytas) ; 788.27, 29 ; 796.34 ; 797.2 ;

ἀδιάστατος : inétendu 697.16 ; 708.33 ; 749.35 (l'instant) ; 784.11,
12 (le corps et la raison du corps) ; 788.21 (l'instant) ; 790.34
(l'éternité) ; 791.8, 26 (cit. Plotin) ; 794.35 (cit. Jamblique).

ἀεί : toujours (*passim*). τὸ ἀεί : le toujours (chez Damascius, ce
qui est toujours ou le fait d'être toujours) 776.28 ; 777.16,
31, 32 ; 778.18 ; 779.18, 21, 22, 23, 28, 30, 32 ; 780.9, 14,
25 ; 781.6, 10, 21, 23, 32 ; 782.13, 28, 31, 32 ; 783.4, 24, 32,
33 (τὸ ἀεί τὸ ἅμα ὅλον opp. τὸ ἐπ'ἄπειρον ἀεί) ; 788.20 ;
789.32 ; 797.36.

ἀεικινησία : mouvement perpétuel 776.14 (cit. Damascius) ;
777.20.

ἄθρους : d'un seul coup, rassemblé 753.7 ; (avec ὅλος : tout entier
—) 779.20 ; 791.9, 10 (cit. Plotin) ; 794.1 (cit. Jamblique) ;
797.28, 31, 32 ; 798.25.

ἀίδιος : éternel : **au sens de perpétuel, durant tout le temps**
739.18, 22 ; 741.22 ; 742.17 ; 743.32 ; 758.24 (cit. Alexandre) ;
768.8 ; 776.32, 778.6 (le transport circulaire) ; 778.16 (le
temps) ; 778.33 ; 781.25 ; 789.28 (cit. Straton), 31 ; **au sens
de hors du temps** 703.31, 704.1 (cit. Platon : le modèle est
un vivant éternel) ; 718.8 ; 737.34 (chez Platon et Aristote,
les étants sans devenir) ; 739.14 (id., cit. Alexandre), 15, 17 ;
742.1 (les choses – par essence) ; 743.23, 25 (l'immobilité) ;
747.21 ; 778.15 (le lieu et le nombre, cit. Damascius) ; 777.34
(l'incommensurabilité de la diagonale) ; 779.26, 27, 29 (cit.
Damascius) ; 780.2, 4, 5, 20, 23, 25, 26, 27 (cit. Damascius) ;

31; 798.10, 11; 799.22; syn. ἀμέριστος 774.14; 779.2; 783.15; 787.14; 791.31; 792.17.

ἀμέθεκτος : imparticipé 784.34 (l'éternité); 792.22 (le temps premier chez Jamblique).

ἀνακύκλησις : révolution (du tout), avec retour périodique 701.17, 19, 21.

ἀναρίθμησις : dénombrement 714.28.

ἀνάριθμος : sans nombre 773.28.

ἀνέκλειπτος : inépuisable 739.27 (l'être); 777.17, 778.7, 16 (le temps); 777.23 (l'écoulement du toujours); 778.7 (le mouvement circulaire); κατὰ τὸ ἀνέκλειπτον : selon l'inépuisabilité 777.32.

ἀντίγραφον : manuscrit (littér. copie, exemplaire) 728.10; 753.28; 769.17.

ἀνυπαρξία : inexistence 697.6.

ἀνυπόστατος : inexistant 775.10; 788.20, 21, 24; 793.21; 799.31; τὸ ἀνυπόστατον : l'inexistence 785.17 (du temps, cit. Archytas); 787.11, 14, 16 (Jamblique interprétant Archytas).

ἀοριστία : illimitation 773.27.

ἀόριστος : illimité 773.29.

ἄπειρος : infini 695.9 (le mouvement); 696.27 etc. (le temps); 698.27 (les instants); 791.2, 8, 10 (d'emblée et entier, càd éternel); 797.16, 17, 19, 20, 21, 23, 24, 25, 26 (par les extrémités ou par la division, cit. Aristote) τὸ ἄπειρον : l'infini 695.7; 777.14 (existant d'un seul coup); 781.32; 782.1, 2, 11 (cit. Aristote) ἐπ'ἄπειρον : à l'infini, qui va vers l'infini 781.25, 34; 782.5 (cit. Aristote); 782.10; 783.33; 789.32; 800.2

ἀριθμός : nombre *passim*.

– ἀριθμῶν : nombrant 714.10, 20; 720.35; 721.13; 729.5, 9, 13, 23; 730.5, 18, 32, 33; 731.29; 763.2; 765.16; τὸ ἀριθμοῦν : ce qui nombre (l'âme) 757.9, 10; 759.19, 24, 26; 760.34; 765.23, 24. ἀριθμητικός capable de nombrer 716.18; τὸ ἀριθμητικόν : ce qui peut nombrer (l'âme) 759, 3, 4, 6, 7.

– ἀριθμούμενος : nombré 720.35 ; 728.30 ; 729.9, 12 ; 730.5, 8, 19, 34 ; 731.28, 29, 32 ; 757.9 ; 767.28, 29 ; τὸ ἀριθμούμενον : ce qui est nombré 757.9 ; 765.17, 24, 25 ; 766.10, 11. ἀριθμητός nombrable 716.19 ; 721.12 ; 729.22, 23 ; 730.31 ; 760.28, 34 ; 765.11, 18 ; τὸ ἀριθμητόν : ce qui peut être nombré 759, 3, 5, 6, 9, 10, 12, 13, 15, 16 etc.

    κατ'ἀριθμόν ou ἀριθμῷ : numériquement (identité ou différence individuelle opp. τῷ εἴδει 699.12 ; 715.3, 4 ; 721.17 ; 731.21 ; 766.2, 3, 5 (cit. Thémistius) ; 767.22 ; etc.

ἀσυναίσθητος : dont on ne peut avoir conscience 707.4, 5, 8 ; 708.3.

ἀφορίζειν : définir 721.20 ; 787.12.

γένεσις : le devenir ; la génération *passim.*

γίγνεσθαι : devenir, naître, se produire, advenir *passim.*

γραφή : version (variante de texte) 728.11 ; 729.9 ; 734.8, 12 ; 748.17 ; 758.9.

δημιουργικός : créateur 704.23 (providence) ; 755.13 (mouvements) ; 780.22 (l'essence, cit. Damascius) ; 794.8 (engendrements, cit. Jamblique).

δημιουργός : démiurge (chez Platon) 704.20, 24, 793.33, 794.14 (cit. Jamblique) ; créateur 780.3 (la nature, cit. Damascius).

διαίρεσις : la division 697.4 ; 698.18 ; 700.23 (méthode) ; 726.16 (du temps en l'instant) ; 727.1 (de la longueur) ; etc.

διαιρετός : divisible 695.8 (le continu) ; 697.29, 698.26, 705.11, 734.5 (le temps) ; 711.12 (le mouvement, cit. Straton) ; 775.9 (les parties du temps, cit. Damascius) ; 796.20 (cit. Damascius) ; 797.13 (le continu, cit. Damascius).

διακόσμησις : mise en ordre 793.30, 33, 35 ; 794.14 (cit. Jamblique)

διάκρισις : la distinction 773.20, 23, 26, 27, 32, 33 ; 774.5, 11, 13, 17, 21 ; 775.13 (intelligible, cit. Damascius).

διάνοια : la pensée (acte de penser) : 707.8, 18 ; 709.2, 3, 8, 9 ; (attention) 707.14.

διάστασις : l'étendue, l'extension 697.19 ; 708.32, 33 ; 716.12, 14, 17, 31 (du mouvement ou de la grandeur) ; 736.17, 18 (du mouvement); 773.29 (de la grandeur); 784.11 (le corps en —); 788.2 (de l'existence).

διάστημα : **la distance** 711.34; 716.25; 735.21; 756.18; 762.12, 14, 17 (cit. Thémistius); **l'étendue** 697.18; de la nature du tout (Ps-Archytas) : 700.21, 786.13, 23, 28; 788.4; de l'existence opp. de la grandeur : 736.9, 10; 737.8.

διῃρημένος : distingué 785.7; discret (opp. continu) 714.11; 762.1.

διορίζειν : définir 701.3; délimiter 697.33 (lemme); 698.1 (le temps par l'instant); 711.16 (le nombre); 712.31 (la ligne par des points); 713.2, 3, 8; 726.29, 30; 731.32; 773.30, 774.24; 794.6; 796.9 (cit. Aristote).

διορισμός : division, distinction 766.24; 774.15; délimitation 713.5; 749.29, 31.

διωρισμένος : discret (opp. continu) 710.29; 726.12; 729.36; 730.7; 773.30; 785.27, 28 (cit. Archytas); 787.2 (cit. Jamblique); 788.15.

ἔγχρονος : intratemporel 781.26; 784.19; 785.2; 789.29; 792.11.

εἶδος : **forme** 731.13 (commune); 735.32 (essentielle); 741.5, 6 (opp. privation); 755.16 (dans la matière); 766.30 (le nombre); 775.14 (intelligible); 776.10 (essentielle, syn. μορφή), 14, 777.18 (sensible); 777.12, 19 (commune); 780.8 (du temps, cit. Damascius), 14; 783.9, 10 (sublunaires); 787.12 (des raisons), 25 (cit. Jamblique), 30; 792.26; 798.5, 6, 12, 13, 15, 18, 19, 21, 26, 27, 37, 799.7 (cit. Damascius); 799.18; **espèce** 702.24; 717.11 (cit. Eudème); 737.23, 756.17, 761.17, 764.24 (du mouvement); 766.34 (naturelles); **un ou différent par l'—** 715.3; 720.13, 19; 721.17; 725.11, 18, 20, 21; 731.20 (le temps n'est pas seulement un par l'—), 34; 732.10 etc.; 771.25 etc.; 780.33; 785.19 etc. (cit. Archytas).

εἰδητικῶς : formellement 774.18; 798.28

εἶναι : être; τὸ εἶναι : l'être, l'existence (très fréquent dans l'expression « extension de l'existence » ou « mesure de l'existence »; voir παράτασις). τὸ εἶναι ἐν τῷ γίγνεσθαι ἔχειν :

788.32 (le temps) ; chez Jamblique, principiellement 786.28 ;
κυριώτερον principalement 787.3.

λόγος : la raison 759.5 (faculté qui nombre) ; le raisonnement
700.13, 16 ; 704.7, 26 ; 711.30, 35 ; 730.17 ; 737.21 ; 740.8 ;
757.25 ; 759.18 ; 763.29 ; 769.24 ; 782.12, 21 ; 790.22 ; 796.33
(de Zénon) ; 800.1 ; chez Jamblique : raison, principe projeté
par l'âme dans la nature sensible 780.4, 6 ; 784.4, 8 (—
éternelle du temps), 10 (du corps), 13 (formelles), 14
(naturelles et psychiques) ; 786.18 (la projection des —), 22
(essentielles), 24, 27, 29 (de la nature) ; 787.12 (immobiles) ;
793.14 ; 794.2, 5.

μεθεκτός : participé 763.3, 765.29, 767.10 (le nombre nombré) ;
767.17 (l'unité du nombre nombré) ; 784.32, 795.9 (chez
Proclus, le temps du devenir). Syn. ἐν μεθέξει 766.23.

μέλλον (τὸ) ou ὁ μέλλων (χρόνος) : le futur 696.25, 34 ; 697.7 ;
698.2 ; 700.6 ; 701.9 ; 713.6, 11 ; 720.10 ; 731.31 ; 747.9, 14,
15 ; 748.8 ; 750.2 ; 751.9, 17, 18, 20, 23, 32 ; 752.16, 29 ;
756.26 ; 764.6 ; 771.20 ; 776.18 ; 777.25 ; 783.31 ; 785.20,
24 (cit. Ps-Archytas) ; 786.8 (cit. Ps-Archytas) ; 788.27 ;
793.7 ; 796.10 (cit. Aristote) ; 798.20, 23 ; 799.11 ; le
mouvement futur 732.5, 736.2 ; cf. τὸ ἐσόμενον 733.5 (cit.
Eudème) ; 748.14 (cit. Aristote)

μεριστός : divisible 696.29, 32 ; 697.5 ; 699.5 ; 711.1, 5, 6 (cit.
Eudème) ; 775.6 (les parties du temps, cit. Damascius) ; 779.2 ;
783.16 ; 796.5, 7 (cit. Damascius), 31 ; 799.20.

μέρος : 696.29, 34 ; 697.4 etc. (du temps) ; 701.18 etc. (de la
rotation) ; 712.30 etc. (de la ligne) ; 773.24 ; syn. μόριον
696.33, 34 ; 697.26 ; 702.9 etc. (cit. Eudème).

μεταβολή : changement 704.31 (lemme) ; 705.3, 12, 15 ; etc. ;
dist. mouvement 761.18, cf. n. 1 à 694.33.

μετρεῖν : mesurer 697.20-23 (voix active et passive) ; 722.1, 2,
15 (l'unité – le nombre et l'instant le temps) ; 729.5, 6 (la
dizaine – les chevaux) ; 731.16 ; 733.8 (lemme), etc. ; 735.19,
31, etc. (le temps – l'être du mouvement et des choses en

devenir); καταμετρεῖν : mesurer le tout 697.11, 13 ; 736.23, 24, 25, 27, 30, 33 ; ἀντιμετρεῖν : mesurer en retour 733.18, 19, 22, 23, 33 (le temps par le mouvement, la mesure par le mesuré, le mouvement par la grandeur).

μέτρον : mesure 703.22, 25, 29 (le temps – du mouvement, *passim*) ; 716.9, 14 (le lieu – de l'extension) ; 722.1 (l'instant – du temps) ; 733.19, 20 (la mesure est mesurée par le mesuré) ; 742.17 (l'éternité – des immuables) ; 742.22 etc. (le temps – du repos) ; 768.3, 11, 12, 15 (le mouvement premier, – des autres) ; 773.26, 774.6 (— des illimités), 29 (trois chez Damascius) ; 779.3, 783.23, 792.18 (— intermédiaires entre temps et éternité) ; ἀντιμέτρησις : la mesure en retour 733.29.

μονάς : unité du nombre 715.2, 3, 6 (cit. Aspasius) ; 722.2 ; 725.12, 22, 30 (lemme) ; 726.5, 6, 12 ; 728.22 ; 730.8, 14, 15, 19, 21 ; 733.26, 27 (compter par les —) ; 738.18 ; 767.2, 11, 12, 17-18 (— participée), 30 ; 770.36 ; 771.14, 29 ; 772.21 etc. ; 774.22 ; 785.29 (cit. Ps-Archytas) ; 788.13 ; 789.13, 15 ; monade, principe producteur chez Jamblique 786.17.

μοναδικός : composé d'unités (= le nombre arithmétique) 714.7, 35 ; 715.1 ; 730.30 ; 762.2, 6 ; 763.2.

νοερός : intellectif (de l'intelligence hypostasiée) 755.17 ; 791.29 ; 792.9 ; 794.14 ; intelligent 790.35, 791.5.

νόησις : pensée (acte) 707.13 ; 708.31, 32 ; 748.28 ; 749.4, 5 ; 792.21 ; intellection 793.14 (cit. Jamblique).

νοητός : intelligible 774.5, 7 ; 775.13, 14 ; 798.30 ; τὸ νοητόν, τὰ νοητά : l'intelligible, les intelligibles 742.2 ; 763.4 ; 791.28, 792.3 (Plotin) ; 794.30, 32 (cit. Jamblique) ; 798.35.

νοῦς : l'intelligence 759.4, 16 (humaine) ; 760.17 (moteur cosmique chez Aristote) ; hypostasiée : 784.23, 25 ; 791.29, 32, 792.1, 2, 11 (chez Plotin) ; 793.13 (cit. Jamblique) ; 795.6, 19, 21, 25.

νῦν (τὸ) : l'instant, soit présent (limite entre passé et futur), soit plus généralement limite entre deux portions de temps (*passim*).

ὅλος : entier ; avec ἅμα : tout entier d'un seul coup (v. ce mot) ;
τὸ ὅλον : le tout (par rapport aux parties) ; 769.21 (lemme) ;
773.24

ὁλότης : la totalité 774.16 ; 780.16 ; 783.25 ; 785.6. Syn. παντότης
785.8, 798.30.

ὄν (τὸ) : **l'étant** (la chose qui est) 735.13 ; 737.29 ; pl. τὰ
ὄντα 695.28, 29 ; 696.10 ; etc. ; 737.33 (au sens propre, opp.
en devenir) ; **hypostasié** 773.22, 26, 33, 34 ; 774.1, 7, 8, etc. ;
775.21 (cit. Damascius), 30, 31 ; 778.34, 35 ; 779.2 (opp.
devenir) ; 782.24 ; 784.23 (la transcendance unifiée de —)
etc. ; pl. 793.16 ; τὸ μὴ ὄν : le non-étant 774.9 ; 778.34, 35 ;
pl. τὰ μὴ ὄντα 696.7, 17, 20 etc. ; 746.16 etc. ; 796.4 etc.

ὄντως : réellement 755.5 ; 773.28 ; 781.17 ; τὸ ὄντως ὄν : l'étant
véritable 742.2 ; 778.25 ; 782.33 ; 783.5, 7, 13 ; 784.15, 27
(opp. devenant) ; 788.11 ; pl. 793.19.

ὁρίζειν : délimiter 699.16 ; 714.18, 20, 21 ; 722.5, 10, 33 ; 727.13 ;
733.14, 17 ; 736.2, 3, 5, 29, 30, 32, 34 ; 762.31 ; 763.7, 18,
19, 23 ; 764.28 ; 768.12, 13, 15, 21, 34 ; 769.16, 17, 18 ; 777.1.

ὅρος : frontière (variante de limite) 748.3, 6, 17, 19, 20, 30,
749.15 ; limite 756.29 ; 763.19 ; 773.30 ; 774.33 ;

ὄρχησις : la danse (sens courant) 782.25, 26 ; 798.2, 3.

οὐράνιος : céleste 742.4 (la substance) ; 783.25 (la totalité) ; τὰ
οὐράνια : les corps célestes 703.22 ; 742.14 ; 776.14 ; 777.19,
20 ; 779.5 ; 783.9 ; sing. 778.23.

οὐρανός : **univers** 700.31 ; 701.1, 6, 7, 8, 30, 702.2, 4, 5, 6, 9,
26, 28 ; 703.5 ; 704.8, 9 ; 738.33, 34 ; **ciel** 776.29 ; 779.29,
32, 36 ; 780.26, 33 ; 782.30-32.

οὐσία : **existence** 729.27 (continue du temps) ; 735.34 (est un
acte étendu) ; 737.28 (l'acte de l'—) ; 740.19 (détruite par le
temps) ; 747.1 (mesurée par le temps, cit. d'Aristote) ; 750.33
(dans le mouvement) ; **essence** 695.15, 24 (= *ti esti*) ; 774.2
(l'acte est dans l'—) ; 780.22, 24 (opp. activités de l'âme) ;
787.14, 15, 16 (de l'intelligible) ; **substance** 701.14
(corporelle) ; 724.15, 726.2 (le transporté) ; 737.31, 36 (les
– qui sont dans le temps) ; 742.4, 14 (céleste) ; 742.10 (de la
lune) ; 754.21 (sortir de sa propre —) ; 726.2 (transportée) ;

πρόοδος : procession (production d'un niveau inférieur à partir d'un supérieur) 783.1 ; 785.4.

ῥοή : écoulement 716.12, 14, 22, 26 ; 719.26 ; 738.1, 3 : 744.19, 20, 26 ; 746.4, 6 ; 748.26 ; 774.36 ; 775.9 ; 777.11, 23, 779.30 ; 782.31 ; 787.18 ; 788.30 ; 789.19 ; 798.19, 29 ; 799.14. Id. ῥύσις 705.8 ; 722.28 ; 723.7, 10 ; 724.34 ; 800.10.

στάσις : repos 700.25, 26 ; arrêt 711.11 (cit. Straton), 726.25, 745.1, 2, 800.11.

στέρησις : privation 741.5, 6 ; 742.24 etc. ; 743.10 ; 744.31 ; 746.2.

συμβεβηκός : attribut 738.19 ; 743.13, 14 ; κατὰ συμβεβηκός : par accident (= indirectement) 743.2, 7, 20, 744.27 (le temps mesure le repos —), etc.

σύμπας : total, en totalité 779.14, 20, 25, 32 ; 780.6, 9 (cit. Damascius) ; 783.20 ; 784.6 ; 798.23 (cit. D.).

συναίσθησις : conscience 707.20.

συνεχής : continu (*passim*).

συνηγμένος : concentré 780.8, 34, 781.2 (le temps) ; 781.23 (l'infini) ; 797.36.

συνύπαρξις : coexistence 725.33 (du temps et de l'instant).

σχῆμα : figure 756.21 ; 770.26, etc. ; de syllogisme 697.10 ; 701.6, 8 ; 705.34 ; 706.3 ; 713.25, 26 ; 745.17 ; 756.8.

τακτικός : ordinal (nombre) 716.19 ; 718.5.

τάξις : ordre 702.33, 704.17, 24 (réalisé par le temps chez Platon) ; identifié à l'antérieur et postérieur 712.22, 24 ; 714.14, 16 ; 715.4 ; 717.31 (v. note) ; 718.1, 4 ; 762.30, 31, 32 ; 773.32 (τοπικῆς : local) ; 774.27 ; produit par le temps premier 784.21, 33 ; 786.20 ; 787.8 ; 794.2, 8 (cit. Jamblique) ;

τέλειος : achevé, complet 703.19 (temps et année, cit. Platon) ; 704.22, 28 ; 737.29.

τελειότης : perfection (dans les essences) 787.15.

τόπος : lieu 695.9 etc. ; 705.13 etc. (dépendance du mouvement au —) ; 712.4, 715.12 etc. (l'antérieur et postérieur dans le —) ; 738.7 etc. (être dans le temps, dist. dans le lieu) ;

757.17 etc. (tout corps mû est dans un –; 774.6 etc. (une des quatre mesures néoplatoniciennes); 776.25 etc. (Damascius sur la distinction entre lieu et temps); 794.34 (les – d'ici).

ὕπαρξις : existence 695.15, 16, 21, 25, 27; 712.25; 724.13 (du temps); 735.33, 736.9 (l'extension de l'—); 741.20; 744.19 (l'écoulement de l'—); 747.18; 760.29; 774.19; 775.20 (des choses dans le temps). ἐν ὑπάρξει : en réalité 697.31.

ὑπεροχή : transcendance 784.23.

ὑπόστασις : l'existence 695.4; 716.12 (du mouvement dans l'écoulement); 750.31 (avoir son – dans le devenir); 766.13 (— en soi, opp. dans notre pensée); 766.27 (propre du temps); 769.11 (principale du mouvement); 774.19; 779.12; 784.13; 793.8, 34; 795.29; 799.18 (le mode d'—); 799.32; 800.11; l'être (essence) 728.8. ἐν ὑποστάσει : dans l'existence (= existant) 700.7; 736.8; 777.22; 782.23 (de ce qui devient toujours); en réalité, réellement 697.26; 717.16; 739.23 (cit. Alexandre); 749.27; 775.34.

φύσις : nature (principe de mouvement) 694.33 etc.; (essence) 695.31 etc.

χορεία : danse circulaire, ronde 705.9 (du temps); 775.16, 31 (du devenir, cit. Damascius); 786.31 (de l'instant, cit. Jamblique); χορεύειν : faire la ronde, tourner 775.14, 21.

χρονικός : temporel 738.10 (les attributs —); 750.11, 751.35, 752.11 (expressions —); 753.6 (l'extension —).

χρόνος : temps (*passim*)

χωριστός : séparé, indépendant 767.9, 21; 769.10, 11; 790.28; 795.5 (le temps premier); 798.16 (la forme). Syn. κεχωρισμένος 748.25; 766.21.

ψυχή : âme (*passim*).

LEXIQUE FRANÇAIS - GREC

achevé : τέλειος
acte : ἐνέργεια, ἐντελέχεια
actuel : παρών
affection : πάθος
âme : ψυχή
arithmétique (le nombre) :
   μοναδικός
arrêt : στάσις
attribut : συμβεβηκός
à un certain moment : ποτέ

caractère commun : κοινότης
céleste : οὐράνιος
changement : μεταβολή
ciel : οὐρανός
coexistence : συνύπαρξις
complet : τέλειος
concentré : συνηγμένος
concevoir : θεωρεῖν
conscience : συναίσθησις,
   ἔννοια
continu : συνεχής
créateur : δημιουργός,
   δημιουργικός

définir : ἀφορίζειν, διορίζειν
délimiter : ὁρίζειν, διορίζειν

délimitation : διορισμός
dénombrement : ἀναρίθμησις
devenir (le) : γένεσις, γίγνεσθαι
discret : διῃρημένος,
   διωρισμένος
distance : διάστημα
distinction : διάκρισις,
   διορισμός
divisible : διαιρετός, μεριστός
division : διαίρεσις
d'un seul coup : ἅμα, ἄθρους

écoulement : ῥοή, ῥύσις
entier : ὅλος
espèce : εἶδος
essence : οὐσία
essentiel : οὐσιώδης
essentiellement :
   προηγουμένως
étant (l') : ὄν (τό) ; l'étant
   véritable : τὸ ὄντως ὄν
étendue : διάστημα, διάστασις
éternel : ἀΐδιος, αἰώνιος
éternité : αἰών
être (l') : εἶναι (τό) ; avoir son
   être dans le devenir : τὸ
   εἶναι ἐν τῷ γίγνεσθαι ἔχειν

existence : ὕπαρξις, ὑπόστασις,
    τὸ εἶναι, οὐσία, τὸ ὅτι ἔστι
existentiel : οὐσιώδης
exister : εἶναι, ὑφίσταναι
extension : διάστασις,
    παράτασις

figure : σχῆμα
frontière : ὅρος
forme : εἶδος
futur (temps) : τὸ μέλλον, ὁ
    μέλλων (χρόνος)

génération : γένεσις

illimité : ἀόριστος
imparticipé : ἀμέθεκτος
indivisible : ἀδιαίρετος, ἀμερής
inépuisable : ἀνέκλειπτος
inétendu : ἀδιάστατος
inexistant : ἀνυπόστατος
inexistence : ἀνυπαρξία, τὸ
    ἀνυπόστατον
infini : ἄπειρος
instant : νῦν (τὸ)
intégré : κατατεταγμένος
intellectif, intelligent : νοερός
intelligence : νοῦς
intelligible : νοητός
intratemporel : ἔγχρονος

lieu : τόπος
limite : πέρας, ὅρος

manuscrit : ἀντίγραφον
mesure : μέτρον

mesurer : μετρεῖν, καταμετρεῖν,
    ἀντιμετρεῖν
mise en ordre : διακόσμησις
mobile (le) : κινητόν (τὸ)
momentané (le) : τὸ ποτέ
monde : κόσμος
mouvement : κίνησις
mouvement perpétuel :
    ἀεικινησία
mû (le) : κινούμενον (τὸ)

nombre : ἀριθμός
notion : ἔννοια, ἐπίνοια
nature : φύσις

ordinal : τακτικός
ordonner, répartir : κατατάττειν
ordre : τάξις

participé : μεθεκτός
partie : μέρος, μόριον
passé (temps) : τὸ παρεληλυθός,
    ὁ παρεληλυθὼς (χρόνος),
    παρέλθων, παρῳχηκώς,
    παρῳχημένος
pensée : νόησις, διάνοια, ἔννοια
perfection : τελειότης
perpétuel : ἀίδιος
pluralité : πλῆθος
possession : ἕξις
présent (temps) : τὸ ἐνεστώς
principal, principiel :
    προηγουμένος
privation : στέρησις
procession : πρόοδος
propre : ἴδιος

proprement, au sens propre :
κυρίως
propriété : πάθος

quantité : ποσόν

raison, raisonnement : λόγος
repos : ἠρεμία, στάσις
révolution : ἀνακύκλησις
ronde : χορεία
rotation : περιφορά, περίοδος

séparé : ἐξῃρημένος, χωριστός,
κεχωρισμένος
sortie : ἔκστασις
statique : ἑστώς ου ἑστηκός

substance : οὐσία

temps : χρόνος
temporel : χρονικός
total, en totalité : σύμπας
totalité : ὁλότης
toujours (le) : ἀεί (τὸ)
transport circulaire :
κυκλοφορία

unité : μονάς
univers : οὐρανός

version (d'un manuscrit) :
γραφή

BIBLIOGRAPHIE [1]

Éditions et traductions des auteurs anciens

ARISTOTE : Aristotle's *Physics*. A Revised Text with Introduction and Commentary by W.D. Ross, Oxford, 1936.
– *Physique*, introduction et traduction de A. Stevens, Paris, Vrin, 2012.
DAMASCIUS, *Traité des premiers principes*, texte établi par L. G. Westerink, traduit par J. Combès, Paris, Les Belles Lettres, 3 vol. 1986-1991. = *Des premiers principes. Apories et résolutions*, introduction, traduction et notes M.-Cl. Galpérine, Paris, Verdier, 1987.
EUDÈME DE RHODES : *Eudemii Rhodii Peripatetici fragmenta quae supersunt*, ed. Spengel, Berlin, 1867.
– *Eudemos von Rhodos : Texte und Kommentar*, her. von Fritz Wehrli, Basel-Stuttgart, 1969 [2].
JAMBLIQUE : IAMBLICHUS, *The Platonic Commentaries (In Platonis dialogos commentariorum fragmenta)*. Edited with translation and commentary by John M. Dillon, The Prometheus Trust, 2009 [2].
JEAN PHILOPON : *Ioannis Philoponis in Aristotelis physicorum libros octo commentaria*, ed. Vitelli, Berlin, CAG XVI-XVII, 1887-1888.

---

1. Ne sont mentionnées que les éditions et études directement liées au présent commentaire. L'abréviation CAG désigne la collection *Commentaria in Aristotelem Graeca*.

PLOTIN : *Plotini Opera*, éd. P. Henry, H. R. Schwyzer, Paris-Bruxelles, Museum Lessianum, 3 volumes 1951-1973 ; 2ᵉ éd. Oxford University Press, 3 volumes, 1964-1982.

– *Traité 45 : L'éternité et le temps* (*Ennéades* III, 7), trad. et notes M. Guyot, Paris, GF-Flammarion, 2009.

PORPHYRE, *Commentaire aux Catégories d'Aristote*, édition critique, trad., introd. et notes par R. Bodéüs, Paris, Vrin, 2008.

PROCLUS : *Procli Diadochi in Platonis Timaeum commentaria*, vols. I-III, ed. E. Diehl, Leipzig, 1903-1906 (réimpr. Amsterdam, 1965).

– *Théologie platonicienne*, éd. et trad. par H. D. Saffrey et L. G. Westerink, Paris, Les Belles Lettres, 6 vol., 1968-1997.

PSEUDO-ARCHYTAS : J. Nolle, *Ps-Archytae Fragmenta*, Tübingen, 1914 ; H. Thesleff, *The Pythagorean Texts of the Hellenistic Period*, Abo Akademi, 1965 ; T. Szlezák, *Pseudo-Archytas über die Kategorien*, Berlin, De Gruyter, 1972.

SIMPLICIUS : *Simplicii in Aristotelis Physicorum Libros Quattuor Priores Commentaria*, ed. H. Diels, Berlin, CAG IX, 1882.

– *Simplicii in Aristotelis Physicorum Libros Quattuor Posteriores Commentaria*, ed. H. Diels, Berlin, CAG X, 1895.

– *Simplicii in Aristotelis Categorias Commentarium*, ed. Kalbfleisch, Berlin, CAG VIII, 1907.

– *Commentaire sur les Catégories*, fasc. I, p. 1-9, 3 Kalbfleisch, trad. Ph. Hoffmann, notes I. Hadot, Leiden, Brill, 1989 ; fasc. III, p. 21-40, 13 Kalbfleisch, trad. Ph. Hoffmann, notes C. Luna, « Philosophia antiqua » 50-51, Leiden, Brill, 1990, chap. 2-4, trad. Ph. Hoffmann, notes C. Luna, Paris, Les Belles Lettres, 2001.

– *Commentaire sur la* Physique *d'Aristote*, Livre II, chap. 1-3, introduction, traduction, notes et bibliographie par A. Lernould, Lille, Presses universitaires du Septentrion, 2019.

– *On Aristotle Physics 4.1-5 and 10-14*, translated by J. O. Urmson, London, Bloomsbury, 2014.

– *Corollaries on Place and Time*, translated by J. O. Urmson, annotated by L. Siorvanes, London, Duckworth, 1992.

STRATON DE LAMPSAQUE : F. Wehrli, *Straton von Lampsakos*, 2ᵉ éd. Basel-Stuttgart, 1969, p. 9-42 (fr. 1-150); M.-L. Desclos, W.W. Fortenbaugh (éd.), *Strato of Lampsacus*, text, translation and discussion (traduction des fragments par R. W. Sharples et douze études), London (New Brunswick), Transaction Publishers, 2010.

THÉMISTIUS : *Themistii in Aristotelis Physica Paraphrasis*, éd. Schenkl, Berlin, CAG V 2, 1900.

– *On Aristotle's Physics 4*, translated by R. B. Todd, Cornell University Press, 2003.

Études modernes

BALAUDÉ J.-Fr., WOLFF Fr. (éd.), *Aristote et la pensée du temps*, Nanterre, Presses Universitaires de Nanterre, 2005.

BALTUSSEN H., *Philosophy and Exegesis in Simplicius. The Methodology of a Commentator*, London, Duckworth, 2008.

BRAGUE R., *Du temps chez Platon et Aristote. Quatre études*, Paris, P.U.F., 1982.

BRISSON L., « La figure du Kronos orphique chez Proclus », *Revue de l'histoire des religions*, 219/4, 2002, p. 435-458.

CAMERON A., « The last days of the Academy in Athens », *Proceedings of the Cambridge Philological Society* 15, 1969, p. 7-29.

CELLUPRICA V., D'ANCONA COSTA C. (éd.), *Aristotele e i suoi esegeti neoplatonici*, Napoli, Bibliopolis, 2004.

CHIARADONNA R., TRABATTONI Fr., *Physics and Philosophy of Nature in Greek Neoplatonism*. Proceedings of the European Science Foundation Exploratory Workshop, Brill, Leiden-Boston, 2009.

D'ANCONA COSTA C. (éd.), *The libraries of the Neoplatonists*, Leiden, Brill, 2007.

GALPÉRINE M.-Cl., « Le temps intégral selon Damascius », *Les Études philosophiques* 3, 1980, p. 325-341.

GOLITSIS P., *Les Commentaires de Simplicius et de Jean Philopon à la Physique d'Aristote*, « Commentaria in Aristotelem Graeca et Byzantina. Quellen und Studien » 3, Berlin, De Gruyter, 2008.

– « On Simplicius'Life and Works : A Response to Hadot », *Aestimatio*, Institute for Research in Classical Philosophy and Science 12, 2015, p. 56-82.

GOLITSIS P., HOFFMANN Ph., « Simplicius et le "lieu". À propos d'une nouvelle édition du *Corollarium de loco* », *Revue des Études Grecques* 127/1, 2014, p. 119-175.

HADOT I. (éd), *Simplicius, sa vie, son œuvre, sa survie*. Actes du colloque international de Paris (28 sept.-1 er oct. 1985), « Peripatoi » 15, Berlin-New York, De Gruyter, 1987.

– « Aristote dans l'enseignement philosophique néoplatonicien. Les préfaces des commentaires sur les Catégories », *Revue de théologie et de philosophie*, 124, 1992, p. 407-425.

– *Le néoplatonicien Simplicius à la lumière des recherches contemporaines. Un bilan critique*. Academia Verlag, 2014.

HARLFINGER D., « Einige Aspekte der handschriftlichen Überlieferung des Physikkommentars des Simplikios », *in* I. Hadot *Simplicius, sa vie, son œuvre, sa survie*, Berlin-New York, De Gruyter, 1987, p. 267-286.

HOFFMANN Ph., « Jamblique exégète du pythagoricien Archytas : trois originalités d'une doctrine du temps », *Les Études philosophiques* 3, 1980, p. 307-323.

– « *Paratasis*. De la description aspectuelle des verbes grecs à une définition du temps dans le néoplatonisme tardif », *Revue des Études Grecques* 96, 1983, p. 1-26.

– « Les catégories aristotéliciennes *pote* et *pou* d'après le commentaire de Simplicius. Méthode d'exégèse et aspects doctrinaux », dans M.–O. Goulet-Cazé et alii (ed.), *Le commentaire entre tradition et innovation*, Paris, 2000, p. 355-376.

JAULIN A., « Straton et la question du temps comme nombre du mouvement », dans M.-L. Desclos et W.W. Fortenbaugh

Strato of Lampsacus, text, translation and discussion, London (New Brunswick), 2010, p. 353-366.

LERNOULD A., *Physique et théologie. Lecture du* Timée *de Platon par Proclus*, Villeneuve-d'Ascq, Presses Universitaires du Septentrion, 2001.

SAMBURSKY S., PINES S., *The Concept of Time in Late Neoplatonism*, Texts with Translation, Introduction and Notes, Jerusalem, 1971 (extraits de Pseudo-Archytas, Jamblique, Proclus, Damascius, Simplicius).

SONDEREGGER E., *Simplikios, Über die Zeit. Ein Kommentar zum Corollarium de tempore*, « Hypomnemata » 70, Göttingen, 1982.

SORABJI R.(éd), *Philoponus and the Rejection of Aristotelian Science*, London-Ithaca New York, 1987.

— (éd.), *Aristotle Transformed. The Ancient Commentators and their Influence*, London-Ithaca NY, 1990.

STEVENS A., « Consciousness and Temporality : how Sartre renews Aristotle », *Aristotle on Logic and Nature*, éd. J.-I. Linden, Leuven, Peeters, 2019, p. 257-270.

– « Le rôle de la mesure dans la détermination du temps », *in* J.-Fr. Balaudé, Fr. Wolff (éd.), *Aristote et la pensée du temps*, Presses Universitaires de Nanterre, 2005, p. 63-78.

TARÁN L., « The Text of Simplicius' Commentary on Aristotle's *Physics* », *in* I. Hadot *Simplicius, sa vie, son œuvre, sa survie*, Berlin-New York, De Gruyter, 1987, p. 246-266.

– « The Text of Simplicius'Commentary on Aristotle's *Physics* and the question of supralinear *omicron* in Greek manuscripts », *Revue d'histoire des textes*, n.s., t. IX, 2014, p. 351-358.

TABLE DES MATIÈRES

Achevé d'imprimer en octobre 2021
sur les presses de
La Manufacture - Imprimeur – 52200 Langres
Tél. : (33) 325 845 892

N° imprimeur : 210975 - Dépôt légal : octobre 2021
Imprimé en France